开启
KAIQI SHUZI
JIANCHA ZHI MEN
数字检察之门

陈 岑　主　编
张 琛　副主编

中国检察出版社

图书在版编目（CIP）数据

开启数字检察之门 / 陈岑主编；张琛副主编 . --
北京 : 中国检察出版社，2023.12
ISBN 978-7-5102-3005-9

Ⅰ . ①开… Ⅱ . ①陈… ②张… Ⅲ . ①数字技术—应
用—检察机关—工作—中国 Ⅳ . ① D926.3-39

中国国家版本馆 CIP 数据核字（2023）第 226371 号

开启数字检察之门

陈　岑　主编　　张　琛　副主编

责任编辑：王伟雪　葛晓湄
技术编辑：王英英
美术编辑：天之赋设计室

出版发行　中国检察出版社
社　　址：北京市石景山区香山南路 109 号（100144）
网　　址：中国检察出版社（www. zgjccbs.com）
编辑电话：（010）86423797
发行电话：（010）86423726　86423727　86423728
　　　　　（010）86423730　86423732
经　　销：新华书店
印　　刷：北京联合互通彩色印刷有限公司
开　　本：710 mm × 960 mm　16 开
印　　张：20.25
字　　数：259 千字
版　　次：2023 年 12 月第一版　　2024 年 3 月 第四次印刷
书　　号：ISBN 978 - 7 - 5102 - 3005 - 9
定　　价：76.00 元

前　言

2023 年 2 月，中共中央、国务院印发《数字中国建设整体布局规划》，提出了新时代数字中国建设的整体战略，明确了数字中国建设的指导思想、主要目标、重点任务和保障措施。①

数字检察是数字中国的重要组成部分，是数字中国在检察机关的具体体现。最高人民检察院应勇检察长强调，深入实施数字检察战略，赋能新时代法律监督，促进和维护公平正义，更好以检察工作现代化服务中国式现代化。②

2021 年以来，全国各地检察机关积极探索数字检察的发展路径。浙江举全省之力，明确"数字赋能监督、监督促进治理"的价值目标，探索出"个案办理、类案监督、系统治理"这一数字检察实现路径③；北京发挥"数字革命"牵引和带动新时代检察理念、方式、机制和实践创新的效能，以推动"业务数据化"向"数据业务化"转变，探索开辟检察高质量发展新领域新赛道④；深圳按照"数据归集—模型构建—服务管理—决策指挥"的建设路径，构建了检察大数据中心和大数据法律监

---

① 新华社：《中共中央 国务院印发〈数字中国建设整体布局规划〉》，载中国政府网，https://www.gov.cn/xinwen/2023-02/27/content_5743484.htm。
② 巩宸宇：《数字检察是什么、干什么、怎么干？这场座谈全讲清了》，载"最高人民检察院"微信公众号，2023 年 6 月 19 日。
③ 陈东升、王春：《大数据法律监督引领浙江检察新发展》，载《法治日报》2022年 4 月 13 日，第 1 版。
④ 简洁：《为检察监督插上"数字之翼"》，载《检察日报》2023 年 6 月 19 日，第2 版。

督、辅助办案、辅助决策、队伍建设、司法服务平台的"一中心、五平台"工作新格局[①]。

清远市位于广东省中北部、北江中下游，属于"粤北山区"。相对于条件优越地区，清远市检察机关办案力量薄弱，办案量处于全省中下游。清远市检察机关敢为人先，抓住了数字化发展的先机，瞄准新赛道，紧紧围绕最高人民检察院提出的"业务主导、数据整合、技术支撑、重在应用"数字检察工作机制，坚持两级一体，以市检察院为龙头，基层检察院为重点，系统地整体地推进数字监督、数字办案、数字管理、数字服务四大领域高质量发展，积极打造"理念先进、体系完备、机制健全、素能过硬"的数字检察"清远样本"，探索出一条山区检察院独有的逆袭之路：真学真用，活学活用，从案件中来、到案件中去，业务人员学技术，技术人员学业务，人人都是建模者，全员都是数字员，形成了新思维、新方式、新路径的数字检察山区新业态。

为推动数字检察工作纵深发展，使检察人员对数字检察有更清晰的认识，更好地提升数字检察工作质效，本书从数字检察的理念思维、实践路径、建模方法以及监督模型实例等方面，详细介绍了清远市检察机关推进数字检察工作的实践经验。尽管我们力求编写出具有实用性的上品杰作，但由于水平有限，加上时间仓促，难免出现疏漏和不足，诚请读者批评指正。

编者

2023 年 11 月

---

① 李小东：《检察长眼中的数字检察｜全链条赋能数字化转型新征程》，载"深圳市人民检察院"微信公众号，2023 年 4 月 26 日。

目　录

第一章　树立数字思维"破冰起航"

一、推进数字检察工作直面的问题

怎么解决检察办案人员中广泛存在的主动研究和运用数字思维积极性不高的问题？检察人员对数字检察理解浮于表面，运用大数据法律监督能力不足、不会创建数字模型怎么办？有关行政机关不配合、获取数据难怎么解决？监督点怎么找？案件线索怎么发现？数据拿到以后，怎么对比？如何碰撞？这些都是数字检察工作推进中普遍遇到的难点和堵点问题。

（一）数字思维、数字意识不强

当前，数字检察如燎原之火，已蔚然成势。对检察人员来说，从理念认识到实际应用再到产生效果需要一个过程。一方面，受各地案件数量、辖区资源、信息化程度和人员队伍等因素影响，各地数字检察发展并不一致。以清远市检察机关为例，位于市中心的基层检察院建模近百个、收集数据超 800 万条、成案近 3000 件，而位于北部山区的基层检察院仅建模 19 个、获取数据 43 万余条、办理案件 210 件，数字检察发展差距较大。另一方面，在经济发展较为落后的地区，传统办案模式基本上可以满足工作需求，容易形成思维惯性，部分基层检察院对数字检察工作不理解、不重视，没有真正认识到信息化、智能化建设给检察工作带来的实质性变革。部分检察人员存在对数字检察工作的思想认识、理念不统一，简单片面把数字检察与信息化工程画等号、与法律监督模型画等号，不愿用、不会用、不善用数据，没能挖掘和发挥数据价值等问题，面临监督线索不多、来源不稳定、获取渠道不畅通等困境，导致法律监督陷入被动状态，检察履职呈现被动性、碎片化、浅层次特征，[①]与新时代检察机关法律监督工作的要求严重不符。究其根本，是基层检察人员普遍缺乏数字观念、数字意识、数字思维。

（二）数字检察工作机制不完善

在数字检察机制建立方面，大多数检察机关都已经建立了上下联动、横向协作的数字检察工作机制，但落实到具体的数字检察工作仍存在许多问题。一是数字检察组织机制不完善。数字检察具有系统性、整体性等特点，需要强有力的组织领导机构来统筹具体的工作。实践中，不同程度上存在基层检察院领导班子不重视，数字检察组织机制未能有效运作，以至于在协调和管理数字资源、确保各个部门和成员之间的有效沟通和协作等方面存在不足，导致数字检察工作进度缓慢，目标无法实现。二是数字检察工作落实机制不完善。推动数字检察工作强调"业务主导"，即工作落实的主体是办案检察官，但是部分检察机关落实数字检察工作时，未能将数字检察职能定位清楚、未能将各部门职能明确分工，导致办案检察官未能将数字检察融入日常工作中，不能充分体现"业务主导"这一宗旨，难以完成和实现数字检察工作发展。三是数字检察融合履职机制不完善。一些基层检察院在工作实际中，仍然存有"四大检察"各司其职的固有观念，部门之间人员合作少、数据共享不够、业务互通不多，在数据运用、检察监督中仍存在"单打独斗"的情形，整体层面缺乏融合履职机制。

（三）数据壁垒、信息壁垒未打通

数字检察运用到的数据大致分为政务数据、司法数据、检察数据、社会数据四类。检察机关在开展数字检察工作中，大数据资源的获取大

---

① 贾宇主编：《数字检察办案指引》，中国检察出版社 2023 年版，第 16 页。

部分依赖于外部数据资源共享，数据贯通成为数字检察工作发展关键的瓶颈问题。但在实践中，不同程度上存在阻碍数据共享、开放和流动的因素，比如观念壁垒、制度壁垒、技术壁垒等。主观上，不愿将自己的问题暴露给他人是天性使然，被监督者更是如此。因此，基层检察机关在获取数据尤其是关键数据时，常遇到被监督单位不理解、不支持、不配合等消极应对的情况。客观上，上述提到的数据类型又有内生数据、外部数据之分。内生数据主要有全国检察业务应用系统 2.0（以下简称全国检察业务应用系统）、12309 检察服务中心、检答网、行政执法与刑事司法信息共享平台（以下简称"两法衔接"平台）等平台所获取的数据。外部数据主要包括党政机关、企事业单位在依法履职或提供公共服务过程中产生的数据，其获取的途径主要有通过信息协作机制共享、依法调取和通过公开渠道获取。对于共享获取数据，制度上的壁垒难以忽视。实践中，因无具体可操作的数据共享规定，且受保密等多重因素限制，仅凭检察机关一家之力很难对接所有数据供应单位。对于依法调取，必须有依据、有条件、小规模地依申请调取，流程较为烦琐，且因数据标准、数据源等的不同，容易出现技术性的壁垒，需要花费较多的时间和精力。对于通过公开渠道获取而言，当前行政机关在其门户网站公开前一般已经过信息化处理，数据的完整性很难保证，检察机关很难从中挖掘到所需要的信息。

（四）数据安全风险防范机制不健全

保密无小事，责任重如山。数据共享和使用是一把"双刃剑"，既能带来数字化技术的方便快捷，也可能引发隐私保护等安全问题。我国数据安全法、网络安全法、个人信息保护法等法律已经对数据安全作出了具体的规定，但在推进数字检察工作过程中，数据安全风险防范机制不健全，对使用主体、使用方式、使用范围等没有明确规定，数据采集、传输、存储、处理、分析、使用等各个环节仍然存在不同程度的数据安全风险。特别是在使用数据进行碰撞、比对筛查过程中，如何加强安全技术保障和安全管理，确保海量数据信息安全也需要进一步探索。此外，传统的数据处理方式难以保证数据使用的公开透明，公众往往无法了解数据处理的详细过程和结果。数据使用的透明度缺乏，数据安全审计机制的缺失，容易引发数据供应部门对检察工作使用数据风险的忧虑，从而影响到数字共享和使用的社会认可度和公信力。

二、以思维"破冰"引领行动"破题"

得法于先行远路，善思勇闯立潮头。引领全体干警认识和理解数字检察是什么、干什么、怎么干，并在实践中总结、提炼、升华数字检察思维，是当前破解数字检察工作难点和堵点问题的首要之道。

（一）重塑思维模式

与原有就案办案的固定思维不同，数字检察所倡导的思维是一种万物万联的思维，是对传统法律监督思维的重塑变革。但目前，对如何运用好大数据推动检察工作高质量发展的认识仍存在不足，需要从以下几个方面着手解决：

1. 对传统就案办案思维进行变革

传统的办案思维，立足于个案，主要围绕证据分析、事实认定和法律适用进行思考。数字思维要求检察人员办案不能仅仅局限于个案，而是利用数字赋能找出更多类案，"从一棵树找到一片森林"，系统性、全局性地看待案件，对类案特性进行归纳和分析，从而提炼出类案规则，以类案视角保证个案公正。同时，通过对个案的数字分析，发现其背后涉及的深层次问题，如对上下游犯罪之间的漏罪漏犯、虚假诉讼线索、未成年人案件发生的诱因等问题进行深挖，杜绝和避免"就案办案"，从而提升法律监督的深度和广度，增强检察监督的刚性，促进社会治理。

2. 对传统逻辑思维进行拓展

传统的办案思维采取的是一种个案逻辑推理的方式。以刑事检察为例，主要是通过提炼规则要素，根据客观事实进行匹配，最后形成罪与非罪的结论。这种通过设定大前提、小前提得出结论的方式，会抹去许多影响案件办理的要素，如历史背景、前因后果、人情世故、社会人文等抽象、无法提炼的要素。在此背景下，通过培育数字思维，利用数据赋能找出类似案件背后相同的考量因素，能够对案件作出更加精准的判断。以类案逻辑思维办理案件，跳出个案看全局，杜绝和避免"机械办案"，是对传统逻辑思维的发展，有效提升办案质效。

3. 对传统数据获取思维进行提升

传统获取数据"等靠要"的思想具有很大的被动性。由于数据分布的广泛性，数据的获取和收集仅靠行政机关提供是远远不能满足监督需求，也是不现实的。数字检察思维要求检察机关对于数据的获取更多地发挥主观能动性，采用迂回的方式获取数据。比如，对于难以通过申请直接调取的数据，考虑是否能用其他数据替代，或者是否能通过其他渠道归集。检察人员要善于使用公开的数据、第三方数据、社会数据，善于利用检索工具从现成的数据库中搜索出所需的数据，善于从已签订共享机制的单位获取所需的数据。

（二）培养数字理念

大数据监督需要数字技术，其核心是检察人员在日常办案中对数据的碰撞、筛选、计算、分析，是检察业务需求与数字技术融合在一起所产生的化学反应，是检察业务引导数字技术应用的必然要求。因此，需要对数字理念、技术思维有充分的认识。

1. 要注重培养技术认同理念

当前，数字技术正全面融入政治、经济、文化、社会、生态等各领域和全过程，给人类生产生活带来广泛而深刻的影响。① 数字检察是数字技术赋能新时代法律监督而形成的检察工作新形态、新模式，检察人员应深刻认识到技术在检察工作中的独特价值，对新技术持积极认可的态度，拥抱现代科技。检察人员需要保持开放、主动、持续的学习态度，掌握数字检察的发展变革历史，了解人工智能、区块链、大数据等基本内涵，读懂悟透数字检察相关工作的具体要求，训练和提升法律监督模型建模的基本逻辑。②

2. 要注重培养数据驱动理念

数字检察中，数据驱动是一项至关重要的实践。通过积极收集、分析和利用相关数据，检察机关可以更智能、更精确地制定决策。以刑事检察为例，将案件信息、证据材料等进行数字化，形成海量的数据资源池，通过分析案件数据，不仅可以更好地评估案件的复杂性和风险，有针对性地分配资源，以提高办案效率，还可以帮助检察官分析犯罪发展趋势，揭示犯罪的常见模式，有助于制定更有效的打击和预防措施。同时，还可以用于案件评估和风险管理，有助于评估检察机关的工作绩效。定期监测和分析关键绩效指标，可以帮助检察机关识别问题领域，并及时采取措施进行改进。数据驱动理念能够有效提高检察工作的效率、准确性和透明度，有助于检察机关更好地履行法律监督职责，确保司法公正和效率。③

3. 要注重培养数字建模理念

监督模型是开展数字检察工作的重要工具和载体，从某种意义上指的是把检察官经实践检验成功的、可复制的办案经验技术化、工具化。办

---

① 南平检察：《检察技术图鉴 | 阿飞说技术之数字检察》，载"南平检察"微信公众号，2023年3月31日。

② 崔庆林：《以更实举措、更优机制锻造新时代数字检察人才》，载《检察日报》2023年10月12日，第3版。

③ 毕云峰、杨兴华、张伟：《浅谈检察机关在日常工作中如何推进数字检察建设》，载人民法治网，https://www.rmfz.org.cn/contents/11/603054.html。

案理念和思路是监督模型的灵魂和最主要的价值所在，[①] 模型必须适应检察官的办案思路，才能取得更好的应用效果。检察官在日常办案过程中需要提高识别监督点的敏感度，善于总结日常办案思路和规律，及时发现类案监督的共同点，运用类型化的思维进行分析，将办案规则与大数据进行碰撞，进一步提炼成模型规则，建立大数据法律监督模型。[②]

4. 要注重培养数据安全理念

高质量发展的前提是守住安全底线，数字检察的出发点是数字赋能，底线是数据安全，尤其需要防范化解数据被滥用、盗用、篡改的风险。[③] 除检察数据外，政务、社会数据等皆需从外部获取，而有关数据管理、安全等方面的制度尚不完备，若在数据共享过程中出现安全问题，一旦处理失当，必然造成严重后果。[④] 无论是检察机关自建"数据仓库"的模式，抑或目前由各地政务数据主管部门牵头成立的各种"云数据平台"，检察人员都要规范采集数据、合理使用数据、安全管理数据，不断强化数据安全意识和保密意识。

（三）提升数字素养

中央网络安全和信息化委员会印发的《提升全民数字素养与技能行动纲要》指出，数字素养是数字社会公民学习工作生活应具备的数字获取、制作、使用、评价、交互、分享、创新、安全保障、伦理道德等一系列素质与能力的集合。检察人员需要的数字素养包括数字创新能力、数字生产能力、数字思维能力。

[①] 贾茂林：《创建大数据法律监督模型需理念先行》，载《检察日报》2023年5月24日，第12版。

[②] 崔庆林：《以更实举措、更优机制锻造新时代数字检察人才》，载《检察日报》2023年10月12日，第3版。

[③] 揭萍、孙雨晨、王攀：《数字检察中的数据安全：风险、困境与保护》，载《中国检察官》2022年第23期。

[④] 吴斌、李忠卫：《浅谈数字检察工作中数据信息壁垒问题》，载江苏检察网，https://jsjc.gov.cn/qingfengyuan/202310/t20231012_1557268.shtml。

1. 要提升数字创新能力，就要用好数据资源

数据资源是生产系统和数据系统①的基础，包括结构化数据、非结构化数据、流数据等。生产系统关注流程规范，比如全国检察业务应用系统；数据系统关注数据价值，比如检察数据应用平台。全国检察业务应用系统——检察机关最重要的数据资产之一，无疑是涉案人员主题库②。一方面，可以通过全国检察业务应用系统从刑事案件案卡数据中提取涉案人员的身份、所涉罪名、强制措施、判决情况等信息；另一方面，可以通过刑事执行检察业务依法获取看守所被羁押犯罪嫌疑人、被告人和监狱服刑人员等信息，通过涉案人员主题库建设，打破部门信息壁垒、上下级检察院信息壁垒，形成部门间的监管合力，提高检察机关内部工作效率。用好数据资源，找准数据资源间的关联点，掌握数据资源的"逻辑树"，可以为法律监督提供持续动力。③

2. 要提升数字生产能力，就要用好数据工具

数据工具的选择需要根据工作需求和实际情况确定。如果处理的数据量不大且已做结构化处理，检察人员可以直接使用电子表格等简单工具；如果需要处理大量数据且要进行复杂的数据分析或相关的数据处理，则由技术人员运用 Python 或 SQL 等专业工具解决；有条件的地区，还可以借助第三方平台或自行开发数据工具。如，对于涉税案件，检察人员可运用"两法衔接"平台，筛选出税务机关移送给公安机关的

---

① 生产系统是在正常情况下支持单位日常业务运作的信息系统，数据系统是对数据进行收集、存储、处理、分析和挖掘的系统。生产系统是数据生成或数据处理的核心系统，它通过各种形式采集数据，并对数据进行处理、清洗、分析和挖掘等过程，以实现数据的增值和应用。而数据系统则对生产系统生成的数据进行集中式管理、处理和应用，以提供更高效、准确和智能的数据支持和信息保障。

② 涉案人员主题库是指涉及案件的当事人在案件处理过程中所涉及的各种信息，包括个人信息、背景资料、案件事实、证据材料等等。这些信息可以为案件的调查、审理和判决提供重要的参考依据。

③ 申云天、徐彬：《数字检察实践的"冷思考集锦"》，载"数字检察"微信公众号，2023 年 6 月 6 日。

案件信息。同时，运用全国检察业务应用系统，筛选出同一时间段内公安机关移送给检察机关的案件信息，再通过电子表格中的 VLOOKUP 或 XLOOKUP 函数进行碰撞比对，即可发现公安机关应当移送给检察机关而未移送的涉税案件信息。又如，在办理民事虚假诉讼监督案件中，针对涉案人员和涉案企业的大量银行流水数据，利用账单分析软件、电子表格等工具进行交叉比对，能够从庞杂的数据中快速查找出不同当事人之间银行流水的关联性和异常点，为顺利突破案件提供坚实基础。

3.要提升数字思维能力，就要做好数据管理

工作中的每一个数据需求，都是数据系统建设最宝贵的资源，也是数据检察的基础性工作。比如，一线检察官提出"全国检察业务应用系统的高级查询功能亟待完善"，是对生产系统、数据系统提出了迫切需求；"对电子卷宗应该允许高级查询"，是对数字化转型背景下以证据材料为基本单位的数字卷宗提出了长远需求；"案件中电子证据同步上传系统"，则是对大数据基础平台和建模平台提出的现实需求。又如，数字检察是在业务需求统筹下开展的，在数字化具体实施过程中，更需要注重检察业务需求与数据供给管理的统筹、融合推进，通过建模系统整体推进"需求侧""供给侧"精准对接。[①]

---

① 申云天、徐彬：《数字检察实践的"冷思考集锦"》，载"数字检察"微信公众号，2023 年 6 月 6 日。

第二章 构建数字检察的 "四梁八柱"

推进数字检察战略，重心是立好数字检察的"四梁八柱"。[1] 数字检察是提高检察工作质量和水平、推动质效变革的重要方法手段，为法律监督方式变革提供了可能。特别是获取数据资源之后，亟需运用数据发现线索、让线索成案，促使"业务主导、数据整合、技术支撑、重在应用"的数字检察工作机制落地见效。

一、业务主导是前提

数字检察围绕业务展开，必须坚持来源于办案实践，服务于办案质效，必须坚持从业务中来、到业务中去。这就要求检察官在日常办案过程中善用数据，敏于从个案办理中发现案件背后的社会规律、特点、要素，从而应用于监督模型，从海量的数据中进行数据整合、碰撞、比对，筛选出批量类案监督线索，再分工配合形成团队进行核查。从类案问题中归纳分析，发现执法司法、制度机制、管理衔接等方面存在的系统性漏洞，提出相应的检察建议，促进社会治理。

（一）坚持小切口自定义建模

精准识别大数据法律监督模型的监督点，就要找准大数据法律监督

---

[1] 巩宸宇：《最高检：加快推进数字检察战略赋能法律监督　促进和维护公平正义》，载最高人民检察院网站，https://www.spp.gov.cn/dj/xwjj/202306/t20230619_618018.shtml。

模型所依托的、具有普遍性的小切口。小切口源于检察官日常办理的个案。首先，检察官要运用数字思维、数字方法，敏锐挖掘个案背后可能存在的共性问题。其次，通过对关键要素的识别和提取，从个案中梳理分析出所需的具体数据和碰撞方向。通过对典型个案的"解剖麻雀"，根据数据需求和碰撞方向，依托小包公·法律 AI、天眼查等平台，调取所需数据，创建监督模型。最后，有的放矢地开展大数据的比对、碰撞，再进行要素数量的统计与排序，发挥大数据对法律监督工作的放大、叠加、倍增作用，输出批量问题线索。

如某基层检察院在办理性侵类犯罪案件中发现，公安机关在现场提取衣物斑迹后没有委托鉴定，或者提取证物过程中没有制作提取笔录，对证物来源无法说明，证据固定存在较大瑕疵，为此构建了性侵类案提取物证侦查监督模型，通过大数据比对进行统计筛查，梳理出受理的性侵类犯罪证物提取笔录和鉴定文书程序情况，通过关键词搜索和分析，批量发现提取证物鉴定程序违法情况，针对性开展侦查活动监督。用同样的方法，该检察院通过搭建刑事立案监督等模型，监督立案同比增加41%，监督撤案同比增加 49%，纠正漏捕、漏诉同比增加 171%，纠正侦查活动违法同比增加 162%。

（二）坚持建模必定成案

模型的构建要树立需求导向、监督导向、问题导向，立足检察履职，以业务部门出题、数字检察建设部门答题的思路，[①] 以个案为支点，研究类案作案模式、同质化手段，提炼数字要素，发挥数字信息技术对业务的支撑和推动作用，模型紧跟业务，建模必定成案，实现数字模型与业务实践彼此成就、相得益彰。

如，清远市检察院建立涉矿领域大数据法律监督模型，通过综合运

---

① 邱春艳：《逐浪数字蓝海的检察新篇》，载《检察日报》2023 年 11 月 13 日，第 1 版。

用全国检察业务应用系统刑事案件数据、行政机关执法数据、互联网公示数据等各类数据，针对矿山企业存在非法采矿、非法占地、偷税漏税等问题，通过数字建模、数据比对、人工分析研判等方式，融合"四大检察"职能，运用审查、调查、侦查手段，从非法占用农地、超量开采、耕地占用税等角度进行监督，梳理深挖批量案件背后制度漏洞，制发类案检察建议，监督矿产资源主管部门依法履职、完善制度、堵塞漏洞，实现对矿产资源领域全方位、全链条、深层次系统治理，助力矿产资源领域市域治理现代化。

又如，近几年知识产权案件数量猛增，其中 KTV 侵犯著作权批量维权案件爆发性地增长，存在案件数量众多、裁判标准不一等问题。为此，清远市检察院建立 KTV 侵犯音乐著作权大数据监督模型，以 KTV、侵犯著作权为关键词对人民法院生效裁判进行检索，将相关案件信息进行汇总、梳理，再与天眼查系统进行比对、碰撞，根据原告公司成立时间、著作权数量、案件数量确定是否属于以批量恶意诉讼为目的而成立的公司。最终通过总结此类案件中恶意诉讼的认定以及侵权赔偿、合理损失赔偿标准等问题，对符合依职权监督的民事案件，依法及时启动再审监督程序，通过个案处理达到类案监督的效果，避免司法被用作诉讼谋利的工具，节约司法资源。

（三）坚持模型的集约化、类型化发展

集约化原是经济领域中的一句术语，本意是指在最充分利用一切资源的基础上，更集中合理地运用现代管理与技术，充分发挥人力资源的积极效应，以提高工作效益和效率的一种形式。[①] 数字模型集约化，更多地是指按照"四大检察"融合、一体履职的思路，充分利用数据资源，打破业务职能壁垒，将原来相似的、相关联的小切口模型进行整

---

① 新金融世界：《每日一词／集约化》，载"新金融世界"微信公众号，2021 年 7 月 13 日。

合，形成一批服务中心大局、推动社会治理的综合性模型。各业务条线将小切口建立的模型集约化、体系化、模块化，再组合成"四大检察"模型群，设计健全更加系统、更加综合的大数据法律监督子母模型，更有利于实现类型化综合治理，有力全面提升数字检察办案成效，推动大数据赋能和治罪与治理、监督与治理深度融合，把监督问题真正解决到位。比如，清远市检察院按各业务条线将全市 414 个模型再整合成公安机关侦查活动违法、刑事案件鉴定意见、违法公民代理、公告送达、行政许可、强制隔离戒毒以及个人信息保护等模型群 45 个，全市纠正侦查活动违法同比上升 148.77%，监督侦查机关立案同比上升 92.52%，办理行政检察案件同比上升 38.6%，民事执行活动监督提出检察建议同比上升 23.12%，发放司法救助案件同比上升 113.7%，全面提升数字检察办案成效，让法律监督在数字赋能下，不仅有量的增长，更有质的跃升。

二、数据整合是基础

加快推进数字检察战略，数据整合是基础。[①] 夯实数据整合基础，要增强数字思维、数据理念、数据意识，做实数据获取、整合、应用，从打破内部数据屏障、打通数据端口做起，持续提升数据分析和应用能力。数据整合也需要积极拓展和合理使用外部数据，在更高层次、更广范围内推动数据共享共用，让数据开口说话，深挖数据潜能，激发高质效履行法律监督职责的强大动能。

（一）数据获取各显神通

数据获取是数字检察落地生根不可或缺的土壤。检察机关在拓宽数据来源、打破数据壁垒、扩充数据数量、强化数据管理方面，通过内部数据、外部数据、公共数据汇聚的同步发力，不断突破数据瓶颈。

第一，强化与各部门沟通与协作，传导双赢多赢共赢理念，多渠道

---

① 《挖掘大数据潜能 激发高质效动能》，载《检察日报》2023 年 7 月 6 日，第 1 版。

多方式调取数据。比如，某基层检察院建成数字检察信息中心，完善平台系统应用管理办法，与12345市民服务热线平台、广播电视台报料平台、无人机智慧平台、粤平安综合网格管理服务应用平台等平台实现数据互联。同时，通过成立检警协作大监督平台、行政争议诉源治理联调办公室、检法一网一制机制、食品药品违法犯罪相关人员信息共享机制、涉税信息交换与共享机制等攻克数据壁垒，推动横向常态化的信息共享。

第二，围绕党委政府、人民群众关注的重点、热点问题，开展数字化监督办案，以"不求所有、但求所用"为原则，借势借力获取数据。坚持案件办到哪里、数据找到哪里，找到数据促办案、办好案件拓数据的获取路径。比如，某基层检察院基于一起抢劫、非法持有枪支刑事案件，发现公安机关在办案中未对涉案枪支进行依法鉴定、在对被害人伤势进行鉴定后长期未处理等问题，以鉴定意见为切入口，开展类案监督，向公安机关调取涉人体伤情、涉枪类鉴定书等数据16万余条。又如，某基层检察院开展非法采矿大数据法律监督，从各行政机关调取了探矿权证信息、行政处罚决定书、钻探告知函、卫星图片、矿分布图、过磅单、年报汇总表、储量核实信息、移送公安处理信息、采矿许可证、使用林地申请表、缴费凭证、鉴定书等各类数据32.5万余条。

第三，对裁判文书网、政府信息公开网、"开放广东"全省政府数据统一开放平台（以下简称"开放广东"平台）等公共平台的公开数据，利用有效数据抓取技术等进行归集。对全国检察业务应用系统、12309检察服务中心、受理案件的电子卷宗和法律文书等数据进行整理，唤醒沉睡的内部数据，同时通过数据清洗发挥要素价值，综合利用小包公·法律AI、OCR软件、搜索软件等技术将非结构化数据转化为可复制、可查询、可利用的结构化数据形式，逐步积累丰富数据资源。

第四，打通区际数据壁垒。通过组建"市区联盟""北部联盟"等方式，强化区域协作办案，创新共建共享数字建模资源库，开拓数字检察履职思路，实现资源共享、优势互补、协同办案。比如，"市区联盟"两个基层检察院共同建立食品药品行业从业禁止大数据法律监督模型，针对市辖区内人员和商业活动交流频繁的特点，双方将各自调取的辖区内涉食品药品刑事案件文书、食品药品经营许可信息及食品药品行政处罚案件信息等数据共66905条进行相互共享碰撞，经筛查发现本辖区内因食品犯罪被判处有期徒刑后在对方辖区仍从事食品行业的线索，双方互相移送案件线索，跨区域协同办案，打通数据壁垒，有效发挥了数据赋能检察监督的作用。

第五，寻找数据是一个不断循环往复的过程。在数字检察实践中，数据往往具有复杂性和不确定性，需要不断进行探索和验证。同时，涉及的数据来源广泛、类型多样，数据之间往往还存在复杂的关系和关联。为了全面、准确地获取与案件有关的数据，需要进行多轮次的查找、筛选和分析，不断优化数据收集和处理的策略与方法。主张立足办案找数据，要从办案需要出发，基于日常办案发现监督点后，先以公开、现有的数据为基础，通过筛、碰、比发现案件监督线索，再针对性地去向相关部门调取数据、清洗数据，形成共享数据池，进而再发现监督的线索。此外，随着时间的推移，涉案数据的动态变化可能会影响案件的进展和调查方向。因此，需要不断跟踪和更新数据，以便及时发现新的线索和证据。有些数据可能隐藏在看似无关紧要的信息中，需要经过深入挖掘和循环分析，以寻找隐藏在其中的关键信息。

（二）数据整合统一规划

数据整合，包括内部数据整合和外部数据整合两个方面。数据的有效整合、优化、提炼，为检察机关强化法律监督工作提供更多有利的条件。数字检察工作，其重点在于数据治理、监督模型管理、线索管理等，需要建立数据官制度，专门负责处理、利用和管理数据，如对全国检察业务应用系统以及其他数据应用平台的数据进行归集、处理、应用等。通过发挥数据官的数据分析能力和数据治理能力，充分释放数据资源价值。在内部数据中，既包括结构化数据与非结构化数据的整合，也包括全国检察业务应用系统数据与 12309 检察服务中心、检察案例库、检察文书库、检答网等平台数据的整合，通过有效整合碎片化，形成业务数据资源化。当前，需要将内部数据进行数字化、网络化、系统化、结构化处理，通过信息化手段进行管理和应用，对检察业务数据全面整合、深度挖掘、开发利用，实现数据的增值利用。检察业务数据资源化不仅可以为检察工作提供更丰富的数据支持，还可以支持与其他政法机关、行政机关、企事业单位等的数据共享和合作，推动检察工作向更高效、更智能、更便民的方向发展。实践中，可以通过统筹推进几个步骤来实现检察业务数据资源化。

首先，建立数据中台，向上级检察机关申请数据返还，通过读取全国检察业务应用系统中的辖区内所有业务数据，包括文书、案卡内容，实现数据的集中管理和存储。然后，对各类检察业务数据进行标准化处理，统一数据的格式、结构和内容，提高数据的可操作性和兼容性。接着，建立数据清洗机制。对数据进行清洗和预处理，包括数据缺失、错误、冗余等处理，不断提高数据的质量和价值，进一步完善数据质量监控机制，对数据的质量进行持续监控和改进。再将不同来源、不同格式的数据进行融合，实现数据的互联互通，提高数据的利用效率。最后，逐步实现数据可视化。通过数据可视化技术，将数据以图形、图表、地图等形式展示，提高数据的直观性和易理解性。[1] 在内生数据的处理过程中，需要进行数据治理，确保数据的合规性、准确性和可靠性，实现数据关联，让数据产生新的资源价值。同时，还需要建立数据治理的规章制度和流程，明确数据的管理责任和操作规范。比如，在发现监督办

---

[1] 何柏松：《业务数据资源化的"操作教程"》，载"数字检察"微信公众号，2023 年 11 月 9 日。

案线索方面，需要通过构建各类型案件之间的关联规则，监测并共享案件线索信息，促进"四大检察"融合发展；在发现案件质量问题方面，需要对一案多件的案件作批量关联处理，方便启动内部评查，促进司法规范化。

外部数据主要指通过多渠道多方式调取的各部门数据以及裁判文书网、政府信息公开网、"开放广东"平台等公共平台的公开数据。外部数据重在比对碰撞，通过外部数据、内外数据比对碰撞发现监督线索，推动数字检察工作深入开展。[①] 比如，通过对获取的行政处罚信息、刑事立案信息、法院裁判文书等数据信息进行比对，输出监督线索。又如，某基层检察院建立驾驶证监管类案监督模型，通过将全国检察业务应用系统中的刑事案件数据与公安机关执法数据进行关联分析，发现违法行为人利用管理漏洞，在禁止时间内重新申领驾驶证，以及醉驾型危险驾驶案件不起诉后公安机关未及时吊销驾驶证的问题线索，制发类案检察建议，形成"行政＋刑事"有效衔接的闭环管理模式。再如，某基层检察院建立的自然资源领域行刑反向衔接类案监督模型，对全国检察业务应用系统中非法占用农用地罪、非法采矿罪的不起诉数据与调取的行政执法平台公开数据以及林业局、自然资源局、水利部门、乡镇人民政府的行政执法数据，通过筛选、碰撞、比对分析，提取有非法占地、非法采矿（砂）的行政处罚、不起诉案件的数据信息，融合式开展行政违法行为监督，并以此建立危险驾驶不起诉案件行刑衔接大数据法律监督模型，交通肇事和危险驾驶挂案不结类案监督模型，涉水、林、土地综合治理大数据法律监督模型，非法占用农用地涉税监督模型等多个模型及其子模型，实现了融合性监督，将监督的势能转化为社会治理的效能。

---

① 赵宝柱、张爱丽：《找准路径让业务数据"活"起来"稳"下来》，载《检察日报》2023 年 7 月 26 日，第 11 版。

（三）数据应用百花齐放

检察大数据应用应当以辅助办案为导向，从不同角度深度挖掘数据价值，从中发现发案趋势、发案规律和监督线索，实现数据资源价值的最大化。深化检察大数据战略，重在提升检察大数据应用的科学化、智能化、人性化水平，以数字革命驱动新时代法律监督整体提质增效，发挥大数据助力法律监督高效化、司法办案规范化、检察决策科学化等积极作用。[①]

比如，将小包公·法律 AI、账单分析系统、数据运算平台等技术运用到刑事案件办理中，着力破解以往因时空因素限制导致的取证困难、现场勘查结果无法真实还原等情形，确保案件证据更加充分、事实还原更加清楚、案件办理更加高质效，人民群众对检察工作满意度更高。又如，运用小包公·法律 AI 实证分析系统，一键生成可视化图表和数据分析报告，发现案件量刑、赔付异常，从而将其作为虚假诉讼、保险诈骗等法律监督线索进行排查。同时，该系统有助于规范适用认罪认罚从宽制度，帮助检察官精准提出量刑建议。再如，清远市检察院研发审判监督大数据模型，通过对全市生效判决书中的应当适用附加刑而未判决适用附加刑、上诉不加刑、罚金刑适用等 12 个专项进行筛查，有效梳理 157 条审判监督线索，全市刑事抗诉率同比增长 20%，发出纠正刑事审判活动违法通知书 17 份并被全部采纳。

三、技术支撑是关键

数字检察是以大数据及相关应用科技为支撑，以多案监督为着力点，以促进国家、社会治理现代化为大目标的高级法律监督。[②] 其中，

[①] 金鸿浩：《持续推进检察大数据深度应用》，载《检察日报》2023 年 5 月 16 日，第 3 版。

[②] 刘品新：《数字检察——落实全面依法治国要求的检察创新》，载《检察日报》2023 年 2 月 16 日，第 3 版。

从数据赋能角度而言，技术支撑是推动实现数据业务化承上启下的重要枢纽和关键节点。沉睡的数据与业务需求进行技术联接，是走向现实的办案应用场景的关键。

（一）人人都会用数字

据了解，条件优越地区拥有坚实的经济基础，搭建了智能化程度高的大数据法律监督平台，聘请了第三方专业的技术人员提供技术支持。基本模式是业务人员提需求，技术人员按照需求进行数据处理、分析，最后利用大数据监督平台形成模型。但对于全国大部分地区检察院而言，由于经济水平、工作重心、领导重视等因素的影响，难以投入巨大的财力物力到数字监督平台的建设上，导致部分检察人员认为在条件不优越的检察院数字检察工作难以进一步推进。其实这是对数字检察工作的一种误解，实际上，大数据赋能本质上就是一种技术应用，是监督办案的关键支撑。检察人员本身就是运用技术的主体，需要掌握运用技术、融入技术等数字能力，形成自主建模、用模的数字意识，而不是空想建模思路、坐等技术，数字检察工作就能得到有效推进。因此，实现检察业务与数字分析的深度融合，打破检察人员运用大数据的观念壁垒，才能形成"人人都是数字员，人人都会用数字"的数字检察新业态。

在实践中，清远市检察院通过开展检察大数据应用系列培训，让全体检察人员不仅掌握数据的运用，还掌握各种办案辅助工具以及高新科技等检察技术的应用。将辅助工具的使用落实到每一个检察人员身上，要求每位检察人员都能掌握如小包公·法律 AI、OCR 技术、话单账单分析技术等辅助工具的操作技能，在日常的案件办理过程将数据的应用与具体的办案工具相结合，通过技术工具加人工筛查的方式，用便捷、高效、易学的方法和工具，发现更多监督的线索，实现法律监督质效提升的目标。比如，清远市检察院通过智能话单分析系统和银行账单分析软件，有效梳理案件关联资金账户和外流资金链条。针对网络交易新特点，利用全国检察业务应用系统、电子数据分析等方式对卖淫嫖娼案件开展类案监督。同时，深化高新技术与检察业务的深度融合，利用无人机踏勘现场、卫星遥感监测技术、激光雷达储量监测技术等，通过大量的科技手段实现精准监督，利用可视化测绘、高分子光谱、3D 打印技术等夯实证据基础。又如，清远市检察院在办理一宗 30 年前的故意杀人案中，运用实景 3D 全景技术辅助办案，呈现了 30 年前的案发现场，让检察人员通过全方位、跨时空的浏览和对比，明确了犯罪嫌疑人指认地点与案发现场的统一性，为起诉夯实了证据基础，提升了检察办案质效。

（二）业务人员懂技术

数字检察的关键在于实现检察业务和技术创新的全面深度融合，但在实践中，由于思想、认识的不足，组织、协调的不力，一些地方出现了业务与技术脱节的情况。[①] 要解决这个问题，必须在技术人员学业务和业务人员懂技术之间，选择发展后者。业务人员以业务需求为导向，最大限度地发挥技术支撑的作用，不断贴近检察办案场景，数字检察才能焕发出新的生机与活力。数字检察中的技术并非空中楼阁，日常工作中的办公辅助工具、网上平台的公开应用工具等，都能对数据的清洗、分析发挥巨大的作用。将电脑系统技术与法律监督办案相结合，解决案件定性争议、法律适用等问题，大幅提升办案质量，同时推动数据的清洗、挖掘，快速获取法律监督线索，提高监督成效，让小工具也能发挥大作用。比如，通过设置简单的代码，就能利用有效数据抓取技术将司法网拍界面的内容抓取下来，再通过表格分析工具设置函数的方式，将相应带租拍卖、多次悔拍的情形以表格的形式直观地呈现出来。此外，针对传统公益诉讼检察线索范围受限、时效滞后、质量不高等问题，运

---

① 《牢牢坚持"从业务中来，到业务中去"》，载《检察日报》2023 年 7 月 3 日，第 1 版。

用文本识别、数据公开平台等途径，搜集来自执法司法部门的数据，依据法律法规提取关键词、关键点，运用表格函数等基础工具进行梳理汇总碰撞，进而主动挖掘出批量的类案线索。2023 年清远市公益诉讼检察立案数中，大数据贡献率为 50.4%，特别是国有财产保护领域，立案大数据贡献率达 90.67%。

（三）技术人员专注于技术支持和服务

在信息共享、数据汇集的基础上，数据并不能自然生出案件，需要在数据运用、线索转化上下功夫。技术人员搭建一个行之有效的大数据法律监督平台，承接大数据法律监督具体运行，无疑是关键的载体。通过搭建集数据中台、模型引入、低代码模型构建、辅助办案及可视化展示等功能为一体的检察数据应用平台，对接全国检察业务应用系统返还数据，整合外部数据、内部数据，实现数据检索及可视化分析利用；汇集最高人民法院、最高人民检察院典型案例和指导案例以及地方典型案例，为案件办理提供参考；开发低代码建模功能，在线调用平台数据，用类似思维导图的形式，用拖拽式开发、自定义、可视化配置构建大数据法律监督模型。此外，通过构建数据库，实现数据应用平台和政务服务数据管理局数据共享平台对接，同步各数据库表、实现 API 接口对接，并对外提供 API 接口，以方便数据充分利用与系统整合，进一步充实本地数据资源池，提高大数据法律监督的实时性和准确性，充分发挥大数据法律监督平台在数字检察工作推进过程中的大脑作用。

（四）检察官就是数字官

数字检察的核心是大数据的充分、深度运用。数字化转型的最终目的就是要做到数据业务化，实现数据驱动业务。业务数据化只是数字检察建设的第一步，更重要的是实现数据业务化。业务孵化大数据，大数据赋能业务，以此形成相辅相成的循环逻辑。[①] 数据业务化的实现，首先要善用数据，让业务数据活起来、稳下来。用好数据的前提在于对检察业务的精通，只有精通业务才能从数据中敏锐捕捉到异常指征，发现监督线索，通过汇总筛选案件信息建立数字模型，开展数据对比碰撞，让共性关联数据说话，让数据真实反映业务工作状况，用数据辅助业务决策判断和发现未知问题，反哺检察业务，提升法律监督水平和办案质效。牢牢把握数字检察出发点和落脚点都是检察业务的基本定位，将数字检察建立在各个业务条线、检察官的日常工作上，将是否赋能监督质效作为判断标准，形成业务主导、技术支撑的有效推进机制。[②] 检察官不仅需具备较强的业务规则梳理能力和监督模型构建能力，还需具备大数据法律监督线索及案件审查、办理、指导能力，成为统筹运用数字技术、数字思维、数字认知的数字官，成为大数据法律监督主力军，践行数字赋能监督，监督促进治理。数字官设置在各业务部门，实现各级检察院全覆盖，素能和职能各有侧重，[③] 如配备到案件管理部门的数字官，要求既熟悉业务又具备较好文字功底和统计分析能力。

四、重在应用是目的

数字检察是在数字中国建设整体规划下，充分、深度运用大数据，最大限度释放数据要素价值，促进检察办案更加公正、检察管理更加科学、检察服务更加精准，其根本是赋能检察机关法律监督，推进检察工作现代化。[④] 检察机关应当统一工作思路，以是否有利于优化办案指标、

---

① 余依霞：《探寻业务数据治理难题的最优解》，载"数字检察"微信公众号，2023 年 8 月 22 日。

② 胡东林：《着力推进数字检察提能升级》，载《今日浙江》2023 年第 19 期。

③ 申云天、徐彬：《数字检察：走好新的长征路》，载"数字检察"微信公众号，2023 年 3 月 31 日。

④ 巩宸宇：《加快推进数字检察战略赋能法律监督　促进和维护公平正义》，载《检察日报》2023 年 6 月 20 日，第 2 版。

是否有利于提高监督刚性、是否有利于增强办案效果作为数字化办案标准，将数字检察工作融合检察履职，融入日常办案，融通上下内外。

（一）优化办案指标

检察机关案件质量主要评价指标是对一个地区、一个检察院所办案件质效宏观层面的反映。通过对案件质量的评价，更加全面、客观、及时、动态地发现和纠正倾向性、苗头性问题，从而做出更科学和更具针对性的部署决策和工作指导，引领业务工作的发展方向，体现的是指挥棒、风向标作用。[①]　数字检察的检验标准首先应当体现在优化办案上。数字检察是否有成效、成效好不好，最终还是要看能不能优化办案指标。新时代数字检察工作，要围绕检察机关案件质量主要评价指标开展，在建模选点、开展专项或推进其他工作等方面，均从案件质效出发，服务于办案指标，确保数字检察不超出检察履职范围。如，某基层检察院通过建立看守所执行违法类案监督模型、社区矫正对象漏管类案监督模型等，通过线索筛查、碰撞，运用大数据赋能共监督成案 1391 件，同比增长率 396.64%，并建立信息共享工作机制，进一步打通了公、检、法、司的信息壁垒，变多头分散管理为一个场景监督，实现案件主要质量指标优化提升。

（二）提高监督刚性

在传统的监督办案模式下，个案审查、案卷审查存在一定局限性，往往导致法律监督流于形式、信息不畅、线索不多、刚性不足等问题。而数字检察与传统的监督方法有很大的不同，可以避免以往检察监督存在的监督刚性不强、权威性较弱等问题。因此，衡量数字检察工作的另一标准，是能否在线索发现和提高监督刚性上有更多的作为。

一方面，检察机关代表国家行使监督权，有别于社会监督，其监督

---

① 申国军：《〈检察机关案件质量主要评价指标〉的理解与适用》，载《人民检察》2023 年第 11 期。

具有更高的权威性，而权威性的来源根植于专业性。为确保检察监督的专业性，检察监督的启动和实施都要确保精准性。传统的受理、审查案件方式，往往只能通过孤立的信息点发现单个的法律监督线索，较深层次的问题不易被发现。运用大数据的筛查、对比、碰撞，能够帮助检察官从海量的数据中发现监督线索，实现由人找案（线索）到案（线索）找人的转变，相互独立的信息点间有了交集、串联，深层次的案件线索得以浮现，从而提高法律监督的精准性。

另一方面，可以借助大数据法律监督平台的要素提取、类案搜索功能，总结一类案件的处理规则，通过类案的视角去保证个案公正。类案检索可以在法律适用问题存在争议、缺乏明确裁判规则或者尚未形成统一裁判规则等情况下，规范裁判权行使，保证法律统一适用。检察机关在办理审判监督案件时应更加注重大数据类案检索，通过设置关键词与标签，找出类似的案件。通过参考类案，进一步确定事实认定的标准、证据采信的标准以及法律具体适用的问题，若个案中法院的判决偏离了类案裁判的范围，则可进一步深挖监督线索。因此，善用大数据类案检索，不仅在个案的办理过程中能增加检察官释法说理的信服力，更好地化解矛盾纠纷，而且能为保障法律的统一实施、进一步增强检察监督的刚性提供有效的途径。

（三）提高办案质效

大数据赋能法律监督的数字检察新模式，不仅克服了检察监督的主动性不足、系统性不足、深层次不够等问题，更提升了检察监督的深度、广度，还在全面激发法律监督内生动力的同时，促进了法律监督与社会治理的深度融合。因此，能否提升检察办案效果，更好地参与社会治理、服务大局，是检验数字检察工作的标准之一。

第一，以小支点着力，带动一领域治理。社会共治是推进国家治理体系和治理能力现代化的重要着力点。检察机关在依法办案的同时，对案件中发现的倾向性、趋势性问题，实事求是提出建议，助推基层社会治理共同体建设，是服务保障经济社会发展大局的有效途径，也是检察机关履职的重要抓手。大数据法律监督的出发点是以个案办理为依托，通过分析每个案件的类型化特征，利用数字化手段进行结构化处理，对照执法司法中存在的薄弱点，紧盯群众关注的热点难点，运用数字思维、数字方法，挖掘个案背后可能存在的某一领域里的共性特征，归纳执法司法不规范、社会治理不完善的同类普遍性问题，挖掘类案监督线索，开展批量监督、诉源治理，实现小切口大治理。如某基层检察院针对实施性侵害、虐待、拐卖、暴力伤害等犯罪的教职工仍在教育机构任职的情形，搭建教育机构从业禁止大数据模型，发现曾有违法犯罪记录的员工仍在教育机构任职，通过制发检察建议督促相关主管部门解聘员工，并对相关负责人进行问责，同时督促相关行政机关规范执法，推动教育机构主管部门和公安机关建立信息通报机制，定期开展从业查询工作，实现密切接触未成年人行业及其工作人员入职查询全覆盖，促进未成年人综合保护。

第二，以单方面突破，助推多领域共治。最高人民检察院应勇检察长指出，"四大检察"是新时代新征程检察机关法律监督的主体框架，也是检察工作进一步创新发展的基本格局。① 以大数据法律监督推动"四大检察"融合发展，依法构建检察履职方式的新理念、新路径、新模式，实现和促进法律监督线索的共享和统筹。检察机关从办案本身出发，从某一问题集中领域入手，通过场景应用、数据筛查和比对，发现一类共性问题，归集子模型，形成全领域一体融合监督整体模型，查找社会管理漏洞，开展系统治理。

第三，以全链条打击，促进深层次治理。数字检察将逻辑场景不断

---

① 《强化一体履职推动"四大检察"融合发展》，载《检察日报》2023 年 9 月 1 日，第 3 版。

拓展，深层次指向司法监管的薄弱环节，深层次促推违纪违法线索的发现，深层次分析社会治理的短板，为执法司法领域和社会治理带来深刻影响和变化。充分利用数据蕴含的社会治理信息，分析类案特点，找准犯罪原因和规律，以治罪治理并重为原则，以全链条打击推动健全制度、完善管理，实现从一类风险防控扩展到其他同类风险的系统防控。

第四，以前置式预警，推动未病治理。法治建设既要抓末端、治已病，更要抓前端、治未病。检察官通过搭建数字模型、数字画像，对数据进行分析和预测，发现案件中的隐藏规律和趋势，发现其中的关联和规律，促进诉源治理。比如，可以构建犯罪趋势预测模型，通过对历史犯罪数据的分析，预测未来犯罪的趋势和热点，为预防犯罪提供依据。通过数据监测和分析对各类案件和犯罪行为进行实时动态监测，一旦发现异常情况或风险点，及时进行预警和处置，避免事态扩大和风险加剧。在生态环境保护领域的实践中，某基层检察院通过卫星遥感技术，结合实地勘查，发现当地存在非法倾倒垃圾、私设暗管排污等严重破坏生态环境的问题。该检察院通过数字建模和分析，对涉案人员的行为进行监测和分析，发现其违法行为的特征和规律，并成功锁定了相关责任人和企业，依法进行了惩处，有效保护了当地生态环境。

第三章 以机制创新推进法律监督方式变革

大数据战略是对检察办案机制、方式、手段全方位、系统性的重塑，最大程度激发了数据对检察监督的叠加、倍增作用。检察机关以机制创新打破场景、区域、条线、人员等限制，推动法律监督方式变革，进一步解决监督线索发现难、工作碎片化、质效不突出等传统法律监督中的瓶颈问题。

一、优化组织机制

数字检察是复杂性的系统工程，需要检察机关上下一体全力推进，唯有建立一个强有力的组织机制，才能确保各项工作高效落实。

(一) 强化"一把手工程"

数字检察的系统性、整体性、协同性决定了其应当且必须是"一把手工程"，必须由市级检察院"一把手"抓基层检察院"一把手"。"一把手"应当以高效的领导和管理能力，带领和激励全体检察人员积极参与到数字检察工作中来，共同推动检察机关向数字化法律监督转型。清远市两级检察机关通过设立数字检察领导小组，由"一把手"亲自负责数字检察工作的规划、组织、协调和监督。由此形成了以市级检察院为龙头，以基层检察院为重点，市级检察院主抓数字检察工作的统筹、调度、支撑和督办，各基层检察院检察长上阵靠前指挥，在督办督学中一竿子插到底，有效传导压力、压实责任 ^① 的工作模式。

（二）设立专门机构负责

要确定好"谁来干、怎么干"，确保各项任务高效精准落地，一个强有力推进工作的专门机构必不可少。数字检察专门机构应当保持相对的独立性，配备专业的数字人才，能够为数字检察工作的开展提供数字化技术应用的支持和保障。专门机构负责统筹协调上下两级检察机关的数字检察工作，确保上下级、各个部门之间沟通顺畅和协作高效，积极探索和创新数字检察的工作模式和方法，不断推动数字检察工作向纵深发展，提高效能和影响力。清远市检察院通过配置"四大检察"的业务骨干组成数字检察办公室，负责制定数字检察工作的发展规划和实施方案，同时配备了具有数字技术专业背景的人才，提供技术培训和知识更新，为数字检察工作开展提供技术保障。

（三）因地制宜完善指导机制

受各地辖区经济基础、人口规模、信息化数字化基础和队伍素养等因素影响，辖区内的各基层检察院对上级检察院开展数字检察工作部署的落实程度都会有差异。在此基础上，上级检察院应当根据各地区地理位置、人员力量、工作进度、短板弱项等因素制定有针对性的工作推进方式，促进基层检察院均衡发展。比如，清远市检察院针对全市 8 个基层检察院的特点推行对应工作模式，发挥自身优势，激发数字检察最大效能。针对情况相似的基层检察院开展"联盟模式"，共商案件、共析数据、共研模型；针对力量较为薄弱的基层检察院推行"帮扶模式"，由市检察院办案组驻点帮扶；针对需对标全国全省数字检察工作优秀做法的基层检察院推行"对标模式"，在学习、借鉴、实践中健全完善本地数字检察工作机制；针对工作较为先进的基层检察院推行"试点模

---

① 贾宇主编：《数字检察办案指引》，中国检察出版社 2023 年版，第 41 页。

式",先行先试,发挥引领作用。

二、优化工作机制

数字检察工作突破了传统检察业务部门、技术信息部门的工作职能和工作特点,检察机关需要主动探索开创性、针对性的改革,以优化现有的机制体制来保障数字检察工作的顺利运转,激发最大效能。

(一)建立数字检察统筹机制

数字检察是一项全局性工作,涉及统筹布局、指挥调度、线索管理、融合办案等多个方面。一个集统筹数据的归集与共享、线索移送与交接、模型建设与应用等于一体的工作机制,是推进法律监督模式重塑变革的应有之义。清远市检察院建立了包括刑事、行政、民事、公益诉讼"四检融合"研判、线索互移、证据互转、同办联办、互补互助、协商处理、深挖根治等事项的工作机制,要求每个业务条线的检察官综合考虑涵盖"四大检察"业务的监督要素、案件线索,以及如何应用数字技术更好地为案件事实的审查、调查、侦查等工作服务,不仅最大限度地发挥了"四检融合"的聚合作用,形成监督合力,还充分发挥了检察业务和数字技术深度融合的场景式监督作用,提升了监督效能。

(二)建立高效协同的业务协作机制

数字检察工作是对传统检察工作的重塑性变革,彻底改变了以往各部门被动办案、单打独斗的格局,以多部门联合行动,形成全新的办案机制。围绕数字检察实战要求,统一履行各项法律监督职能,通过设立数字检察办案区,配备数字建模、数字办案、数据采集、数据清洗等相关设备,探索建立跨部门跨业务指挥办案、团队集中的融合类数字监督办案新模式。同时,可选用办案经验丰富的检察官任数字检察审核员作为融合办案和数字办案的把关人,对案件线索实现"四大检察"同办联办。高效协同的业务协作机制旨在通过数字化技术,实现检察办案的全程数字化管理和监督，包括线索统一管理、案件统一审批、力量统一调配等环节。

（三）建立一体化办案机制

新时代检察一体化通过规范检察机关内部领导监督配合机制，打造"上下统一、横向协作、内部整合、总体统筹"的一体化运行模式，[①] 可以实现跨区域、跨部门的数字检察工作协调和联动，进而解决地域和部门之间的信息壁垒和沟通不畅问题。上下级检察院、同级检察院、检察院内设机构等根据其具体工作内容，各自发挥所长，实现数字检察的协同性和科学性。比如，实行"专班＋专项＋专人"、线索统一归口管理、内部融合监督的数字检察办案模式，提高大数据监督的精准度。在实践中，清远市检察院成立非法采矿监督专班、涉危险化学品监督专班、司法网拍监督专班等，由"单兵作战"到"协同作战"，实现融合式办案、团队式研判，带动各条线在干中学、学中干，迅速提高数字监督能力。

三、优化人才机制

在经济社会步入数字化时代，人民群众对公平正义的追求日益增长，不断提出司法新需求的当下，培养数字检察人才是推动检察工作现代化的重要途径，也是适应新时代法律监督工作的需要。[②] 通过培养数字检察人才，可以提高检察工作的质量和效率，更好地为社会发展和人民服务。

（一）养成数字思维

培养数字检察人才需要注重培养数字思维和意识，认识到数字技术

---

① 侯亚辉、匡旭东：《新时代检察职能一体化的推进与实现路径》，载《人民检察》2023年第6期。

② 崔庆林：《以更实举措、更优机制锻造新时代数字检察人才》，载《检察日报》2023年10月12日，第3版。

在检察工作中的作用和重要性，能将数字技术与检察业务相结合，运用数字技术提高检察工作的效率和质量。通过开设数字检察特色课程，开展启发式、研讨式、互动式的培训，做到实操式、实战式、案例式的教学，实行授课教师和实践导师"双轨教学"，推动全体检察人员关注数字化发展趋势，了解数字化技术的发展动态和前沿应用，进一步提升检察人员的数字意识和数字思维。

（二）培养复合型人才

人才是关键。检察机关需要通过加强培训和人才引进等方式，培养一支既精通法律专业又具备数字化技能的高素质、复合型检察人才队伍，为数字检察工作提供人才保障。首先，要强化检察业务和数字技术结合。要熟悉检察业务，才能从数据中敏锐捕捉到案件异常指征，发现监督线索，反哺检察业务。其次，要注重实践经验和案例分析能力的培养。通过开展专班、案例分析研讨等方式参与模型建设的实战应用，提高检察人员的实战能力，为检察工作提供科学、客观的决策依据。最后，要注重加强数字技能培训。不仅要掌握大数据、云计算、人工智能、区块链、机器学习、数据挖掘、联邦计算、隐秘查询等专业信息技术，还需掌握了解日常便捷可用的数据应用工具和数字分析方法，更好地服务检察业务工作。

（三）建立激励机制

建立科学的数字检察工作考核评价机制，将数字化办案的数量和质量纳入考核评价体系，激励全体检察人员积极参与到数字检察工作当中，激发数字检察人才的积极性和创造力。比如，在年度考核指标中加大数字检察工作的权重比例，把考评结果作为绩效考评的重要依据。强化督导检查，对工作开展情况及办案质效等进行通报。鼓励基层检察院开展"有进步、有站位、有品牌"争创活动和各类大数据法律监督模型竞赛活动，强化信息报送和经验总结，不断扩大数字检察的影响力。[①]

四、优化办案机制

不断优化办案机制是积极发挥一线办案人员主体作用的最优路径。只有克服等靠心理和畏难情绪，让全体检察人进一步加快从"传统思维"向"数字思维"转变，以更加积极主动的姿态投入数字检察革命性实践当中，才能真正实现"人人都是建模者，全员都是数字员"。

（一）中台引领

组建一个全域贯通、上下联动、内部融合、高效运行的数字检察工作组织架构，使其成为数字检察融合检察履职、融入日常办案、融通上下内外的"中台"。以"中台"作为引领，统一数字化办案标准，实现全员参与、全域应用、上下推广的人员、手段、线索三者融合，最大程度调动履职积极性，最大限度发挥一体化履职运作机制和办案模式的优势。比如，清远市检察院成立数字检察指挥指导办公室，配备13名骨干人员，统筹案件管理、数字检察、内部线索移送、平台交办案件线索督办、下级院疑难复杂案件请示办理以及检委会会前实质性审查等综合业务，重点加强要素提取、串并分析、整体研判，结合业务系统分析，构建运用法律监督模型排查相关线索。获得线索后移送相应业务部门开展审查、调查、侦查工作，形成检察业务数据和数字技术深度融合的"场景式监督"。各基层检察院先后成立大数据应用工作小组、数字办案暨综合履职研判中心、数字检察工作办公室，对通过法律监督模型获取的案件线索实时监控、即时研判、同步移交、跟踪督办。建立数字检察审核员制度，由各业务部门负责人、各基层检察院分管副检察长担任数字检察审核员，通过专门审核、研判等方式，对两级检察干警是否穷尽

---

① 高洁：《以数字检察战略驱动新时代检察工作现代化》，载最高人民检察院网站，https://www.spp.gov.cn/spp/zdgz/202308/t20230828_626357.shtml。

数字化方法办理案件进行审核，开展线索挖掘和类案办理，强化数字化办案力度。实践中，清远市两级检察院在立案后刑事下行案件（指立案后挂案、未移送批准逮捕、未审查起诉等案件）、社区矫正、特种行业违法经营、民事执行失信惩戒和限制消费措施、耕地占用税行政公益诉讼、未成年人无证驾驶机动车未行政处罚以及司法救助等领域，坚持上下纵横联动，推动跨部门、跨层级、跨领域协同监督，及时构建模型上报研判，引领法律监督提质增效。

（二）区域协同

基层检察院普遍存在办案力量不足以及地区差异化较大的问题，各基层检察院可以根据人员配置、案件特征、工作进度等进行分片区结对互助，打通区际数据壁垒。清远市各基层检察院通过组建"市区联盟""北部联盟"等方式，以区域协作办案为重点，创新共建共享数字建模资源库，开拓数字检察履职新思路。各工作联盟坚持理论先行、数据融合、资源共享，实现成果共享、优势互补、互助协作、共同发展。通过用好各条线已建立的常态化、规范化数据共享机制，有效实现跨地区数据资源的共享和融合；注重模型创新共享，碰撞出更多新的监督思路，破解监督重点难题。比如，某基层检察院在高龄津贴安全监管监督模型中，数字检察"北部联盟"通过共享双方调取的辖区内民政局、公安机关等领取高龄津贴人员情况、户籍注销信息和高龄津贴发放信息等相关数据，共同排查出问题线索1776条，实现了区域协同。

（三）专班带动

数字检察专班作为融合履职的重要载体，以"专项＋专班"模式，打破部门、条线界限，抽调各条线骨干组建工作专班，既集中力量攻克办案难题，又在实践中锻炼了队伍能力，实现两级院"上下一盘棋""兵团作战"最优办案效果。比如，清远市检察院抽调全市精干办案力量，先后在4个基层院部署开展非法采矿大数据法律监督专项行动，通过研发涉矿类案法律监督模型，集中研讨非法采矿案件中的重点难点，以思维碰撞攻破案件办理难题，并充分运用高新技术的设备，发现部分企业无证开采、超量开采、越界开采、漏缴税费等问题线索5054条，涉超量开采所得矿产资源1327万余吨、涉及土地面积595万余平方米，督促追缴税款1.07亿余元。

（四）职能融合

与以往就案办案的单一思维不同，数字检察思维强调的是一种万物万联的思维，这就要求检察办案人员在办理个案的过程中，延伸办案视角，通过数字技术手段，从多个角度对案件进行审查和监督，扩大检察监督的范围，为"四检融合"提供新的路径和方法，并通过线索融合、业务协同实现综合履职。同时，也有助于呈现个案背后深层次的社会问题，进一步提升监督的深度和社会治理的参与度。数字检察打破以往检察职能区域、条线、部门各自为政的界限，使各项检察职能融会贯通，不断增强优势互补、互利共赢的合力。清远市检察院在市级层面出台"四检融合"工作指引，明确各业务部门、办案组间线索互移、证据互转、同办联办、协商处理等事项，对通过数据库、网格平台等途径搜集到的数据，抽调各业务条线干警共同参与办案，实现融合式办案、团队式研判，达到批量成案的效果。某基层检察院成立的数字办案暨综合履职研判中心，通过集中线索研判、交办、督办，实现协同办案和"四检融合"。实践中，清远市检察院研发医保基金大数据法律监督模型，按照"四检融合"工作指引，刑事检察办案组在办理医保基金诈骗案件时，行政检察办案组同步审查刑事卷宗材料，对相关部门怠于履职的行为发出检察建议，公益诉讼办案组深入市医疗保障局、社会基金保障管理局等部门，深挖医保基金管理漏洞。在各部门共同努力下，共追回医保基金7268万余元。

五、优化侦查机制

用侦查思维推理分析各类案件背后的事实真相，用数字意识获取数据中有价值的异常线索，确定侦查方向，获取客观性证据，是开展侦查的有效路径。结合大数据技术的显著特征，围绕检察侦查的核心内容，优化大数据侦查工作机制，是创新大数据侦查实践的重要基础。

（一）基于日常办案的线索发现机制

审查、调查、侦查是重要手段，司法工作人员的职务犯罪线索可能存在于"四大检察"日常办理的案件中。一线检察人员要形成发现犯罪线索的意识和理念，在具体实施法律监督的过程中，建立健全线索及时发现、及时移送的工作衔接机制，实现资源共享与协作配合。特别是在日常办案的数据建模过程中，通过大数据对比、分析，把发现的疑点转化为有客观证据支撑的线索，开展监督成案。比如，清远市检察院探索建立一体融合虚假诉讼监督机制，运用侦查式思维和"三查"并举的手段，先后从涉恶、保险诈骗等案件中排查虚假诉讼案件线索236条，办理刑事监督立案、职务犯罪、民事再审、民事执行等案件106件，涉案金额达9000万元。又如，某基层检察院在办理一起保险诈骗系列案过程中，通过筛查、碰撞、比对金融、通信、事故卷宗、裁判文书等大数据信息，发现了司法工作人员涉嫌徇私枉法、枉法裁判的犯罪线索。

（二）建设复合型侦查组织

监察体制改革后，在现有侦查力量短缺且无法短时间内提升的背景下，要充分发挥检察机关一体化的优势，建立更有复合性、专业性的侦查组织体系，将数字技术分析引入传统侦查工作中，实现侦查力量的资源共享与协作配合。地市级检察院在设置独立的侦查部门基础上，成立常态化侦查办案组，专门负责侦查工作；同时成立机动侦查办案组，承担机动侦查、自行补充侦查指导等事宜，全面强化对下级院纵向引领。基层检察院成立侦查办案组，专门承担由市级检察机关交基层检察院立案侦查的案件办理，以及对本院自行补充侦查工作的统筹、指导工作。复合型侦查组织需要复合型人才，他们既具备传统侦查技能，又具备数字技术分析能力，能够熟练运用数字工具进行调查和分析。

复合型侦查组织可实现跨部门合作、多部门协同作战、数据驱动决策、快速响应、精准打击、采用多元化的侦查手段等目标，有效形成人员融合。在人人都是"侦查员"的基础上，集中整合获取有效资源，将"四大检察"中的调查与职务犯罪线索核实紧密结合，纵深推进侦查与其他业务在职能、组织、机制、方式上协同共赢，形成紧密型的侦查一体化，同时积极探索构建与公安、纪监委联合办案体制，嫌疑人隐瞒的客观证据将无处遁形，取证难题得到有效化解。在复合型人才培养上，购置智能法律平台、DataX 数据分析系统以及更新手机取证设备，完善与公安、银行、房管、工商等部门的信息查询、使用制度，在规范化运行自行侦查权、补充侦查权与机动侦查权的实践中锻炼侦查队伍。

（三）在案件侦查中深化大数据的运用

司法实践中，任何违法犯罪的行为都具有一个有逻辑性的信息链条，单独看这个链条上的任一信息点，都很难发觉异常情况，但通过运用大数据进行筛选、查找、对比、碰撞，信息点之间就会发生耦合，目标线索就会暴露出来。数字检察在收集数据、研判数据、识别异常、获取线索等方面都有一套全新的业务工作思维，可实现案件智能串并、助推高效合成研判、精准打击犯罪，已经成为侦查工作的"增长点"和"支撑点"。比如，清远市检察院在办理的人身伤害赔偿保险诈骗系列案中，以司法裁判文书网数据库、小包公·法律 AI 数据库、司法行政系统律师从业人员数据库、保险公司近十年人伤案件数等数据进行碰撞比对建模，全面梳理类案中存在的枉法裁判、司法腐败问题，对发现的职务犯罪线索立案侦查。某基层检察院在办理涉嫌民事枉法裁判犯罪案件时，利用上述数据，碰撞、筛查公开裁判文书、律师执业信息等数据，在未接触当事人的情况下，列出存在枉法裁判嫌疑的案件清单，厘清司法工作人员渎职犯罪的作案手法，最大化利用公开数据价值。针对民事枉法裁判犯罪主观故意认定难的问题，通过串联关键词之间的逻辑关系，对裁判文书开展深度检索，在排除对法律法规存在的不同理解后，结合犯罪嫌疑人曾经承办的案件，实现"以证促供"的审讯模式，助力认定"故意枉法"，实现"由供到证"到"以证促供"的转变。

第四章 简单便捷的数据工具

在数字检察工作中，数据采集和处理是至关重要的环节，它借助数字化、智能化载体，使得法律监督工作更加高效和精准。

数据采集是数字检察工作的基础。数字检察工作的开展需要以大量的数据为基础，包括案件信息、证据材料、法律文书等。这些数据需要被全面、准确、及时地采集，以确保数字检察工作的顺利开展。数据采集的质量直接影响到数字检察工作的质量和效果。

数据处理是数字检察工作的关键。采集到的数据需要进行清洗、整理、分析和利用，使其更具有实用性和针对性，以便为检察工作提供支持和参考。数据处理的过程还可以帮助检察机关发现数据中的规律和趋势，发现案件的疑点和难点，提高办案效率和准确性。

本章将以清远市检察机关为例，介绍在开展数字检察工作中常用的一些数据采集和处理的方法、实用工具及技巧等。

一、数据来源方式

数字检察的数据来源广泛，包括检察机关内部、外部单位、互联网以及其他各种来源。数据的采集和处理需要根据具体案件的需求，灵活地选择合适的数据源。既可向特定对象直接调取，也可以通过自己的数据采集系统或使用其他技术手段，从政务公开平台或第三方服务平台获取，充分利用各种数据资源。

（一）直接调取

对于涉及数据量较少的监督模型和个案，通过行使检察调查核实权，出具调取证据材料通知书、协助调查函等司法文书，直接向行政机关、企事业单位等获取，依职权获取监督数据。

1. 直接调取存在的问题

一是调证需求不明确。检察机关对行政机关拥有的数据并不全面了解，出具文书的时候若只简单说明调证需求，行政机关难以确定调证范围，一般以最小范围予以回复。如向工商部门调取企业工商信息，工商信息包含企业名、法人信息、股东信息、统一社会信用代码、成立时间、注册资本等等，若无具体需求仅提出调取工商信息，工商部门可以按照可以确认企业身份唯一性最低范围的信息提供，即企业名称、统一社会信用代码。

二是调证周期较长。接到调证通知后，行政机关通常需要走办文流程，多次审批才能提供该批数据。同时，检察机关办案也有办案时效，行政机关提供证据的效率影响着检察机关的办案效率。

三是调证数据非结构化。虽然各行政机关多自建了业务系统，实现线上办公、无纸化办公，但仍有不少证据材料未使用办公办案系统制作，无法导出结构化数据，只能提供基础数据，如扫描件、手工统计报表等。检察机关在使用此类数据时还需要进行数据结构化处理，耗时耗力，影响办案效率。

2. 直接调取数据的清远实践

一是全面了解掌握行政数据清单要素。通过公开数据渠道获取行政机关行政数据清单要素，如在行政执法信息公示平台、"开放广东"平台等下载一批行政执法数据后，掌握不同部门的行政处罚、行政许可、行政审批等表头（字段）要素，再结合自己的调证需求向有关单位提出。

二是邀请检察技术人员参与调证。行政机关业务系统制式不一，不同的业务系统可导出的字段也不一致，而且部分字段还是通过中文或者英文简写命名。检察技术人员参与调证，可以帮助业务部门更清晰地向对方说明需要的数据要素（字段），以便指导行政机关提供符合需求的数据。

三是要求调取结构化数据。行政机关业务部门往往掌握基础数据、纸质数据，而结构化数据掌握在行政机关信息化部门手上，直接向业务部门调取可能只获取到非结构化数据，调取数据后还需要进行结构化处理。调证时，尽可能与行政机关信息化部门协商，要求提供结构化电子表格数据，方便直接用于分析清洗。

（二）内部数据

内部数据是检察机关自身产生的数据，主要包括案件数据、人员数据、决策和文书数据。这部分数据属于检察机关自有数据，大部分通过办案积累而来，存储于检察业务应用系统中。但这些内部数据多处在"沉睡"状态，其价值并没有被最大化地挖掘出来。

1.检察机关内部数据运用的现状

一是检察业务结构化数据与非结构化数据并存，非结构化数据关键信息挖掘难，结构化数据（案卡）可导出内容有限。二是检察机关内部存在数据共享壁垒，基于案件保密和权限设置原因，办案人员只能查询本区域本部门案件。三是检察人员对内部数据应用的意识和能力仍有待提高。

2.检察机关内部数据应用介绍

（1）检察业务应用系统查询功能简介

该系统是最高人民检察院部署集中研发的融办案、管理、统计于一体的系统，实现了对全国四级检察机关所有司法办案活动的全程、统一、实时、动态管理和监督。该系统于2013年10月在全国检察机关全面部署使用，目前为2.0版本，汇集了大量的检察业务内部数据。

在检察业务应用系统中，可以使用案件基本查询和案件高级查询功能，快速查找和筛选相关信息，导出相应格式的结构化表格。

①案件基本查询：通过在系统预设的承办单位、案件类别和案件名称等选项框选择需要搜索的案件类型、案由、案件来源、办案部门、涉案人员等信息后，系统将根据输入的条件进行搜索，展示符合条件的案件列表，并提供"导出"功能。

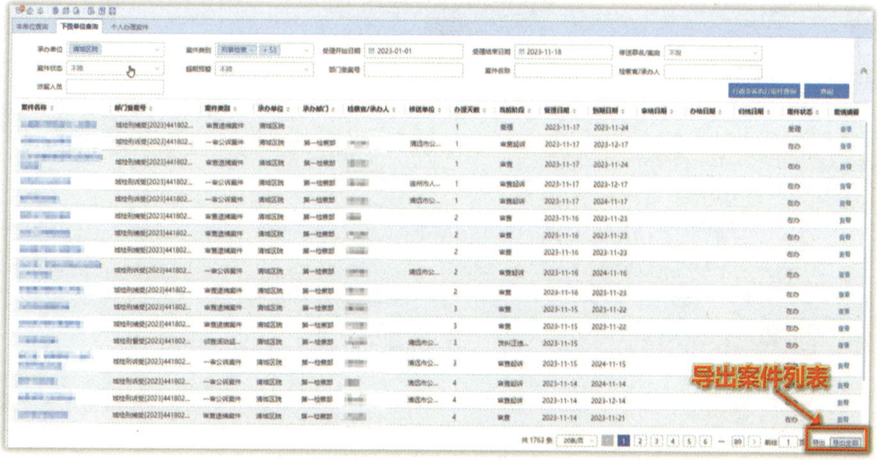

图 1　检察业务应用系统导出界面

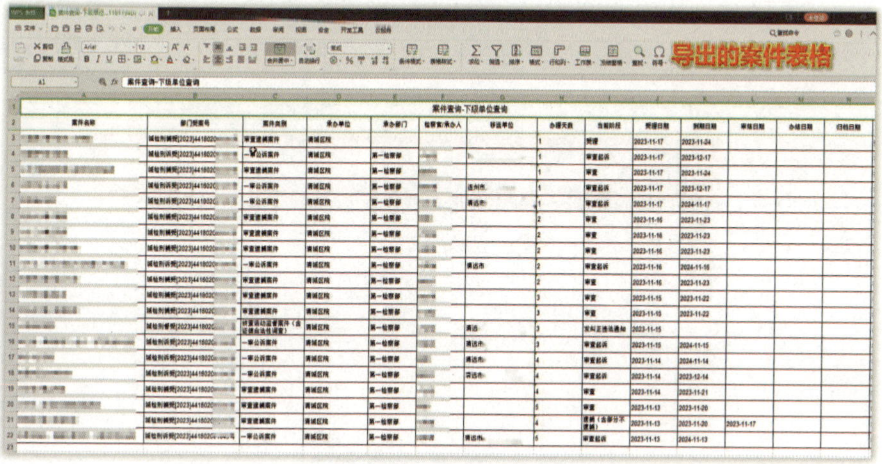

图 2　检察业务应用系统导出后的表格

②案件高级查询：通过自定义条件设置关键字或条件，例如姓名、身份证号码、案号等进行搜索，系统将根据输入的条件进行检索，展示符合条件的案件列表，并提供"导出"功能。除了精确搜索外，还能进行模糊匹配，例如在条件搜索框输入"＊公司"（"＊"代表任意词），就能查找出当地一审公诉案件所有的单位犯罪主体是公司的案件，如下图。

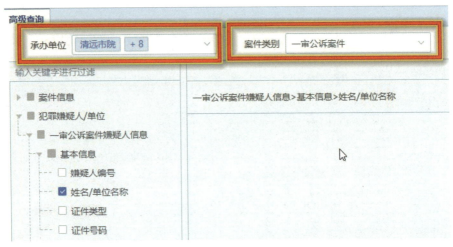

图 3　高级查询界面

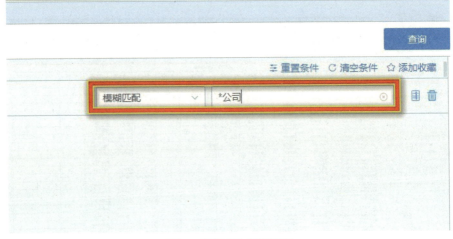

图 4　高级查询模糊搜索

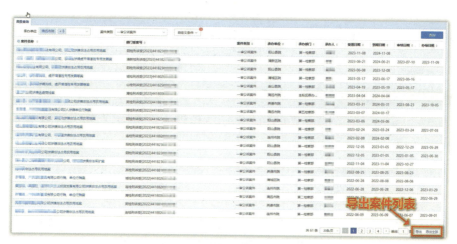

图 5　高级查询导出

	高级查询					
案件名称	**部门奖案号**	**案件类别**	**承办单位**	**承办部门**	**承办人**	**受理日期**
限公司、的案	阳检刑诉奖[2023]44182 号	一审公诉案件	阳山县院	第一检察部		2023-11-08
公司、司发票案 号	清新检刑诉奖[2023]4418 号	一审公诉案件	清新区院	第一检察部		2023-06-21
达案明涉	阳检刑诉奖[2023]44182 号	一审公诉案件	阳山县院	第一检察部		2023-06-08
开增值税	城检刑诉奖[2023]44180 号	一审公诉案件	清城区院	第一检察部		2023-05-17
、虚开增	山检刑诉奖[2023]44182 号	一审公诉案件	连山县院	第一检察部		2023-04-19
案	清检刑诉奖[2023]44180 号	一审公诉案件	清远市院	走私犯罪办案组		2023-04-04
（英德）用地案 有限公司2	英检刑诉奖[2023]44188 号	一审公诉案件	英德市院	第一检察部		2023-03-31
	清检刑诉奖[2023]44180 号	一审公诉案件	清远市院	第五检察部		2023-03-07
、吴位均	阳检刑诉奖[2023]44182 号	一审公诉案件	阳山县院	第一检察部		2023-03-06
涉肇丰法	阳检刑诉奖[2023]44182 号	一审公诉案件	阳山县院	第一检察部		2023-02-24
可思是	连检刑诉奖[2023]44188 号	一审公诉案件	连州市院	第一检察部		2023-02-08

图 6　高级查询导出表格

　　③清远市检察院自建了广东省清远市检察院数据应用平台，并向广东省院申请了检察业务应用系统数据返还，平台用户可以直接在系统中使用检察业务应用系统数据。

图 7　数据返还案件清单界面

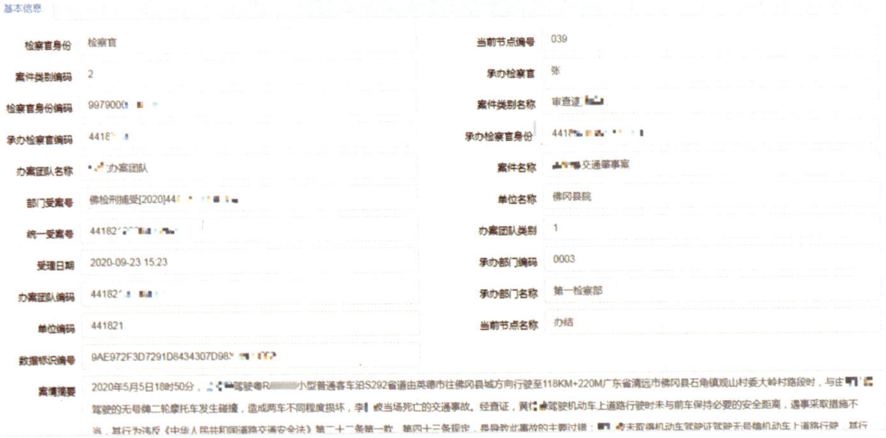

图 8　数据返还案件详情

（2）"两法衔接"平台

"两法衔接"平台是行政执法机关与检察机关协作配合的专业平台，是加强行政执法与刑事司法双向联系，避免有案不移、以罚代刑的重要工具。该平台以信息化手段，实现了执法司法的信息互联共享、案件线索移送和办理结果反馈等功能。

"两法衔接"平台一般部署在检察机关或者政务云平台，检察机关均有管理权限，可以直接查看调取数据库数据，所以这里归类为内部数据。

图9　"两法衔接"平台界面

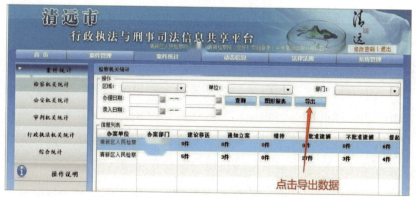

图10　"两法衔接"平台查询及导出

（3）其他自建系统数据

　　各级检察机关自建了各类举报、投诉等信息系统，均可作为检察机关的内部数据源。如，清远市佛冈县检察院自建的"公益诉讼随手拍"平台。

图 11 "公益诉讼随手拍"后台

（三）跨部门数据共享协同

跨部门数据共享协同主要有几种方式，包括数据摆渡、接口访问、应用访问、分布式计算等。

1.检察机关常见的跨部门数据共享实现方式

第一，平台式数据交换共享平台。如各省、市建设的政法大数据共享平台，该平台通过建设横向到边、纵向到底的政法"一张网"，集成了多项创新功能，包括一网联通、一体运行、一卷流转、一动百动、一证互信、一码可查、一图可见、一步换押、一键辅助等，实现了纵向贯通省市区街，横向联通公检法司的政法网络全覆盖。又如各级检察机关与行政机关的数据交换平台，湖北省检察院汇聚了检察机关内部系统数据、全省司法和执法领域单位的执法信息与互联网数据。

第二，通过接口访问的数据查询平台。如山东省东营市检察院通过打通检察工作网和政务外网，实现在检察监督大数据平台对多个行政机关的平台系统进行查询。

第三，通过应用直接访问。如以拉专线的方法接入行政机关内部网络，通过授权账号直接访问行政机关的业务系统。

以清远为例，获取跨部门数据的方法，主要是向行政机关申请有查看搜索权限的业务系统账号，通过政务外网网络登录，直接获取行政机关业务数据。该方法大大减少了与行政机关系统对接的成本。如清远市检察院建立公益诉讼指挥中心，通过获取12345市民服务热线平台、无人机智慧平台、粤平安综合网格管理服务应用平台等平台数据，实现公益诉讼案件线上案源发掘、线索线上核查、无人机线下取证全链条办理。

2.清远市检察机关接入的政务平台（部分）简介

（1）12345市民服务热线平台

12345市民服务热线平台是一个由各地市人民政府设立的公共服务热线平台，提供"7×24小时"全天候人工服务。该平台主要用于企业和群众对政府管理和服务的非紧急诉求的便民热线服务，包括对行政职能职责、政策规定、办事流程和其他公共服务信息的咨询，以及对行政管理、社会管理、公共服务方面的投诉、意见和建议等。该平台可提供大量的公益诉讼和行政检察等业务线索，且支持批量导出功能，可以形成结构化数据。

图12　12345市民服务热线平台主界面

图 13　12345 市民服务热线平台投诉工单

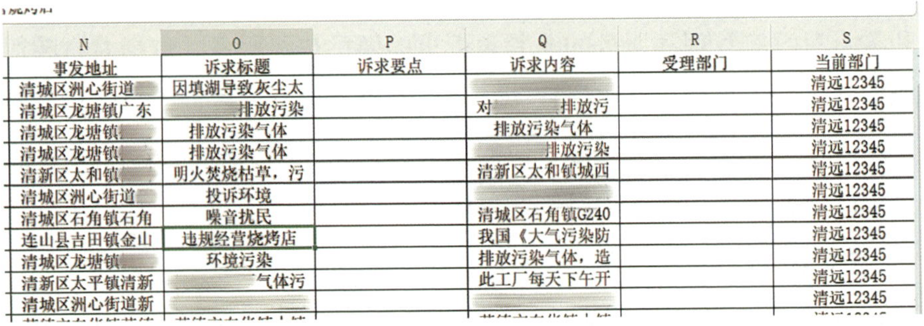

图 14　12345 市民服务热线平台导出结构化数据

（2）粤平安综合网格管理服务应用平台

粤平安综合网格管理服务应用平台（以下简称"粤平安"平台）是一个庞大的系统，涉及网格事件录入、人楼房法管理等多个模块。该平台旨在通过综合网格＋综治中心＋"粤平安"平台的全覆盖立体式智能化工作体系的构建，深入推进基层治理全域网格建设。检察机关可在此系统获取有关投诉和社会治理问题线索。

图 15 "粤平安"平台主界面

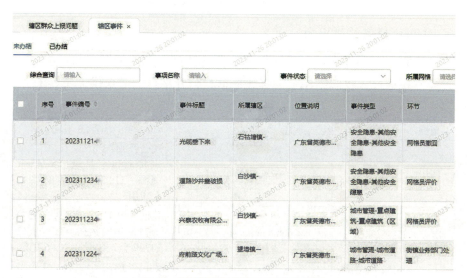

图 16 "粤平安"平台工单清单界面

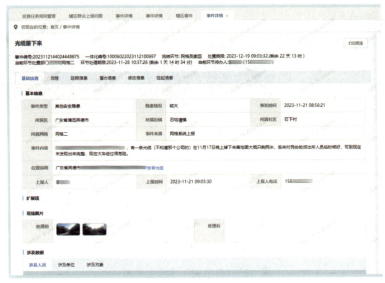

图 17 "粤平安"平台工单处置界面

（四）政务信息平台

目前，大部分省、市政府机关均在互联网、政务外网上建设了政务数据公开平台。我们制作了一张政务信息公开平台的清单供大家参考。

范围	网站名	网址	备注
四川	四川公共数据开放网	www.scdata.net.cn/	现已开放 48 个部门、21 个市州共 8238 个目录、46745 个资源、31.23 亿条数据和 12 个应用
北京	北京市公共数据开放网	data.beijing.gov.cn/	现已开放 115 个部门共 18573 个数据集的数据，数据接口 14799 个，数据量 71.86 亿条
天津	天津市信息资源统一开放平台	data.tj.gov.cn/	现已开放 21 个主题、61 个市级部门、16 个区共 4821 个数据集的数据，数据接口 1008 个
上海	上海市公共数据开放平台	data.sh.gov.cn/	现已开放 51 个部门、132 个数据开放机构共 5435 个数据集（其中 2245 个数据接口）数据，数据应用 80 个，数据项 44681 个，20 亿条数据

续表

范围	网站名	网址	备注
江苏	江苏政务服务网	data.jszwfw.gov.cn	省级数据总量 1.69 亿条，数据目录总量 789 个
浙江	浙江省政府数据开放平台	data.zjzwfw.gov.cn/jdop_front/index.do	全省现已开放 33470 个数据集（含 16774 个 API 接口）197989 项数据项，153 亿条数据
安徽	安徽省数据开放平台	data.ahzwfw.gov.cn:8000/dataopen-web/index	1.52 万个开放目录，2857.45 万条数据，2.97 万个服务接口
江西	江西省公共数据开放平台	data.jiangxi.gov.cn	开放数据目录 314 个，开放接口目录 146 个，数据项总数 76 项，数据总量 1000 万条，接入部门 32 个
山东	山东公共数据开放网	data.sd.gov.cn	现已开放 56 个部门、81926 个数据目录共 191 亿条数据，2.13 万条数据接口，95 个创新应用
湖北	湖北省公共数据开放平台	data.hubei.gov.cn	现已开放 4945 个数据目录、7038 个数据集、1274 个数据接口、111 个创新应用，共 42769 万条数据，已提供 106.80 万次数据下载，71230 万次接口调用
湖南	湖南政务大数据公众门户	data.hunan.gov.cn/etongframework-web/	现在已开放 733 个数据资源；10 个 App 应用
广东	"开放广东"平台	gddata.gd.gov.cn/index	已开放省级部门 53 个、地市 21 个共 78195 个数据集，开放政府数据 36.190 亿条，应用 108 个
广西	广西壮族自治区公共数据开放平台	data.gxzf.gov.cn	开放了 87 个部门、9578 数据目录，共 60.23 亿条数据
海南	海南省政府数据统一开放平台	data.hainan.gov.cn	开放了 267 个数据部门 4054 个目录、21 个主题、1183 个数据集、3685 个数据接口的数据

范围	网站名	网址	备注
贵州	贵州省政府数据开放平台	data.guizhou.gov.cn/home	开放部门 1140 个，数据集 18760 个，开放文件 18904 个，数据接口 14701 个
宁夏	宁夏公共数据开放平台	opendata.nx.gov.cn/portal/index	开放了 28 个部门、2004 个数据目录共 4231 万条数据，共 6 条数据接口和 7 个创新应用
黑龙江	黑龙江省政务数据开放平台	116.182.12.53：8001/oportal/index	现已开放 22 个部门的 5779 个数据目录共 1 亿条数据
山西	山西省公共数据开放网站	data.shanxi.gov.cn	现已开放：政务部门 13 个，数据资源 81 个，服务接口 1 个，数据总量 178 万条，数据项 394 个
辽宁	辽宁省公共数据开放平台	data.ln.gov.cn/oportal/index	现已开放 27 个部门、80 个数据接口，252 个开放数据目录，共 1880 万条数据
吉林	吉林市公共信息资源开放平台	jlsdata.jlcity.gov.cn	
重庆	重庆市公共数据开放系统	data.cq.gov.cn/rop/home	数据部门 61 个，数据资源 10000 类，数据项 63796 个，数据集 10120 个
全国	中国市场监管行政处罚文书网	cfws.samr.gov.cn	
全国	中国裁判文书网	wenshu.court.gov.cn	
全国	中国执行信息公开网	zxgk.court.gov.cn	
全国	信用中国	www.creditchina.gov.cn	
全国	全国企业信用信息公示系统	www.gsxt.gov.cn	

下面以"开放广东"平台及广东省数据资源"一网共享"平台为例进行介绍：

1. "开放广东"平台

"开放广东"平台是广东省各部门以及各地市人民政府在互联网上发布政府开放数据和提供数据获取服务的综合平台。现开通"首页、开放数据、数据应用、网站分析、资讯动态、交流互动"等栏目，提供目录发布、数据汇集、便捷检索、数据获取、统计分析、互动参与、应用展示等服务，引导社会发现和利用政府数据，促进信息资源创新应用，建设开放数据生态，同时面向社会提供数据开放申请服务，建立数据需求端和供给侧的"桥梁"。

系统链接：https：//gddata.gd.gov.cn。

登录方式：点击"登录"按钮，进入"广东省统一身份认证平台"，通过"粤省事"小程序、"粤省事"App、"粤商通"App扫码登录"开放广东"平台。

图 18　"开放广东"平台界面

图19 "开放广东"数据获取入口

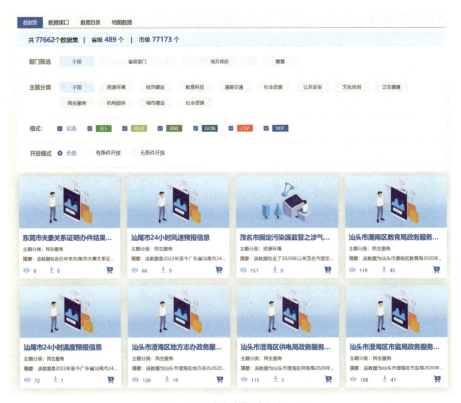

图20 "开放广东"选数据界面

文件名称	文件大小	更新时间	操作
东莞市夫妻关系证明办件结果公示信息.csv	37.61KB	2023-11-17	下载
东莞市夫妻关系证明办件结果公示信息.rdf	239.02KB	2023-11-17	下载
东莞市夫妻关系证明办件结果公示信息.xlsx	16.62KB	2023-11-17	预览 下载
东莞市夫妻关系证明办件结果公示信息.json	71.25KB	2023-11-17	下载
东莞市夫妻关系证明办件结果公示信息.xml	120.91KB	2023-11-17	下载

图 21 "开放广东"数据及下载界面

2. 广东省数据资源"一网共享"平台

该平台以促进广东省市县政务数据有序共享为目标,打破数据孤岛,通过建立一体化的政务大数据公共平台和公共基础库,实现全省范围内跨层级、跨地域、跨系统、跨部门、跨业务的政务协同管理和服务。该平台按照分类分级进行管理,通过数据申请能快速有效地找到办案所需的相应数据。

系统链接:https://data.gdgov.cn/(仅限政务外网登录)。

登录方式:政府人员采用统一认证账号登录"一网共享"平台。用户申请开通统一认证账号后,可点击"登录"打开登录界面,使用"粤政易"(政务微信)扫码或输入账号密码进行登录操作,登录成功后页面会跳转回"一网共享"平台首页。

图 22　"一网共享"搜索栏和左侧导航栏找数据

目前，"一网共享"平台的数据分为三类，分别是库表、接口、文件；页面展示类型为五种，分别为数据项、数据类、服务接口、电子证照、地图产品，用户搜索所需数据项后加入选数车。

图 23　数据详情页 – 加入选数车

用户需填写使用系统和业务用途、紧急程度、申请依据，并填写必填项，点击提交完成申请。

审批数据：数据源对相关申请审批同意后，申请人（单位）即可通过有关手段（数据同步、数据接口、文件下载）获取数据。

（五）第三方平台数据库

检察机关可以通过购买或租赁第三方平台数据库来获取所需的数据和信息。例如行业协会、企业征信机构等提供的数据库。通过使用第三方平台数据库，检察机关可以获取更全面、准确的信息和数据。

1.商业信息查询平台

常用的商业信息查询平台主要有天眼查、企查查、启信宝、爱企查、企业预警通等，主要为用户提供涵盖企业工商信息、法院判决信息、关联企业信息、司法拍卖信息等多维度信息的便捷一站式企业信息查询服务。

下面以天眼查为例，介绍企业信息查询功能。

天眼查是商业查询平台，已收录全国近3亿家社会实体信息。通过天眼查可以实现公司查询、工商信息查询、企业查询、工商查询等，可快速了解企业的法人、股东等企业相关信息。

（1）查企业。在首页搜索框输入企业名即可，支持模糊搜索。公司信息界面详解，包括了企业背景、司法风险、经营风险、公司发展、经营状况、知识产权、历史信息等。点击右上角可下载该公司全维度分析报告，即把该公司的网页显示资料全部通过 Word 形式展示。

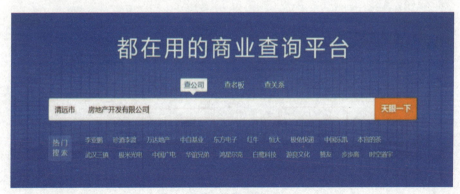

图24　主界面

图25 企业详情页

（2）查老板。在搜索框选择"查老板"，输入老板名字即可查询。可以通过地区和行业分类进行精准查找，因为天眼查不能使用身份证信息对老板精准筛选，需要根据老板的地区、行业和企业的股东合作伙伴信息研判是否同一人。如下图，搜索"梁×南"，系统展示两名清远的"梁×南"，可以看出任职企业都是×南名字的公司，而且合作伙伴都含有"梁×飞"，可以判断出实际上两位老板大概率为同一人。

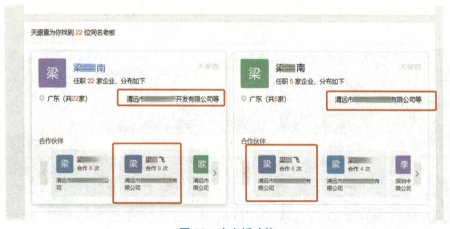

图26 查老板功能

（3）查关系。可以输入两家公司名，查找两公司关联关系。图片关系图可下载，如有多种不同关系路径可显示不同的关系，也支持公司间法人股东点对点联系。下图为公司间关系：

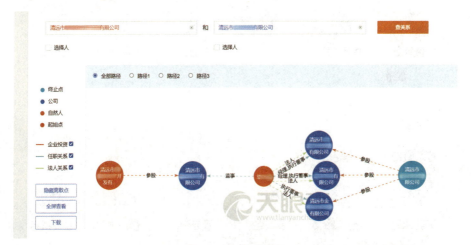

图 27　查关系界面

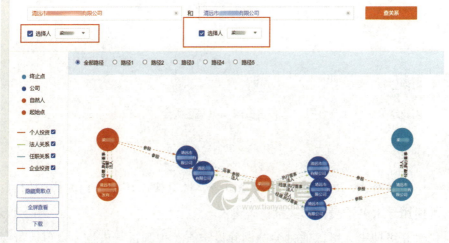

图 28　公司法人股东关联关系界面

（4）其他常用功能在右上角"百宝箱"，功能如下：

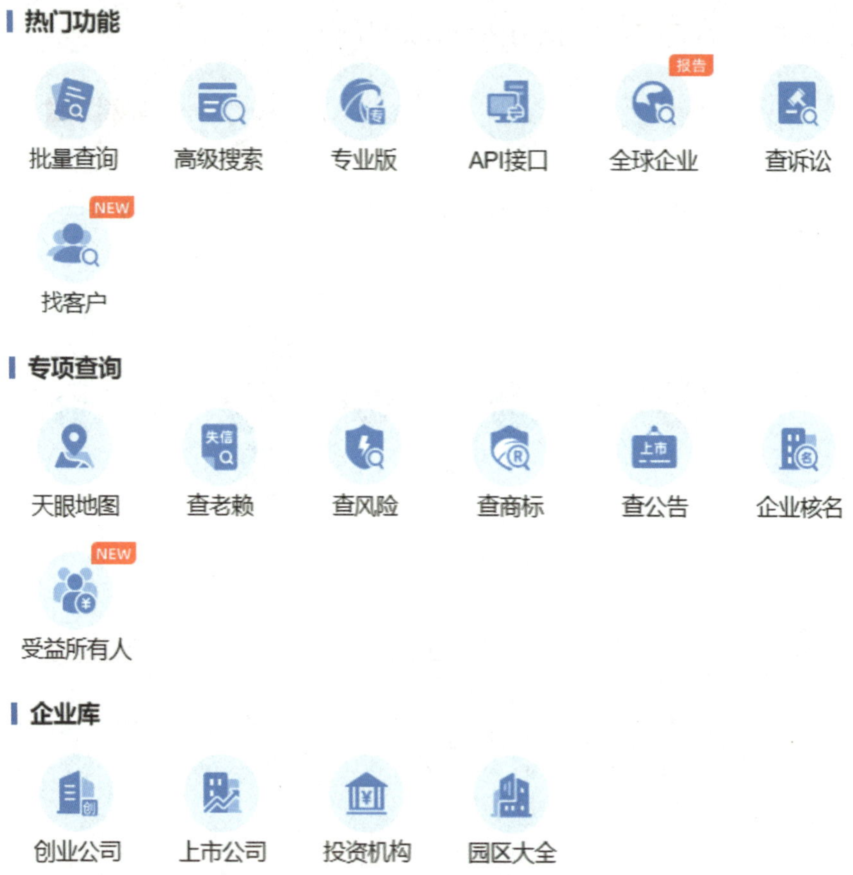

▌热门功能

| 批量查询 | 高级搜索 | 专业版 | API接口 | 全球企业 | 查诉讼 |

| 找客户 |

▌专项查询

| 天眼地图 | 查老赖 | 查风险 | 查商标 | 查公告 | 企业核名 |

| 受益所有人 |

▌企业库

| 创业公司 | 上市公司 | 投资机构 | 园区大全 |

图 29　其他功能界面

批量查询。可以批量输入公司名，批量输出该批公司的详细信息，可使用导入电子表格形式批量查询。

高级搜索。可以通过关键词并设定有关规则进行查询，也可以批量导出某个地区某行业的所有企业信息。如查找清远市清城区所有房地产企业信息，如下图：

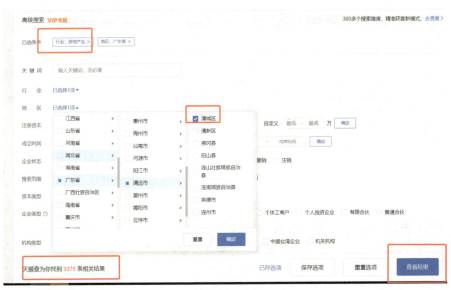

图30　查询某地区某行业企业信息

公司名称	经营状态	法定代表人	注册资本	实缴资本
清远市▩▩▩▩工程有限公司	存续	陈▩▩	138000万人民币	69000万人民币
清远市▩▩▩▩有限公司	存续	湛▩▩	263300万人民币	263300万人民币
清远天▩▩▩有限公司	存续	赖▩▩	20000万人民币	20000万人民币
清远市▩▩▩有限公司	存续	宋▩▩	16170万人民币	16170万人民币
清远市▩▩▩开发有限公司	存续	梁▩▩	10000万人民币	10000万人民币
清远市▩▩▩开发有限公司	存续	阮▩▩	8000万人民币	2250万人民币
清远市清城区▩▩▩集团有限公司	存续	易▩▩	20000万人民币	20000万人民币
清远市▩▩▩开发有限公司	存续	何▩▩	2006万人民币	2006万人民币
清远市▩▩▩开发有限公司	存续	鲁▩▩	5000万人民币	5000万人民币
清远▩▩▩有限公司	存续	郭▩▩	30000万人民币	21200万人民币
清远市▩▩▩开发有限公司	存续	李▩▩	3750万人民币	3750万人民币
广东▩▩▩有限公司	存续	吴▩▩	10000万人民币	10000万人民币

图31　高级查询导出结构化数据

　　查诉讼。可以根据公司名字查该公司有关的诉讼案件。

　　天眼地图。可在指定区域画圈，显示该圈范围内的企业，并可以使用高级筛选进一步筛选，也支持查找后企业数据导出。可尝试查找有税收优惠政策的偏远地区是否存在空壳公司、虚开增值税发票公司等等。

图 32　天眼地图功能

查"老赖"。输入人名、公司名、身份证号码、组织机构代码等查询是否为老赖。

2.法律信息查询平台

常用的法律信息查询平台主要有小包公·法律 AI、北大法宝、法信、无讼案例、聚法案例等，这些平台都有海量的裁判文书数据，可以检索到各种类型的法律文书，包括判决书、裁定书、执行文书等。

小包公·法律 AI	https：//www.xiaobaogong.com
北大法宝	https：//www.pkulaw.com
法信	https：//www.faxin.cn
无讼案例	https：//www.itslaw.com
聚法案例	https：//www.jufaanli.com

下面以小包公·法律 AI 为例，介绍如何进行法律检索及建立课题库。

小包公·法律 AI 依托司法大数据池，利用人工智能技术构建大数据法律监督模型，旨在挖掘法律文书中的语义信息和实体信息，精准推送监督线索，推动监督办案从重视数量规模到更注重办案质效，不断提升法律监督质效。

　　小包公·法律 AI 可以接收来自不同渠道的数据，包括但不限于公安机关、检察机关、审判机关、司法行政机关等跨部门信息，至今全库共收录案例数 1.418 亿。在该平台上可以通过设置案件类型、审理程序、案由、文书性质、地域法院等筛选条件，经过平台的专业处理和分析后，挖掘出有用的信息。

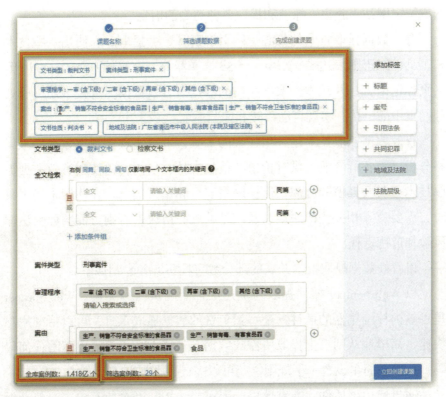

图 33　小包公·法律 AI 建立课题界面

二、数据采集、处理工具

　　数字检察工作中，数据采集和工具使用是相互关联、相辅相成的。通过自动化的数据采集和处理，可以减少人工操作，避免重复性劳动，提高数据处理的速度和准确性。以下介绍清远检察机关常用的一些数据采集和处理工具。

（一）数据采集工具

1. 有效数据抓取技术

有效数据抓取技术是一种自动化获取互联网信息的技术。它模拟人类浏览网页的行为，通过发送 HTTP 请求，并解析网页内容，从中提取所需的数据。有效数据抓取可以按照一定的规则和策略，遍历整个互联网或特定网站，收集、抓取和提取各种类型的信息。

有效数据抓取技术的核心是网页解析和数据提取。它使用一些技术和工具，如正则表达式、XPath、CSS 选择器等，来解析 HTML、XML 等网页标记语言，并从中提取出所需的数据。有效数据抓取技术还可以处理网页中的链接，实现自动跳转和递归抓取。

有效数据抓取技术是一项强大的工具，可以实现大规模数据的采集和分析，为各行各业提供有价值的信息支持。但同时，使用有效数据抓取技术也需要谨慎和合规，保护网络安全和个人信息。在使用采集工具时，需要遵守相关法律法规以及网站的服务协议，否则可能会面临法律风险和道德责任。

以有效数据抓取技术开展的部分数字检察实务介绍如下。

以 Web Scraper 插件提取阿里司法拍卖网页内容为例。Web Scraper 是谷歌内核浏览器的插件，是一款免费的数据抓取工具，可以帮助用户快速、简单地从网页上提取所需的数据。其特点在于不需要编写任何代码，只需要简单设置一下规则，就可以完成数据抓取。

通过使用该插件，能有效提取阿里司法拍卖网页所有内容，包括标的物名称、起拍价、拍卖情况、拍卖须知、拍卖公告等，最终一个标的物页面的内容将形成一行结构化信息。通过批量爬取，检察机关获取了阿里司法拍卖网站涉及本区域的结构化数据，减少了人工调取的繁杂流程。

图34　插件识别并提取网址指定内容

图35　插件识别并提取网址指定内容

	web-scraper-order	web-scraper-start-url	标题	链接	程序
1					
14	1689728583-100	https://sf.taobao.com/0763/07? spm=a213w.7398554.pagination.4	清远市清新区山湖世纪11栋2层201号商铺	https://sf-item.taobao.com/sf_item/552323	一拍
15	1689728594-101	https://sf.taobao.com/0763/07? spm=a213w.7398554.pagination.4	清远市清新区山湖世纪11栋3层301号商铺	https://sf-item.taobao.com/sf_item/552386	一拍
16	1689728650-106	https://sf.taobao.com/0763/07? spm=a213w.7398554.pagination.4	清远市清新区山湖世纪11栋2层201号商铺	https://sf-item.taobao.com/sf_item/557259	二拍
17	1689728661-107	https://sf.taobao.com/0763/07? spm=a213w.7398554.pagination.4	清远市清新区山湖世纪11栋3层301号商铺	https://sf-item.taobao.com/sf_item/557201	二拍
43	1689729783-177	https://sf.taobao.com/0763/07? spm=a213w.7398554.pagination.4	清远市清新区太和镇新宁路中2号之一凯茵豪庭D幢首层58#、D幢二	https://sf-item.taobao.com/sf_item/563995	一拍
49	1689729794-178	https://sf.taobao.com/0763/07? spm=a213w.7398554.pagination.4	太和镇新宁路中2号BD幢首层02号铺及201	https://sf-item.taobao.com/sf_item/564938	一拍
55	1689728334-78	https://sf.taobao.com/0763/07? spm=a213w.7398554.pagination.4	北江三路8号汇展.第一海岸豪庭首层04、05、06、07商铺	https://sf-item.taobao.com/sf_item/545236	一拍
56	1689729871-185	https://sf.taobao.com/0763/07? spm=a213w.7398554.pagination.4	清远市清新区太和镇新宁路中2号之一凯茵豪庭D幢首层58#、D幢二	https://sf-item.taobao.com/sf_item/565938	一拍

图36　形成结构化数据

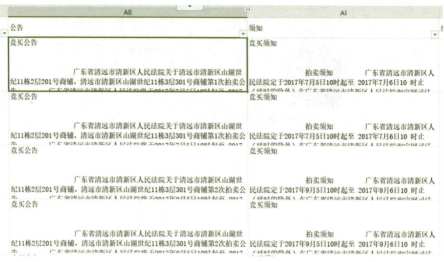

图 37　结构化数据中含有关键内容

2. 文本搜索工具

文本搜索工具是一种用于在计算机文件中进行快速高效搜索的软件工具，它们可以帮助用户在大量的文本文件中查找特定的关键词、短语或模式，并提供相关的搜索结果。

（1）文本搜索工具的特点

快速搜索：文本搜索工具使用高效的算法和索引技术，能够在大规模的文本文件中快速定位目标内容，减少搜索时间。

多种搜索选项：用户可以根据需要选择不同的搜索选项，如区分大小写、全字匹配、通配符搜索等，以满足不同的搜索需求。

高级搜索功能：文本搜索工具通常提供高级搜索功能，如正则表达式搜索、模糊搜索、逻辑运算符等，可以更精确地定位目标内容。

搜索结果预览：搜索工具通常会提供搜索结果的预览功能，用户可以在预览窗口中查看搜索结果的上下文，以便更好地理解搜索结果的含义。

文件过滤和排除：文本搜索工具允许用户指定搜索的文件类型、文件夹路径或排除某些文件，以便更精确地控制搜索范围。

批量操作：一些文本搜索工具还提供批量操作功能，如批量替换、批量重命名等，可以帮助用户更高效地处理搜索结果。

用户友好界面：好的文本搜索工具通常具有直观的用户界面，使用户能够轻松进行搜索设置和操作。

（2）常见的文本搜索工具

包括FileLocator Pro、AnyTXTSearcher、Everything、Listary、TextLocater、Recoll等。这些工具在个人使用、软件开发、数据分析等领域都有广泛的应用。无论是查找特定的代码片段、搜索日志文件，还是进行大规模的数据分析，文本搜索工具都可以提供便捷和高效的帮助。下面对以文本搜索软件开展的部分数字检察实务进行介绍。

以FileLocator Pro为例，FileLocator Pro是一款功能强大的文件搜索工具，它能够帮助用户快速准确地搜索计算机系统中的文件。无论是搜索本地硬盘上的文件还是网络共享文件，FileLocator Pro都能提供快速而准确的搜索结果。FileLocator Pro具有以下主要特点：

强大的搜索功能：FileLocator Pro支持多种搜索选项，包括文件名、文件内容、文件属性、日期和大小等。用户可以使用通配符、正则表达式和逻辑操作符来精确指定搜索条件，以便快速找到所需的文件。

多种搜索模式：FileLocator Pro提供了多种搜索模式，包括简单模式、正则表达式模式和混合模式。用户可以根据实际需求选择不同的模式，灵活地进行文件搜索。

高级过滤选项：FileLocator Pro允许用户使用过滤选项来排除不需要搜索的文件或文件夹，从而提高搜索效率。用户可以排除指定类型的文件、指定大小的文件或指定日期范围内的文件，以便更精确地定位目标文件。

高度可定制性：FileLocator Pro提供了丰富的设置选项，用户可以根据自己的需求进行个性化配置。用户可以选择搜索的文件类型、设置搜索范围、调整搜索速度等，以便更好地满足自己的搜索需求。

快速导航和预览功能：FileLocator Pro 搜索结果以直观的方式呈现，用户可以通过快速导航和预览功能快速浏览搜索结果。用户可以在搜索结果中快速定位目标文件，并预览文件内容、属性和上下文等信息。

总之，FileLocator Pro 是一款功能全面、操作简便的文件搜索工具，它能够帮助用户快速定位和处理计算机系统中的文件，提高工作效率。

具体使用方法如下：

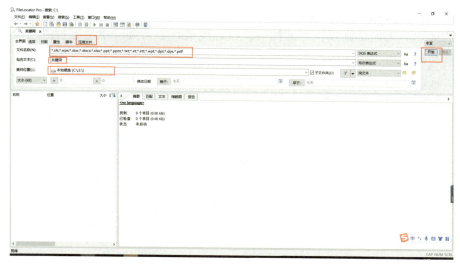

图 38　FileLocator Pro 主界面

①文件名称，即要搜索的文件类型，一般是办公软件生成的文件类型，包含：*.xls;*.wps;*.doc;*.docx;*.xlsx;*.ppt;*.pptx;*.txt;*.et;*.ett;*.wpt;*.dpt;*.dps;*.pdf。使用时把上面的文件类型复制粘贴到文件类型框即可。

②包含文本，即要搜索的关键词，可以使用逻辑运算，包含 AND（且逻辑）、OR（或逻辑）、NOT（非逻辑）等，如搜索"自然资源 AND 行政处罚"，代表搜索同时含有"自然资源"和"行政处罚"的文本文件；搜索"自然资源局 OR 水利局"，代表搜索含有"自然资源局"或者"水利局"文本的文件；搜索"（自然资源局 AND 行政处罚）OR（水

利局 AND 行政处罚)"，代表搜索含有"自然资源局且含有行政处罚"或者"水利局且含有行政处罚"的文件。注意，使用逻辑语句 AND、OR 等词语前后均要有一个空格。

③查找位置，即查找的路径位置，在明确知道数据存放的路径情况下，缩小查找范围可减少搜索时间。如，搜索的文件位于 E 盘 – 大数据文件夹，打开该文件夹，然后复制上方路径地址到"查找位置"栏，再进行搜索。

图 39　选择对应路径

④如需要搜索的内容是在压缩包内，则要勾选"压缩文件"选项所有文件格式，如下图。

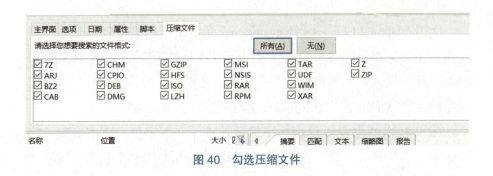

图 40　勾选压缩文件

⑤搜索按右边"开始"键即可。

数字检察汇聚了海量数据，在办公电脑上存储时，FileLocator Pro 能发挥重要作用，可以快速、精确地找到目标文件。假设我们想找计算机中故意伤害的起诉书，就可以设置搜索关键词为"故意伤害 AND 起诉书"，即可搜索该罪名的起诉书。

图41 "故意伤害 AND 起诉书"搜索结果

（二）数据处理工具

1. OCR 技术

OCR（Optical Character Recognition，光学字符识别）技术是一种将印刷或手写文本转化为可编辑和可搜索的电子文本的技术。它通过使用图像处理、模式识别和机器学习等技术，将扫描的文档、照片或其他图像中的文字提取出来，并将其转化为计算机可识别的文字。

OCR 技术的主要流程包括图像预处理、文本定位、文本分割、字符识别和后处理等步骤。在图像预处理阶段，可以对图像进行去噪、增强和二值化等操作，以提高后续步骤的准确性。文本定位和分割阶段则是将图像中的文字区域定位和分割出来，以便后续进行字符识别。字符识别阶段使用各种算法和模型，如模板匹配、神经网络和深度学习等方法，将文字从图像中提取出来。在后处理阶段可以进行校正、纠错和格式化等操作，以提高识别结果的准确性和可读性。

OCR 技术在许多领域都有广泛的应用。例如，可以用于扫描和数字化纸质文档，以便进行电子存档、搜索和编辑；可以用于车牌识别、身份证识别、票据识别和邮件排序等场景；还可以用于辅助视力障碍人士阅读和使用电子设备。

OCR 技术在数字检察实务中的应用，一方面是结合检察业务应用系统积极运用 OCR 识别技术。案管部门扫描公安机关移送的卷宗时普遍使用支持 OCR 识别的扫描软硬件，上传到检察业务应用系统时已经是可搜索的 PDF 卷宗，办案人员可以直接在电子卷宗中搜索关键词。另一方面是运用 OCR 技术对外部数据进行处理。检察机关调取的文书通常是扫描件格式，办案人员无法直接使用，检察机关深度运用 OCR 技术，将其应用于调取的文书卷宗，通过 OCR 技术将其转变为可搜索版本，可以进一步进行搜索、提取等操作。

以 OCR 技术开展的部分数字检察实务介绍如下。

以调取的行政处罚决定书为例，OCR 识别前的文书无法复制搜索，识别后可以复制搜索，且可另存为 Word 格式或可搜索版 PDF 格式。

英 德 市 水 利 局

水行政处罚决定书

英水行罚字〔2021〕第 013 号

当事人：刘▇▇▇　　　　　　　性别：男
身份证号：4418▇▇▇▇▇　　　电话：181▇▇▇▇▇
住址：广东省英德市▇▇▇▇▇▇

　　经查明，你（单位）于 2020 年 10 月 22 日，在未经水行政主管部门批准，擅自利用一台挖掘机（小松 PC120-6）在英德市▇▇▇▇▇▇▇▇▇▇河段无河道采砂许可证挖采河砂的违法行为。

　　证明上述事实的主要证据有：1、《关于涉嫌非法盗采河砂车辆移交的函》；2、当事人刘▇▇的调查笔录；3、执法人员的现场勘验笔录。

图 42　识别前

英 德 市 水 利 局

水行政处罚决定书

英水行罚字(2021)第013号

当事人：刘▇▇▇　　　　　　　性别：男
身份证号：4418▇▇▇▇▇　　　电话：181▇▇▇▇▇
住址：广东省英德市▇▇▇▇▇▇

　　经查明，你(单位)于2020年10月22日，在未经水行政主管部门批准，擅自利用一台挖掘机(小松 PC120-6)在英德市▇▇▇▇▇▇▇▇▇▇河段无河道采砂许可证挖采河砂的违法行为。|

　　证明上述事实的主要证据有：1、《关于涉嫌非法盗采河砂车辆移交的函》；2、当事人刘▇▇的调查笔录；3、执法人员的现场勘验笔录。

图 43　转换为 Word 文档

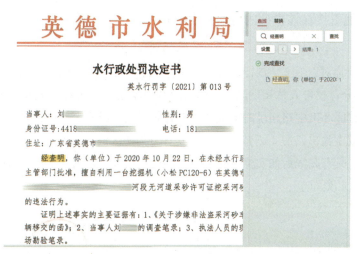

图44 转换为可搜索版本 PDF

2.人工智能结构化处理

人工智能可以进行数据结构化处理，它主要依赖于自然语言处理（NLP）和机器学习技术。在这个过程中，人工智能能够识别并提取出文本中的关键信息，例如人物、时间、地点等，并将这些信息组织成一个结构化的格式，如 JSON 或 XML。此外，深度学习技术也在文本结构化处理中发挥着重要作用，例如命名实体识别（NER），它可以从文本中识别并分类人名、地名等专有名词。

同时，一些专注于机器学习与计算机视觉领域的平台，以及具备全场景智能能力的人工智能平台，也提供了数据处理和分析的功能。这些平台可以帮助更好地理解和利用数据，进一步优化决策过程。

以人工智能结构化处理开展的部分数字检察实务介绍如下。

国内较为成熟的 AI 模型有百度的文心一言、阿里巴巴的通义千问、科大讯飞的讯飞星火认知大模型等，上述 AI 模型都可以开展人工智能结构化处理。下面以科大讯飞的讯飞星火认知大模型为例，结合数字检察实务，介绍如何使用该模型对法律数据进行结构化处理。

我们直接在该模型的对话框中输入：

> 请你对以下文字进行结构化处理：公诉机关指控：2019 年 7 月 26 日 2 时 36 分，被告人林某某饮酒后驾驶浙 B ×××× 号小型轿车途经广州市越秀区环市中路路段时被执勤民警查获归案。经鉴定，被告人林某某静脉血液中检出乙醇（酒精）成分，其含量为 108.8mg/100mL。认为被告人林某某具有归案后如实供述自己罪行的处罚情节，建议判处被告人林某某拘役，并处罚金。

该模型则输出：

> 公诉机关指控：
> 时间：2019 年 7 月 26 日 2 时 36 分
> 被告人：林某某
> 行为：饮酒后驾驶浙 B ×××× 号小型轿车
> 地点：广州市越秀区环市中路路段
> 结果：被执勤民警查获归案
> 鉴定结果：静脉血液中检出乙醇（酒精）成分，含量为 108.8mg/100mL
> 建议处罚：判处被告人林某某拘役，并处罚金

请你对一下文字进行结构化处理：公诉机关指控：2019年7月26日2时36分，被告人林████饮酒后驾驶浙 B ××××号小型轿车途经广州市越秀区环市中路路段时被执勤民警查获归案。经鉴定，被告人林████静脉血液中检出乙醇（酒精）成分，其含量为108.8mg/100mL。认为被告人林████具有归案后如实供述自己罪行的处罚情节，建议判处被告人林████拘役，并处罚金。

公诉机关指控：
- 时间：2019年7月26日2时36分
- 被告人：林████
- 行为：饮酒后驾驶浙 B ××××号小型轿车
- 地点：广州市越秀区环市中路路段
- 结果：被执勤民警查获归案
- 鉴定结果：静脉血液中检出乙醇（酒精）成分，含量为108.8mg/100mL
- 建议处罚：判处被告人林████拘役，并处罚金

图 45　讯飞星火认知大模型对文本进行结构化处理

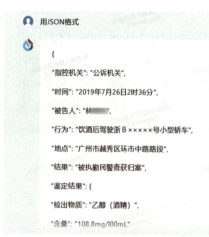

用JSON格式

{
"指控机关": "公诉机关",
"时间": "2019年7月26日2时36分",
"被告人": "林█████",
"行为": "饮酒后驾驶浙B××××号小型轿车",
"地点": "广州市越秀区环市中路路段",
"结果": "被执勤民警查获归案",
"鉴定结果": {
"检出物质": "乙醇（酒精）",
"含量": "108.8mg/l00mL",

图 46　要求使用 JSON 格式后的结果

当我们有一批结构相似的文本，如起诉书、判决书、行政处罚决定书，可以使用人工智能对其进行结构化处理后统一粘贴到电子表格，形成完整的结构化数据。

我们也可以把案情输入，让人工智能转换成 SQL 语句。如：

当前有数据表：案件表（案件编号，创建日期，案件名称，案情摘要），嫌疑人表（嫌疑人编号，创建日期，姓名，性别，民族，证件号码，出生年月，家庭住址）。请将以下材料结构化，并生成写入案件表、嫌疑人表的 sql 语句。被告人张某某，男，19×× 年 5 月 6 日出生，公民身份号码 ××××××××××××××××××，汉族，甘肃省酒泉市某某区人，初中文化，农民，户籍地甘肃省金塔县某某室，住金塔县某某室。因涉嫌危险驾驶罪，于 2022 年 2 月 11 日被金塔县公安局刑事拘留，同年 2 月 14 日被依法取保候审。本案由金塔县公安局侦查终结，以被告人张某某涉嫌危险驾驶罪，于 2022 年 7 月 4 日向本院移送审查起诉。本院受理后，已于同年 7 月 5 日告知被告人依法享有的诉讼权利义务及认罪认罚从宽制度，依法讯问了被告人，听取了被告人及其值班律师的意见，审查了全部案件材料。被告人同意本案适用速裁程序。经依法审查查明：2022 年 1 月 28 日 23 时 50 分许，被告人张某某酒后驾驶甘 F×××× 号小型越野客车沿金塔县解放路由北向南行驶至金塔县文化馆门前路段处，遇执勤民警检查车辆，张某某未停车接受检查，驾驶车辆行驶至中山街 11-1-10 号门前处停车后，被执勤民警查获。经鉴定，张某某血液中乙醇含量为 182.02mg/100ml。张某某对指控的犯罪事实和证据没有异议，自愿认罪认罚。

人工智能则生成以下内容：

——插入案件表数据 INSERT INTO 案件表（案件编号，创建日期，案件名称，案情摘要）VALUES）1，'2022-07-04'，'危险驾驶罪'，'被告人张某某涉嫌危险驾驶罪…'）；

——插入嫌疑人表数据 INSERT INTO 嫌疑人表（嫌疑人编号，创建日期，姓名，性别，民族，证件号码，出生年月，家庭住址）VALUES（1，'2022-07-04'，'张某某'，'男'，'汉族'，'×××××××××××××××'，'19××-05-06'，'甘肃省金塔县某某室'）；

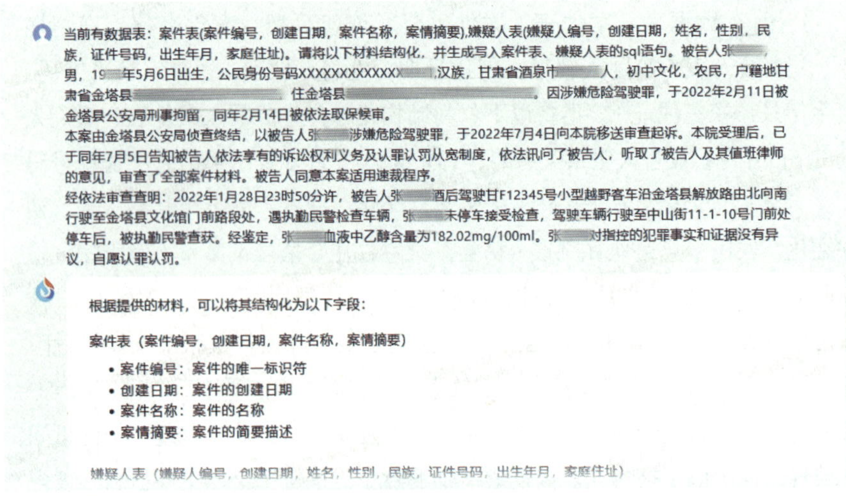

当前有数据表：案件表(案件编号，创建日期，案件名称，案情摘要)，嫌疑人表(嫌疑人编号，创建日期，姓名，性别，民族，证件号码，出生年月，家庭住址)。请将以下材料结构化，并生成写入案件表、嫌疑人表的sql语句。被告人张████，男，19████年5月6日出生，公民身份号码XXXXXXXXXXXXX████人，初中文化，农民，户籍地甘肃省金塔县██████住金塔县██████████。因涉嫌危险驾驶罪，于2022年2月11日被金塔县公安局刑事拘留，同年2月14日被依法取保候审。

本案由金塔县公安局侦查终结，以被告人张████涉嫌危险驾驶罪，于2022年7月4日向本院移送审查起诉。本院受理后，已于同年7月5日告知被告人依法享有的诉讼权利义务及认罪认罚从宽制度，依法讯问了被告人，听取了被告人及其值班律师的意见，审查了全部案件材料。被告人同意本案适用速裁程序。

经依法审查查明：2022年1月28日23时50分许，被告人张████后驾驶甘F12345号小型越野客车沿金塔县解放路由北向南行驶至金塔县文化馆门前路段处，遇执勤民警检查车辆，张██未停车接受检查，驾驶车辆行驶至中山街11-1-10号门前处停车后，被执勤民警查获。经鉴定，张██血液中乙醇含量为182.02mg/100ml。张██对指控的犯罪事实和证据没有异议，自愿认罪认罚。

根据提供的材料，可以将其结构化为以下字段：

案件表（案件编号，创建日期，案件名称，案情摘要）

- 案件编号：案件的唯一标识符
- 创建日期：案件的创建日期
- 案件名称：案件的名称
- 案情摘要：案件的简要描述

嫌疑人表（嫌疑人编号，创建日期，姓名，性别，民族，证件号码，出生年月，家庭住址）

图 47　案情转换为 SQL 语句

嫌疑人表（嫌疑人编号，创建日期，姓名，性别，民族，证件号码，出生年月，家庭住址）

- 嫌疑人编号：嫌疑人的唯一标识符
- 创建日期：嫌疑人的创建日期
- 姓名：嫌疑人的姓名
- 性别：嫌疑人的性别
- 民族：嫌疑人所属的民族
- 证件号码：嫌疑人的身份证号码
- 出生年月：嫌疑人的出生年月
- 家庭住址：嫌疑人的家庭住址

根据上述结构，可以生成写入案件表和嫌疑人表的SQL语句如下：

```sql
-- 插入案件表数据
INSERT INTO 案件表 (案件编号，创建日期，案件名称，案情摘要)
VALUES (1, '2022-07-04', '危险驾驶罪', '被告人张██步嫌危险驾驶罪...');

-- 插入嫌疑人表数据
INSERT INTO 嫌疑人表 (嫌疑人编号，创建日期，姓名，性别，民族，证件号码，出生年月，家庭住址)
VALUES (1, '2022-07-04', '张███', '男', '汉族', 'XXXXXXXXXX', '19██-05-06', '甘肃省金塔县███
██);
```

以上SQL语句将向案件和嫌疑人表中插入相应的数据。请根据实际情况修改表名、字段名和数据值。

图48　案情转换为 SQL 语句

3. 电子表格简单的数据清洗

利用电子表格进行数据清洗是一种常见的数据处理方法。下面是一些常用的数据清洗功能和操作步骤。

去重：删除表格中重复的数据。选中需要进行去重的列或整个表格，在数据选项卡中，点击"除重复项"。

填充空白单元格：将表格中的空白单元格填充为指定的数值或文本，选中需要填充的单元格或整个表格，在开始选项卡中，点击"填充"，根据需要选择填充的规则和范围，如"填充下一个"或"填充序列"。

数据格式转换：将表格中的数据转换为指定的格式，如日期、货币、百分比等。选中需要进行格式转换的列或整个表格。在开始选项卡中，点击"数据格式"，根据需要选择转换的规则和范围，选择一个格式，如日期、货币、百分比等。

数据筛选：根据指定条件筛选出符合条件的数据。选中整个表格，在数据选项卡中，点击"筛选"，在列标题上点击筛选图标，根据需要选择筛选的规则和范围，如等于、大于、小于等。

数据排序：根据指定列的数值或字母顺序对表格进行排序，选中需要进行排序的列或整个表格，在数据选项卡中，点击"排序"，根据需要选择排序的列和排序方式，如升序或降序。

数据合并：将表格中的多个单元格合并为一个单元格。选中需要合并的单元格，在开始选项卡中，点击"合并与居中"，选择需要的合并方式，如合并单元格或合并并居中。

查找替换：查找出表格中指定字符内容，并可以替换成为另外的字符。点击"查找替换"功能，查找内容输出指定字符，替换为其他内容。

函数清洗：包括但不限于提取类（Left、Right、Mid、Find）、清除类（Trim）、替换类（Replace、Substitute）、内容合并类（Concat、Phonetic）。电子表格的函数很多，根据不同的需求选定不同的函数，还可以通过函数嵌套功能，实现复杂需求。

以上是电子表格常用的数据清洗功能。不同的电子表格软件可能具有略微不同的界面和选项，但基本的操作思路是相似的，可根据实际情况选择合适的软件和函数组合进行表格类数据清洗。

以监狱罪犯减刑时限模型为例，对以电子表格数据清洗开展的部分数字检察实务介绍如下。

以调取监狱的罪犯名册，通过函数计算其是否达到减刑时限为例，表格中含有入监日期、止日、减刑次数、当前日期，规则为：减刑次数为 0 的，（止日 – 入监日期）<2 年的，以（当前日期 – 入监日期）*2>（止日 – 入监日期）的，则为合规，否则为线索数据，即剩余刑期在 2 年以内的，必须在服刑过半后才可以申请首次减刑。Q 列为减刑次数，N 列为入监日期，P 列为止日，U 列为申请减刑日期（统一为 2023–10–20），则计算公式为：

> =IF（Q5<>0，"非首次减刑"，IF（（P5−N5）>=730，"剩余刑期大于2年"，IF（（（U5−N5）*2）>（P5−N5），"合规"，"线索"）））

先判断 Q 列（减刑次数）是否等于 0，如果不等于 0，则输出"非首次减刑"；

如果等于 0，则计算下一步 P 列（止日）−N 列（入监日期）是否大于等于 730 日，如果大于等于 730 日，则输出为"剩余刑期大于 2 年"，如果小于 730 日，则判断［U 列（申请减刑日期）−N 列（入监日期）］*2 是否大于 P 列（止日）−N 列（入监日期）；

如果［U 列（申请减刑日期）−N 列（入监日期）］*2 大于 P 列（止日）−N 列（入监日期），即剩余刑期超过刑期一半，则输出"合规"，反之输出为"线索"。

入监日期	止日	减刑次数	申请减刑日期	1、减刑次数为0的，（止日−入监日期）<2年的，以(当前日期−入监日期)*2>(止日−入监日期)的，则为合规，否则为线索数据。
2011-3-22	2028-8-28	4	2023年10月20日	非首次减刑
2012-8-30	2030-5-19	0	2023年10月20日	剩余刑期大于2年
2023-8-22	2024-1-14	0	2023年10月20日	线索
2022-9-2	2024-2-8	0	2023年10月20日	合规

图 49　表格输出情况

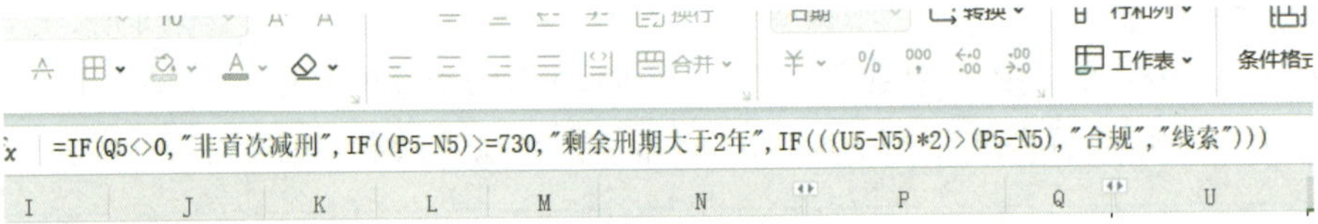

f_x =IF(Q5<>0,"非首次减刑",IF((P5-N5)>=730,"剩余刑期大于2年",IF(((U5-N5)*2)>(P5-N5),"合规","线索")))

图50　函数表达式

三、建模工具

数字建模平台能够在数据采集和处理后，发挥 AI 算法能力，根据不同的监督需求和场景对数据进行智能化分析和处理，从而挖掘出有用的信息。其数据可视化功能还能将复杂的数据以直观的方式呈现出来，辅助办案人员进行决策和分析，从而更好地开展法律监督工作。清远检察机关在实践中主要通过以下两个平台开展数字建模工作。

（一）广东省清远市人民检察院数据应用平台

清远市人民检察院数据应用平台以"融合"为导向深化数字检察业务，是具有高效率、高可靠性、高安全性等特点，集数据采集、数据处理、数据整合、数据分析、低代码模型等功能为一体的高度可配置的通用大数据应用平台。可为检察机关的数据展示、数据应用提供坚实的平台基础，为检察机关的数据分析、情报分析、风险管理、案件管理、模型建设以及业务创新提供一套高复用的通用数据支持平台。

1. 以大数据为核心解决方案

平台以大数据为核心解决方案，建立面向业务价值提升的数据架构体系，为清远市检察机关科学决策提供支撑；建立与完善统一的数据标准与数据管控机制，不断提高数据管控能力，保障数据质量持续提升，持续推进数据平台及数据应用系统的建设。围绕智慧检务领域持续开展业务大数据整理与改造，从"有数""治数""用数"三个方面实现数据汇聚、数据治理、数据资产利用、法律监督模型构建，以需求为导向，着力解决检察大数据从"有"到"好"的提升，丰富完善大数据服务范围和能力。平台体系架构如下图所示。

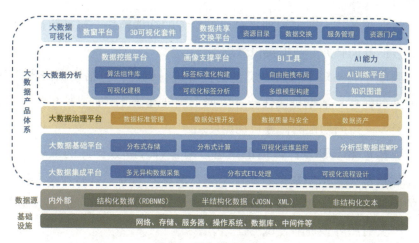

图 51　平台体系架构

2. 大数据应用下的检务数据中台

大数据治理平台处于数据中台业务的核心位置，汇集整合组织内外部多方面数据，建立统一数据标准、提升整体数据质量、完善数据安全体系，最终形成高价值数据资产，形成数据中台能力。

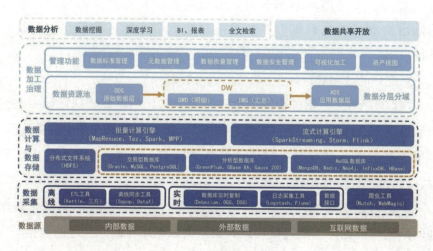

图 52　平台数据治理板块

数据标准：对行业数据标准进行统一管理，包括元数据、信息项、数据集、代码集等。

数据服务：大数据治理平台对外服务的功能模块，包括数据导出服务、数据查询服务、数据接口管理等。

调度中心：对平台所有类型的任务进行调度，包括数据采集任务、数据处理任务、数据校验任务、数据安全处理任务等，支持多租户的资源隔离，支持周期性的任务自动调度。

数据汇聚与开发：数据汇聚可以对多种外部数据源的数据进行汇聚，包括常见关系型数据、文件系统、消息队列等。数据开发支持可视化的拖拽式任务流程开发，支持数据清洗转换、数据融合加工、码值转换、中文对照等多种配置试的任务节点。

数据质量：数据质量功能通过对质量规则的梳理配置，完成相关数据的校验任务，形成可视化的数据质量报告，并能跟踪质量问题处理情况。

数据安全：数据安全主要包括数据脱敏、数据资源权限管理、数据使用日志审计等功能。

数据资产：数据资产模块包括数据资源目录管理功能和可视化的数据资产，支持多种下钻查询。通过对数据资源目录的梳理，形成清远市检察机关的数据资产，并能对数据资产的各类信息进行统计分析。

3. 统一的数据资源池

"数化万物，万物皆数"已是当今数字时代的重要特征，每一个组织和每一个个体都是一个"实时数据库"，每时每刻都在产生各类数据。如果这些数据能够被有效收集、汇总、加工、利用，其产生的生产价值、社会价值将是巨大的。

平台数据资源池识别并整合行政机关、公安、法院的结构化数据和非结构化数据（不能直接用现有关系型数据库存储并处理的数据）。

针对 EXCEL、CVS、JSON 数据类型的结构化数据采取标准读取、结构化采集、按标准入库、去除重复数据的流程统一导入数据资源平台。

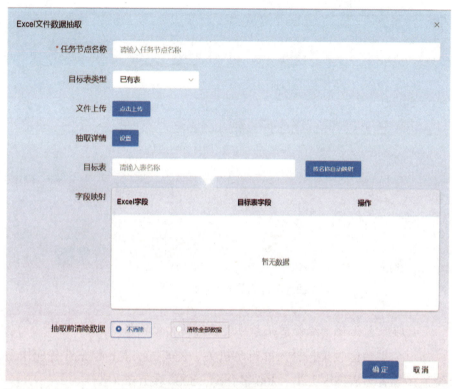

图 53　平台数据抽取界面

针对公安、检察院、法院的纸质起诉意见书、起诉书、判决书进行 OCR 识别，文档元素抽取，按照预先设定的数据标准自动存储。

图 54　平台导入 Word 文件界面

4. 接收并优化重组检察业务应用系统结构化数据

至今平台已收集整合入库行政机关、公安、法院、检察业务应用系统返还等各类数据 5 大类、300 多分类、5000 多万条（份）。

通过融合检索技术、组合筛选条件对数据资源库进行检索利用，创新法律监督方式，如：通过将公安、检察院和法院制发的刑事案件起诉意见书、起诉书、判决书进行"三书比对"，发现监督线索；通过检索企业信息与农药经营行政许可信息，围绕企业名称进行检索比对，发现部分企业没有取得农药许可经营证却开展农药售卖业务；通过异构数据交叉检索餐饮企业信息与食品安全相关犯罪判决书，发现因食品安全犯罪被判处有期徒刑以上刑罚人员刑期结束后仍从事食品生产经营管理的监督线索。通过数据资产的建立和利用，将被动式监督变为主动式监督，实现监督理念、手段、方式、成效的系统性重塑。

5.基于数据的实证分析

平台包含课题分析功能，可实现检察业务实证分析业务。课题分析是对数据进行深度挖掘、利用，发现事物原有的内在关联和发展规律，从而批量地发现法律监督线索，开展类案监督，系统治理。

课题分析通过全文检索手段采集数据资源库中类案、关联信息组成课题资源，采用文本标签和正则标签方式进行数据特征标记。文本标签如危险驾驶罪，正则标签如获取"血液酒精含量"数值，平台根据全文检索标记对判决书信息进行分类、统计、输出。

图55 课题分析界面

课题分析通过分析个案的发案特点，找出其违法犯罪模式在数据层面的特征，利用该特征对数据进行清洗筛查。例如在办理劳资纠纷虚假诉讼类案监督时，通过分析追索劳动报酬虚假诉讼案件的特点，发现这类案件具有调解结案居多、结案迅速、诉讼代理人集中、诉讼请求相似等特点，遂对裁判文书中的原告名单、诉讼标的额、诉讼时间等要素进行数据标签筛查，初步筛查出可能存在虚假诉讼的案件。

6. 低代码法律监督模型

低代码法律监督模型平台以法律监督模型为指导，以监督点位为核心，采用组件化模式构建，思维导图模式展现，按照监督点要求进行自定义数据筛选、数据碰撞，获取监督模型要求的数据输出模型数据。其主要的组件包括：

数据源：来自数据资源池、检察人员上传数据等数据，一个法律监督模型可引入多个数据源。

数据筛选：对引入的数据源进行多种条件进行组合筛选，如同时筛选出包含刑事案件、年龄大于 18 岁、刑期大于 10 年以上的案件。

数据合并：多个数据源进行数据合并，包括左连接、右连接、全连接等。

日期比较：对比时间间隔，如判决书生效日期与监狱接收日期之间的间隔大于 10 日、判决书生效日期与入矫时间大于 10 日等。

数据去空：去除空数据行。

数据去重（留重）：去除或保留数据中有多条的情况，如保留犯罪嫌疑人姓名多次出现的数据，去除犯罪嫌疑人姓名出现两次以上的数据等。

数据排序：对数据按照指定的内容排序，如按判决书生效日期由远及近排序，按犯罪嫌疑人年龄由小到大排序输出等。

数据截取：包含按文本匹配截取、按正则表达式截取等，如截取"血液酒精含量 124mg/100ml"中的血液酒精含量后的数字，得到的结果是"124"。如截取"判处危险驾驶罪"中"判处"文字后、"罪"字前的文字，得到的结果是"危险驾驶"。

目标数据：根据法律监督模型进行数据筛选、碰撞后的结果集保存。

图 56　模型模块界面

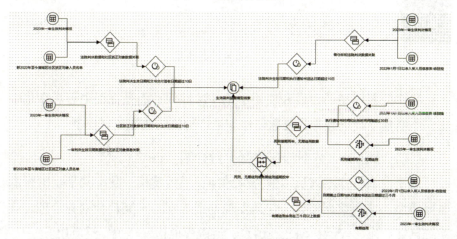

图 57　低代码平台建模界面

同一个法律监督模型中不同的监督点汇集成多个结果集即发现的监督线索。

至今，清远市检察院以业务部门主导，由院领导和部门负责人牵头，检察官参加研发，运用低代码法律监督模型平台构建法律监督模型 30多个，发现线索3000多条。如：非法采矿大数据法律监督模型，通过采矿企业完税数据、作业矿区地域面积数据源进行筛选比对发现非法采矿法律监督线索；刑罚执行交付法律监督模型，通过多个监督点对多个时间（包括判决生效时间、司法所报到时间、入矫时间、投牢时间）的对比计算发现刑罚执行交付监督线索。

图58　线索导出界面

法律监督模型的建设和使用不是一次性的，而是在用中建、在建中用，不断建立改进完善具有独创性和推广价值的法律监督模型。

（二）小包公大数据法律监督平台介绍

该平台支持检察人员以业务为导向，灵活建模；支持共享全国智能监督模型，实现数据整合，快速发现办案线索，赋能社会溯源治理。该系统已在广东、安徽、湖北、山东、河南等地检察机关广泛应用。

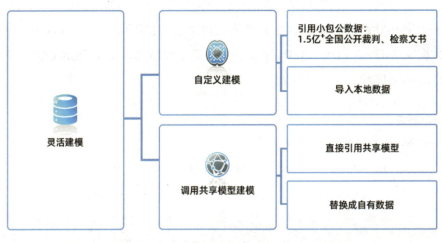

图 59 平台体系

图 60 建模流程

1. 核心功能

（1）数据源管理，实现数据价值深度挖掘

①文书数据应用：提供 1.5 亿多全国公开裁判文书、检察文书数据；支持本地裁判、检察文书数据导入。运用人工智能＋法律知识图谱的技

术，对裁判文书、检察文书数据进行标准化段落切割，挖掘语义信息，识别案件要素，对文书里的法律关系和要素信息进行抽取。导入的文书数据支持 Doc、PDF、OFD、Zip、RAR 等多种格式，支持 OCR 通用文本自动识别技术。

图 61　提供 1.5 亿多全国公开裁判文书、检察文书数据

图 62 支持本地裁判文书、检察文书数据导入

②电子表格数据应用：支持多种电子表格数据导入。支持删除重复数据、格式化数据、对每列数据设置标签，便于要素抽取。

图 63 数据导入界面

③数据权限管理：用户根据使用需要设置数据共享权限。

（2）自定义建模，符合办案思维

用户从无到有创建全新模型有两种方式：第一种，从小包公系统的1.5亿多公开文书数据中筛选监督数据，完成建模；第二种，直接导入本地数据，完成建模。

图64　系统公开文书数据筛选建模

图 65　导入本地数据创建全新模型

（3）调用共享模型建模，减少重复工作量

系统提供共享模型库，用户可内置自有模型，供其他用户直接复制引用。用户引用时直接替换成本地的监督数据和辅助数据，完成模型的共享使用。

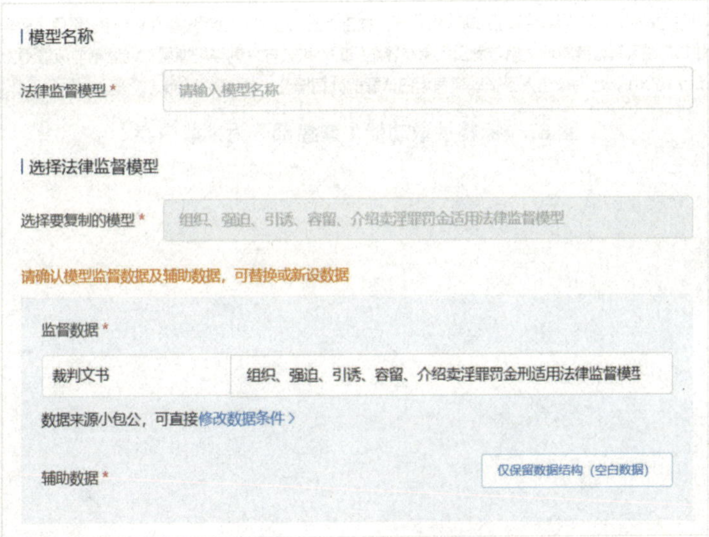

图 66　模型复用界面

（4）三步完成监督线索推送，提升溯源治理成效

①数据分析：根据模型的监督治理目标，对模型的数据进行分析，抽取数据关键词标签，将需要比对的数据进行关联。

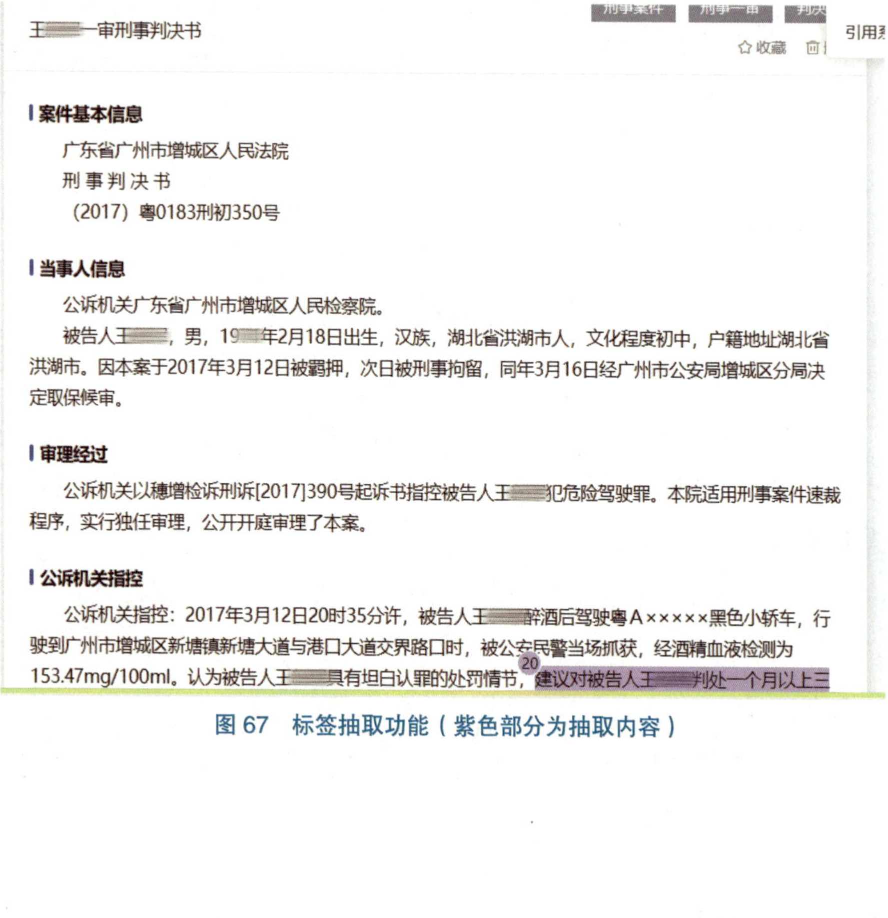

图 67　标签抽取功能（紫色部分为抽取内容）

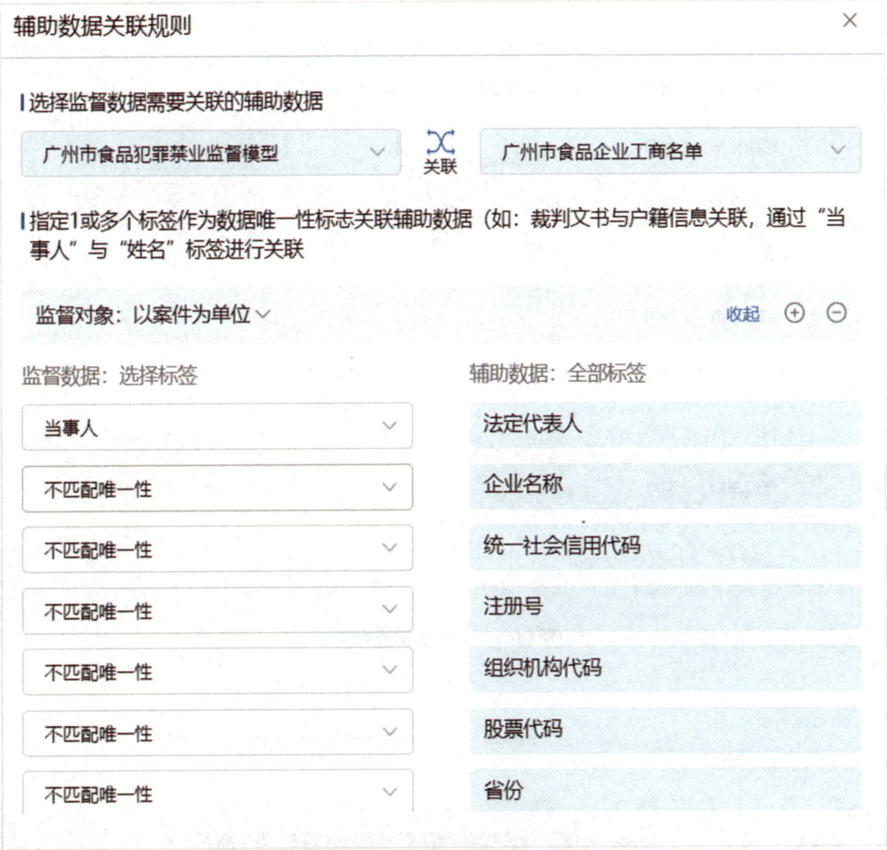

辅助数据关联规则 ✕

▎选择监督数据需要关联的辅助数据

广州市食品犯罪禁业监督模型 ∨   ⤬关联   广州市食品企业工商名单 ∨

▎指定1或多个标签作为数据唯一性标志关联辅助数据（如：裁判文书与户籍信息关联，通过"当事人"与"姓名"标签进行关联

监督对象：以案件为单位 ∨   收起 ⊕ ⊖

监督数据：选择标签   辅助数据：全部标签

当事人 ∨	法定代表人
不匹配唯一性 ∨	企业名称
不匹配唯一性 ∨	统一社会信用代码
不匹配唯一性 ∨	注册号
不匹配唯一性 ∨	组织机构代码
不匹配唯一性 ∨	股票代码
不匹配唯一性 ∨	省份

图 68　设置比对数据关联

②监督点设置：根据办案经验进行思路梳理，从个案异常和相关法律法规总结监督线索特征，为每个线索特征设置监督点规则。

标签来源于模型关联的所有数据源，可以跨数据源进行标签条件组合筛选

案由 · 上饶市-未依 ∨	关键词筛选 ∧	危险驾驶罪 ⊗
酒精含量 · 上饶市- ∨	关键词筛选	80
酒精含量 · 上饶市- ∨	重复项计数	0
营运车辆 · 上饶市- ∨	单值	
酒精含量 · 上饶市- ∨	多值	
案由 · 上饶市-未依 ∨	等于	危险驾驶罪 ⊗
酒精含量 · 上饶市- ∨	不等于	80
营运车辆 · 上饶市- ∨	包含	
	不包含	

选择"标签运算公式"，输入计算公式提示

1.输入符号 @ 可以直接引用标签

图 69　设置监督点规则

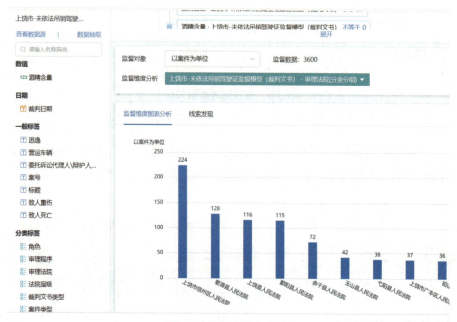

图 70　监督点维度查看

③监督线索推送：根据监督点规则，系统自动将关联数据比对碰撞，推送符合的监督线索。

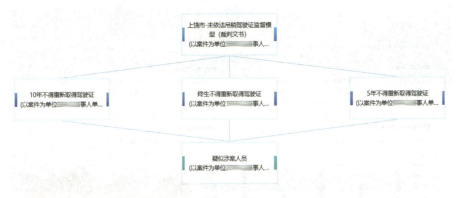

图 71　监督模型思维导图

序号	监督对象	涉及监督数据量	符合监督点数量	符合监督点
1	(2019) 赣1128刑初56号-	1	1	5年不得重新取得驾驶证
2	(2018) 赣1123刑初86号-	1	1	终生不得重新取得驾驶证
3	(2019) 赣1121刑初102号-	1	1	终生不得重新取得驾驶证
4	(2017) 赣1123刑初138号-	1	1	终生不得重新取得驾驶证
5	(2020) 赣1121刑初40号-	1	1	终生不得重新取得驾驶证
6	(2017) 赣1102刑初21号-	1	1	终生不得重新取得驾驶证
7	(2017) 赣1102刑初179号-	1	1	5年不得重新取得驾驶证
8	(2018) 赣1121刑初15号-	1	1	5年不得重新取得驾驶证
9	(2020) 赣1103刑初74号-	1	1	终生不得重新取得驾驶证
10	(2019) 赣1102刑初401号-	1	1	终生不得重新取得驾驶证

图 72　监督线索推送

（5）数据驾驶舱

对核心监督数据、用户使用指标进行重点比对分析，自动生成可视化图表进行直观展示，为检察机关研究业务特点、优化业务结构、规划专项工作提供决策依据，为检察工作科学发展提供精准数据支撑。

图 73　数据驾驶舱界面

2.独特优势

支持自主创建任意模型。平台搭建 AI 法律大模型训练的通用底层，支持用户自定义创建监督维度，形成 N 个新模型。

支持智能模型直接复用。智能监督模型库，用户可直接复制引用，减少重复工作量，支持模型可复用、可推广。

业务主导，符合办案人员使用习惯和需求。功能设计考虑办案人员的日常工作习惯和需求，操作简便，预置业务规则标签，勾选拖拽一键完成，无须学习低代码或计算机分析工具。

实现"多对多"数据的应用处理。可以完成刑事案件中一人多罪、多人一罪、多人多罪的数据抽取；民事、行政案件中多个原告、多个被告、代理人与原被告之间存在多个代理关系的数据抽取。

成熟的大数据应用能力。整合结构化及非结构数据解析能力：将结构化、非结构化数据解析能力整合入系统，拓展系统数据来源，提升数据分析能力。海量算法支持：内置数百种算法组件，满足各种场景下数据挖掘分析需要。

3. 具体监督模型展示

下面以广州市食品犯罪禁业大数据监督模型为例，具体展示如何创建模型，输出监督线索。

监督模型的法律依据：《食品安全法》第 135 条规定，因食品安全犯罪被判处有期徒刑以上刑罚的，终身不得从事食品生产经营管理工作，也不得担任食品生产经营企业食品安全管理人员。

监督点：该人员已被判处有期徒刑且未适用缓刑，但仍然担任食品生产经营企业的食品安全管理人员。

监督数据：广州市各级法院公开的刑事判决书（案由包含生产、销售不符合安全标准的食品罪 / 生产、销售有毒、有害食品罪 / 食品、药品监管渎职罪 / 生产、销售不符合卫生标准的食品罪）。

辅助数据：从天眼查获取的广州市餐饮食品企业工商信息名单。筛选监督数据，导入天眼查数据创建监督模型。将天眼查的广州市餐饮食品企业工商信息名单数据形成电子表格，直接导入系统。

引用小包公数据创建模型，筛选公开裁判文书数据作为监督数据，同时选择天眼查数据为辅助数据。

导入数据 ✕

数据源名称　广州市食品企业工商名单

数据权限　　● 共享　　○ 私有

数据处理　　○ 小包公数据　　○ 上传文书抽取　　● Excel数据

数据类型　　工商信息　　　　　　　　　　　　　　　　∨

唯一标签 ❓　统一社会信用代码 ⊗

[X]

广州市餐饮企业-天眼查.xlsx

支持扩展名：.xlsx .xls

图 74　导入数据

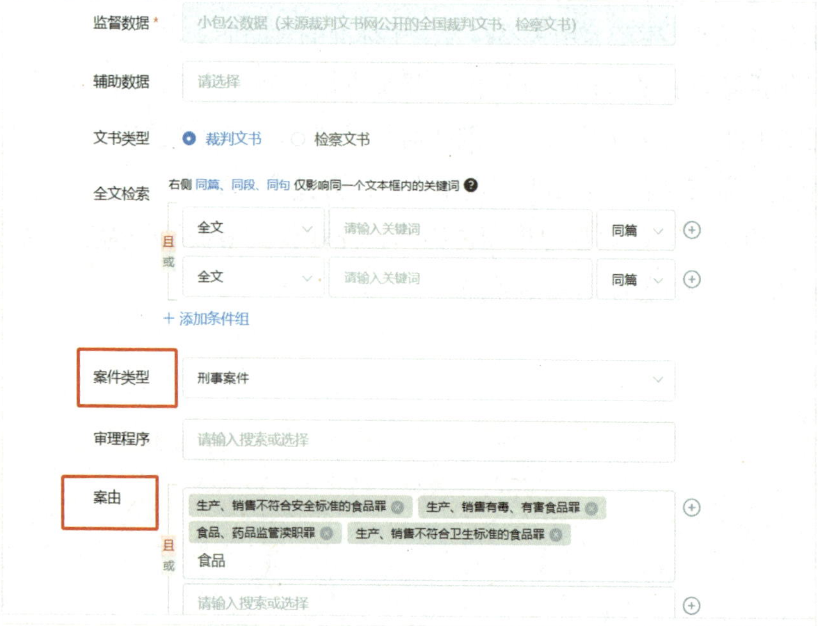

监督数据 *　　小包公数据 (来源裁判文书网公开的全国裁判文书、检察文书)

辅助数据　　　请选择

文书类型　　● 裁判文书　　○ 检察文书

全文检索　　右侧 同篇、同段、同句 仅影响同一个文本框内的关键词 ❓

且/或　　全文　　∨　　请输入关键词　　同篇 ∨ ⊕

　　　　　全文　　∨　　请输入关键词　　同篇 ∨ ⊕

＋ 添加条件组

案件类型　　刑事案件　　　　　　　　　　　　　　　　∨

审理程序　　请输入搜索或选择

案由　　　　生产、销售不符合安全标准的食品罪 ⊗　　生产、销售有毒、有害食品罪 ⊗　　⊕

且/或　　食品、药品监管渎职罪 ⊗　　生产、销售不符合卫生标准的食品罪 ⊗

　　　　　食品

　　　　　请输入搜索或选择　　　　　　　　　　　　　⊕

图 75　建立课题库

数据分析：对监督数据和辅助数据进行分析抽取。

监督数据部分，抽取判处有期徒刑、判处缓刑的当事人。系统提供数百个预置标签，可以直接引用。

图 76　进入数据分析，对数据标签抽取

监督数据和辅助数据直接进行关联，方便比对碰撞。

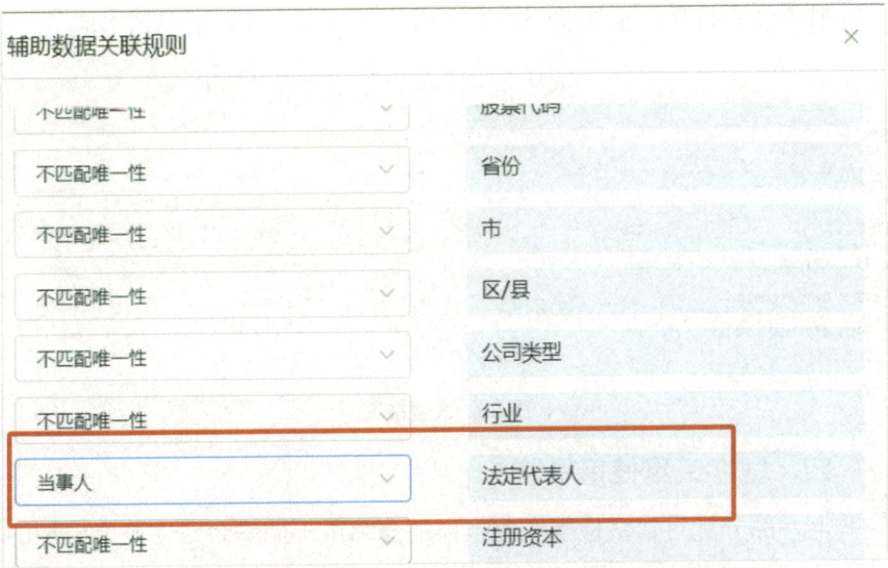

图 77　将需要比对的监督数据和辅助数据进行关联

设置监督点：对需要监督的线索特征进行提取。添加第一个监督点：判决书中当事人被判处有期徒刑且未适用缓刑的案件。

图 78   添加监督点，判决书中当事人被判处有期徒刑且未判处缓刑的案件

添加第二个监督点：监督数据当事人姓名与辅助数据企业法定代表人姓名相同。

图 79   添加监督点，监督数据当事人姓名与辅助数据法人姓名相同

监督线索推送：根据监督点推送出监督线索，并可下载到本地。

图 80   线索推送

四、数字工具使用思路

上一部分针对数字检察实务，详细介绍了不同平台建立监督模型的基本情况和具体案例，但实际应用场景并不涉及单一的数据处理情况，

而是更加复杂的需求。下面详细介绍几种数字工具的使用方法。

（一）OCR 技术 + 文本搜索工具 + 电子表格清洗

在涉矿领域大数据监督模型中，其中一个监督点是本类案普遍存在非法开采矿产品，而行政机关在作出行政处罚时遗漏行政处罚事项，未作出"没收"决定。根据涉矿、涉砂、涉林行政处罚清单或卷宗，筛查出不含"没收"关键词的案件。行政机关提供的数据为行政处罚决定书扫描件时，无法直接运用该数据，导致需要人工核查，而该批卷宗达600 余件，人工筛查耗时耗力。

解决方案：先通过 OCR 技术，把该批扫描件转换成可搜索版本PDF，再通过文本搜索软件，搜索不含"并处""没收"关键词的案件，再导出该批案件的列表，通过电子表格进行清洗，获取案件名称或者案号清单。

步骤 1：把扫描件通过 OCR 识别软硬件转换成可搜索版本 PDF，然后统一存放在同一目录下。

图 81　统一存放

步骤 2：使用文本搜索工具（FileLocator Pro）在该路径下搜索不含"没收"关键词（FileLocator Pro 的语法为"NOT 没收"）的案件，左下角显示不含"没收"的行政处罚决定书。

图 82　显示搜索结果

步骤 3：导出搜索结果，并保存为电子表格。点击左上角"文件 – 导出结果"，选择剪贴板导出，新建电子表格，粘贴到表格中。

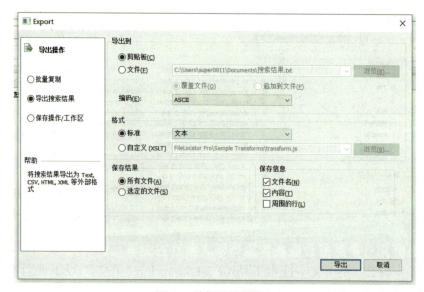

图 83　选择剪贴板导出

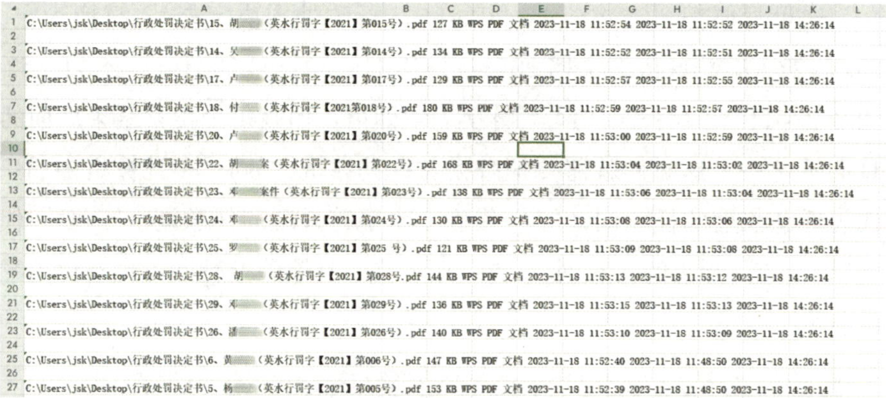

图 84　粘贴到电子表格中

　　步骤4：寻找规律，进行数据清洗，我们发现导出后的内容是文件名＋导出时间，而且文件名前是存储路径，后面是时间日期，如：

> C：\Users\jsk\Desktop\ 行政处罚决定书 \15、胡 × ×（英水行罚字【2021】第 015 号）.pdf 127 KB WPS PDF 文档 2023−11−18 11：52：54 2023−11−18 11：52：52 2023−11−18 14：26：14

　　我们则可以把这个文本划分一下，变成：

> C：\Users\jsk\Desktop\ 行政处罚决定书 \

> 15、胡 × ×（英水行罚字【2021】第 015 号）

> .pdf 127 KB WPS PDF 文档 2023−11−18 11：52：54 2023−11−18 11：52：52 2023−11−18 14：26：14

这里只要把"C：\Users\jsk\Desktop\行政处罚决定书\"替换为空，".pdf 127 KB WPS PDF 文档 2023-11-18 11：52：54 2023-11-18 11：52：52 2023-11-18 14：26：14"替换为空即可。但是每个搜索结果后面的日期不统一，这时候就需要把替换关键词改成".pdf*"（计算机中"*"代表任意长度的任意词，"？"代表一个字符长度的任意词，".pdf*"代表以".pdf"开头的任意词），再利用表格工具删除空行即可批量得出案件名称。

图 85　替换 C：\Users\jsk\Desktop\ 行政处罚决定书 \

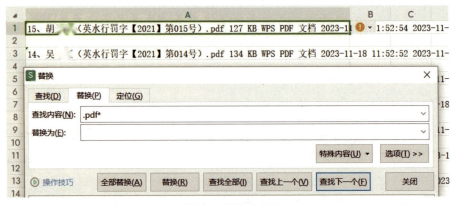

图 86　替换 .pdf*

图 87　删除空行

图 88　清洗后的清单

（二）电子表格函数＋人工智能

电子表格的数据清洗功能很强大，但是检察人员对其掌握程度普遍不高，清远检察机关积极拥抱新时代人工智能，将其运用到数字检察实务中，特别是利用人工智能来提供电子表格函数进行数据处理，大大降低了检察人员的学习成本，提高了工作效率。

清远检察机关通过有效数据抓取技术下载了一批司法拍卖网页数据，但是该批数据的关键内容却藏在单元格中，无法直接运用，需要运用函数提取关键信息，如被执行人、执行案号等，此时我们向人工智能AI提问，即可得到有效函数。我们先观察有效数据抓取技术得出的表格，如"竞拍公告"这列，可以看出里面包含了执行案号。

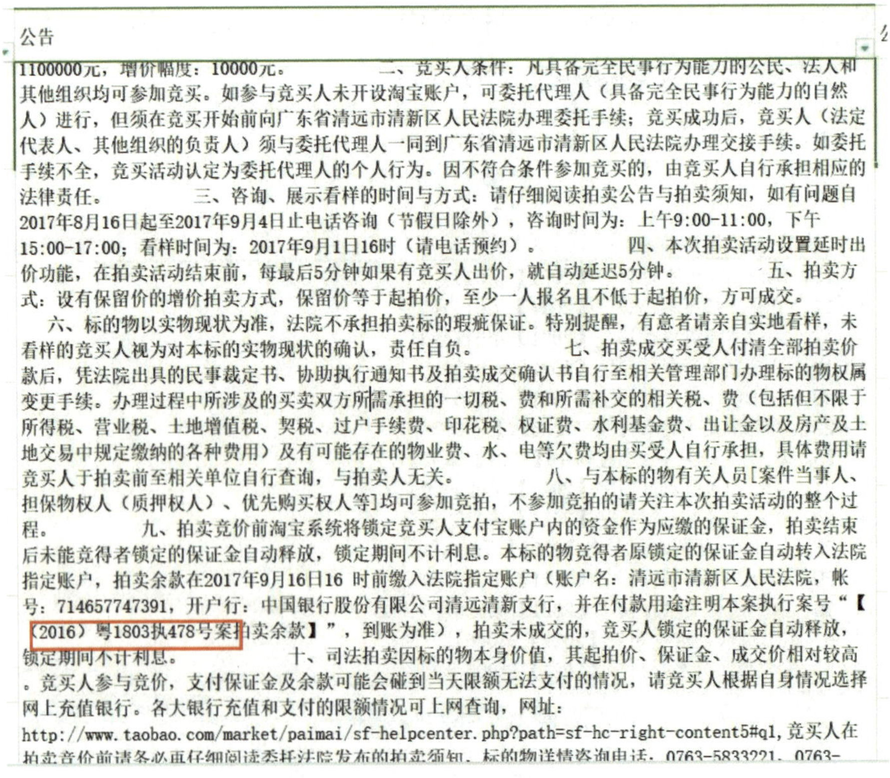

公告

1100000元，增价幅度：10000元。　　　　二、竞买人条件：凡具备完全民事行为能力的公民、法人和其他组织均可参加竞买。如参与竞买人未开设淘宝账户，可委托代理人（具备完全民事行为能力的自然人）进行，但须在竞买开始前向广东省清远市清新区人民法院办理委托手续；竞买人（法定代表人、其他组织的负责人）须与委托代理人一同到广东省清远市清新区人民法院办理交接手续。如委托手续不全，竞买活动认定为委托代理人的个人行为。因不符合条件参加竞买的，由竞买人自行承担相应的法律责任。　　　　三、咨询、展示看样的时间与方式：请仔细阅读拍卖公告与拍卖须知，如有问题自2017年8月16日起至2017年9月4日止电话咨询（节假日除外），咨询时间为：上午9:00-11:00，下午15:00-17:00；看样时间为：2017年9月1日16时（请电话预约）。　　　　四、本次拍卖活动设置延时出价功能，在拍卖活动结束前，每最后5分钟如果有竞买人出价，就自动延迟5分钟。　　　　五、拍卖方式：设有保留价的增价拍卖方式，保留价等于起拍价，至少一人报名且不低于起拍价，方可成交。　　　　六、标的物以实物现状为准，法院不承担拍卖标的瑕疵保证。特别提醒，有意者请亲自实地看样，未看样的竞买人视为对本标的实物现状的确认，责任自负。　　　　七、拍卖成交买受人付清全部拍卖价款后，凭法院出具的民事裁定书、协助执行通知书及拍卖成交确认书自行至相关管理部门办理标的物权属变更手续。办理过程中所涉及的买卖双方需承担的一切税、费和所需补交的相关税、费（包括但不限于所得税、营业税、土地增值税、契税、过户手续费、印花税、权证费、水利基金费、出让金以及房产及土地交易中规定缴纳的各种费用）及有可能存在的物业费、水、电等欠费均由买受人自行承担，具体费用请竞买人于拍卖前至相关单位自行查询，与拍卖人无关。　　　　八、与本标的物有关人员[案件当事人、担保物权人（质押权人）、优先购买权人等]均可参加竞拍，不参加竞拍的请关注本次拍卖活动的整个过程。　　　　九、拍卖竞价前淘宝系统将锁定竞买人支付宝账户内的资金作为应缴的保证金，拍卖结束后未能竞得者锁定的保证金自动释放，锁定期间不计利息。本标的物竞得者原锁定的保证金自动转入法院指定账户，拍卖余款在2017年9月16日16时前需缴入法院指定账户（账户名：清远市清新区人民法院，帐号：714657747391，开户行：中国银行股份有限公司清远清新支行，并在付款用途注明本案执行案号"【(2016)粤1803执478号案拍卖余款】"，到账为准），拍卖未成交的，竞买人锁定的保证金自动释放，锁定期间不计利息。　　　　十、司法拍卖因标的物本身价值，其起拍价、保证金、成交价相对较高。竞买人参与竞价，支付保证金及余款时可能会碰到当天限额无法支付的情况，请竞买人根据自身情况选择网上充值银行。各大银行充值和支付的限额情况可上网查询，网址：http://www.taobao.com/market/paimai/sf-helpcenter.php?path=sf-hc-right-content5#q1，竞买人在拍卖竞价前务必在仔细阅读淘宝法院发布的拍卖须知、标的物情况咨询电话、0763-5833221、0763-

图89　有效数据抓取后的表格内容

电子表格的提取公式是提取指定长度的内容，执行案号由“年份＋省份简称＋地区号码＋执＋编号＋号”组成，其中“年份＋省份简称＋地区号码＋执”都是固定长度，如“(2016)粤1803执478号”，代表2016年清远市清新区人民法院第478号执行案件，且清远的执行案号都含有“粤18”字符，那么“粤18”前面的长度是固定6位，但是具体的案件编号可能是3—5位数，还有的包含“执恢”字符。为确保长度提取“粤18”后面的16个字符，则向人工智能（以星火认知大模型为例）提问以下内容：我想在单元格中提取“粤18”前面的6个字符，及“粤18”后面的16个字符内容。

我想在单元格中提取"粤18"前面的6个字符，及"粤18"后面的16个字符内容

你可以使用Excel的MID函数来提取单元格中的指定字符内容。假设你要提取的单元格是A1，可以使用以下公式：

=MID(A1, MAX(1, SEARCH("粤18", A1) - 6), LEN("粤18") + 16)

这个公式中，第一个MID函数用于提取单元格中从"粤18"前面开始的6个字符，第二个MID函数用于提取单元格中从"粤18"后面开始的16个字符。MAX函数确保了如果"粤18"不在单元格的开头，那么会从其前面的位置开始提取。LEN函数用于获取字符串的长度。

图90　向人工智能模型提问

复制该函数，输入到表格，注意要把单元格A1改成需要提取的单元格序号，然后再格式刷。由于“粤18”后面的16个字符有可能包含非案号内容，可以再进行一步清洗，新增一列，将提取后的内容复制后，查找“号*”，替换为“号”，即把“号”和后面的任意词都替换为“号”，所得出内容只保留执行案号内容。

图91　提取案号

（三）使用自带数据的平台进行建模

监督点:《食品安全法》第135条规定，被吊销许可证的食品生产经营者及其法定代表人，直接负责的主管人员和其他直接责任人员自处罚决定作出之日起5年内不得申请食品生产经营许可，或者从事食品生产经营管理工作、担任食品生产经营企业食品安全管理人员。因食品安全犯罪被判处有期徒刑以上刑罚的，终身不得从事食品生产经营管理工作，也不得担任食品生产经营企业食品安全管理人员。

1.小包公平台 + 天眼查

数据源：小包公平台有关食品犯罪的判决书、天眼查餐饮行业企业清单。

对碰方法：提取判决书被告人姓名与天眼查餐饮行业在营法人信息对比，如有同名人员，即从业禁止线索。

步骤1：通过小包公平台建立河南焦作市涉食品刑事犯罪的实证分析课题，新建课题要素如下。

图 92　用小包公平台组建课题库

新建课题后点击数据清洗，由于被告主体信息小包公平台已经预设，不需要进行打标签，直接点击左下角"导出 Excel"，下载案件清单（数据1）。

B	C	D
案号	**标题**	**被告主体**
（2017）豫0883刑初529号	焦██生产、销售不符合安全标准的食品一审刑事判决书	焦██
（2015）温刑初字第00155号	乔██生产、销售不符合安全标准食品一审刑事判决书	乔██
（2015）沁刑初字第00005号	陈某某生产、销售有毒、有害食品一审刑事判决书	陈某某
（2018）豫0821刑初253号	薛██生产、销售有毒、有害食品一审刑事判决书	薛██
（2016）豫0822刑初91号	张某某生产、销售不符合安全标准的食品一审刑事判决书	张某某
（2016）豫0821刑初186号	薛██生产、销售不符合安全标准的食品一审刑事判决书	薛██
（2014）修刑初字第70号	党某某生产、销售不符合安全标准的食品一案一审刑事刑事	党某某
（2016）豫0821刑初189号	祁██生产、销售不符合安全标准的食品一审刑事判决书	祁██
（2016）豫0821刑初187号	亢██、李██生产、销售不符合安全标准的食品一审刑事	亢██，李██
（2015）武刑初字第00295号	高某某生产、销售不符合安全标准的食品一案一审刑事判决	高某某
（2014）孟刑初字第00207号	李某甲生产、销售有毒、有害食品一审刑事判决书	李某甲
（2013）马刑初字第00138号	郭某某生产、销售、有毒、有害食品一案一审刑事判决书	郭某某
（2014）孟刑初字第00208号	陈某某生产销售有毒、有害食品一审刑事判决书	陈某某
（2014）沁刑初字第00094号	郝某某、王某某生产、销售有毒、有害食品罪一审刑事	郝某某，王某某
（2015）孟刑初字第00055号	薛某甲、冯某某生产、销售有毒、有害食品一审刑事判决书	薛某甲，冯某某
（2014）沁刑初字第00016号	张某某生产、销售有毒、有害食品一审刑事判决书	张某某
（2014）站刑初字第00056号	张某某生产、销售有毒、有害食品罪一案一审刑事判决	张某某

图 93　小包公平台导出的案件表格

步骤 2：通过天眼查专业版"宏观分析"功能，下载全市的餐饮行业企业名单（数据 2）。

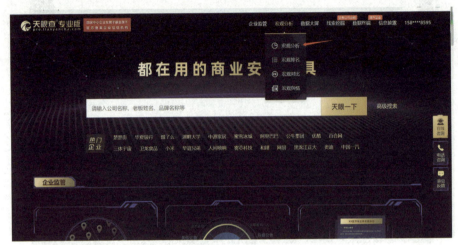

图 94　天眼查专业版宏观分析功能

图 95　选择行业和地区

图 96 导出企业清单

企业名称	统一社会信用注册号	组织机构代码/股票代码	省份	市	区/县	公司类型	行业	法定代表人	注册资本
武陟	9341082365410823NA0C	685670276	河南省	焦作市	武陟县	农民专业合	餐饮业	许	3000万人民
河	91410821M410821000C	MA4C	河南省	焦作市	原	有限责任公	餐饮业	原	3000万人民
河	91410105M410105000C	MA3)	河南省	焦作市	金水区	有限责任公	餐饮业	吴	3000万人民
温县许	92410825M410825613)	MA4	河南省	焦作市	温县	个体工商户	餐饮业	巩	2万人民币
焦作市	91410800061410800400C	615	河南省	焦作市	解放区	有限责任公	餐饮业	张	2500万人民
焦作市	91410802M410802000C	064	河南省	焦作市	解放区	有限责任公	餐饮业	贾	2000万人民
焦作市	9141080356410803000C	581	河南省	焦作市	中站区	有限责任公	餐饮业	李	2172.20000
焦作市	91410800014108930050	072	河南省	焦作市	解放区	有限责任公	餐饮业	郭	2000万人民
修武县	91410821654108210000	695	河南省	焦作市	修武县	有限责任公	餐饮业	李	2000万人民
焦作市	91410800064108911000	665	河南省	焦作市	解放区	有限责任公	餐饮业	王	1000万人民
焦作市	91410800074108400000	749	河南省	焦作市		有限责任公	餐饮业	谢	2000万人民
焦作市	91410811M410811008	MA3	河南省	焦作市	山阳区	有限责任公	餐饮业	马	2000万人民
武陟县	92410823M410823620)	MA4	河南省	焦作市	武陟县	个体工商户	餐饮业	马	0.005万人民
焦作市	91410802754108021000	790	河南省	焦作市		有限责任公	餐饮业	何	1200万人民
焦作市	91410822M410822000C		河南省	焦作市	博爱县	有限责任公	餐饮业	陈	1500万人民

图 97 导出企业清单表格

步骤 3：将数据 1 的被告人列与数据 2 的法定代表人列对比，用 VLOOKUP 或者 XLOOKUP 函数，如有同名人员，再核对判决书内容和企业存续情况，如是同一个人则可能是从业禁止线索。

图 98 使用函数对碰两表

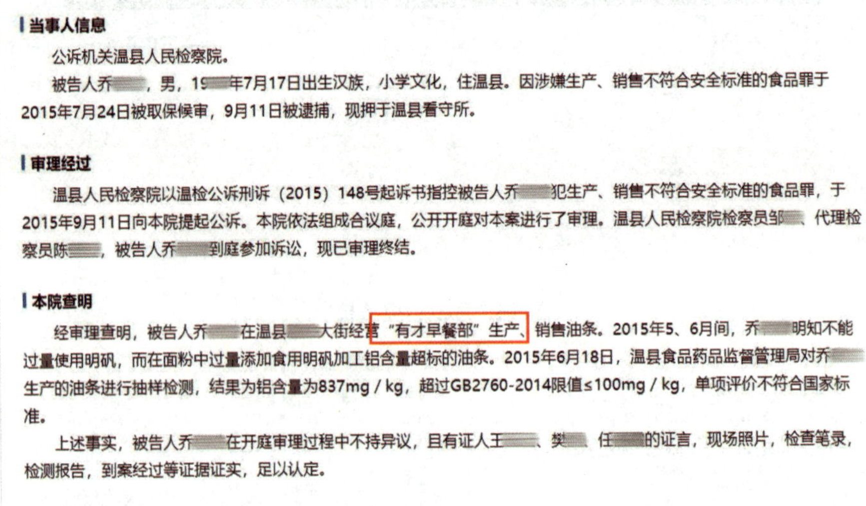

▌当事人信息

公诉机关温县人民检察院。

被告人乔████，男，19██年7月17日出生汉族，小学文化，住温县。因涉嫌生产、销售不符合安全标准的食品罪于2015年7月24日被取保候审，9月11日被逮捕，现押于温县看守所。

▌审理经过

温县人民检察院以温检公诉刑诉（2015）148号起诉书指控被告人乔████犯生产、销售不符合安全标准的食品罪，于2015年9月11日向本院提起公诉。本院依法组成合议庭，公开开庭对本案进行了审理。温县人民检察院检察员邹████，代理检察员陈████，被告人乔████到庭参加诉讼，现已审理终结。

▌本院查明

经审理查明，被告人乔████在温县██大街经营"有才早餐部"生产、销售油条。2015年5、6月间，乔██明知不能过量使用明矾，而在面粉中过量添加食用明矾加工铝含量超标的油条。2015年6月18日，温县食品药品监督管理局对乔██生产的油条进行抽样检测，结果为铝含量为837mg／kg，超过GB2760-2014限值≤100mg／kg，单项评价不符合国家标准。

上述事实，被告人乔████在开庭审理过程中不持异议，且有证人王████、樊██，任████的证言，现场照片，检查笔录，检测报告，到案经过等证据证实，足以认定。

图99　核对判决书内容

2.检察业务应用系统＋天眼查

数据源：检察业务应用系统案件信息、天眼查餐饮行业企业清单。

对碰方法：导出检察业务应用系统涉食品案件被告人姓名与天眼查餐饮行业在营法人信息对比，如有同名人员，可能是从业禁止线索。

步骤1：进入检察业务应用系统–管理与服务–高级查询，承办单位选择"清远市院"，案件类别选择"刑事案件–一审公诉案件"，自定义条件选择。条件1：案件信息–审查起诉案件信息–审结情况–审结罪名–包含"食品"的罪名（生产、销售不符合安全标准的食品罪，生产销售有毒、有害食品罪）；条件2：犯罪嫌疑人／单位–一审公诉案件嫌疑人信息–基本信息–姓名／单位名称–模糊匹配–输入"*"（"*"在系统中代表任意词）。选择两个条件后，勾选"选择列"。

图 100　高级查询食品有关罪名的嫌疑人名单

　　按查询，显示上述两个罪名的所有案件，点击导出全部，导出案件清单（数据 1）。

图 101　检察业务应用系统导出

　　步骤 2：按照"小包公平台＋天眼查"方法的步骤 2 获取清远全市餐饮行业企业清单（数据 2）。

　　步骤 3：参照"小包公平台＋天眼查"方法的步骤 3 将案件清单（数据 1）和清远全市餐饮行业企业清单（数据 2）使用函数进行对碰。

五、数据调取、处理、分析技巧

数据调取是数字检察实务中的重点、难点，往往成为数字检察推动的"拦路虎"，清远检察机关在数字检察实务中也遇到各式各样的调取难题，如调取不配合、调取数据不完整。为了解决这些难题，清远市两级检察院"各显神通"，采用了迂回的思维，"巧取"数据。

（一）以公开数据发掘线索后，再"撬动"行政机关的数据大门

线索初查阶段，清远检察把数据的目光聚焦在公开、易得数据中，运用"先易后难"的思维，用公开数据来进行数据对碰，一方面可以找出线索，另一方面也可以验证模型的可行性，如有线索后，再立案调查，出具相应文书，向行政机关调取更丰富更完整的数据，解决数据调取切入难问题。如佛冈、阳山非法采矿专班在调取自然资源局涉矿行政执法数据存在调取困难的问题，英德非法采矿专班转变思维，从"开放广东"平台中下载了英德市涉矿行政执法数据作为先行资源，确定存在行政执法监督问题，再向英德市自然资源局调取执法卷宗，在有明确线索后，向行政机关调取难度相应降低。另外，还可以结合公开数据及数据平台构建完整模型，解决数据无源难题。如在构建食品行业从业禁止模型时，先在小包公平台的法律文书库提取出涉食品犯罪的法人名单，然后再用天眼查下载清远市所有餐饮行业的企业名称与法人名称，两者对比，发现存在判决了食品安全有关罪名的罪犯仍然经营餐饮企业的情况，再以此为由，向市场监督管理部门调取完整的餐饮企业工商登记信息。

（二）以结果为导向，采用迂回对碰方式，解决数据安全保密难题

行政机关是数据主管单位，也有一系列的数据安全保障机制和制度，在这些规章制度下，数据主动权就掌握在行政机关手上。清远检察机关转变思维，不求所有数据都掌握在自己手中，但求模型有结果有成

效，将数据和分析过程都交给行政机关处理，只需要返回结果，通过办案主动权来推动掌握数据主动权。如，清城区院在办理股权转让个人所得税模型时，已调取了市场监督管理局的股权转让信息，需要再与税务局的纳税信息对比，即可得出股权转让过程中应缴未缴个人所得税的线索，但税务局以纳税信息保密为由拒绝提供，后经协商，税务局同意由清城区院提供股权转让信息，税务局核对是否有偷税漏税情况，并反馈给清城区院。又如，在督促依法监管超范围、超量采矿等涉矿类案监督模型中，其中一个监督点为非法占用农用地刑事立案监督，非法占用并毁坏公益林地 5 亩以上或非法占用并毁坏商品林地 10 亩以上的，已达刑事立案标准，可开展刑事立案监督。我们向自然资源主管部门调取违法行为人因越界开采被行政处罚的案件清单，以"占地面积""开采面积"为提取要素，汇总非法采矿开采面积已达到 5 亩以上的非法占地主体、占地面积，进而获取了违法占地范围的矢量坐标，当占地类型为林业时，则需要林业主管部门的数据来核对占地类型是公益林地还是商品林地，但是林业主管部门的数据是电子地图数据，无法直接提供结构化数据，办案人员想到了办案中也需要委托鉴定的过程，则拟定了协助核查函，并提供检察机关掌握的非法占地数据，发送到林业主管部门，由林业主管部门进行查证核实，反馈结果到检察机关。

（三）找准数据"区块链"，从存储上下游获取数据

我们常说数据孤岛、数据壁垒，是因为检察机关和其他行政机关没有太多数据对接业务，但行政机关上下级、行政机关与外部单位、行政机关之间有"区块链"，有数据流动、数据联通、数据交换。同一数据是分布存储在不同的单位、部门。检察机关在调取数据时遇到困难，就可以采用迂回思维，一条道路行不通，就考虑另一条道路，条条道路通向目标数据。以下介绍几种类型的共享数据调取方向：

一是从数据源头找数据。有些数据行政机关并不是产生单位，而是

中转单位或者是数据存储处理单位，且在应用数据过程中行政机关可能对其进行删减，这样就会与源数据有区别，即使调取了也可能会数据"失真"。如，在酒驾醉驾刑事立案监督模型中，需要拿到公安的血液酒精浓度数据与刑拘数据、检察机关逮捕数据进行对碰，但是该模型数据提供单位和被监督单位都是公安，自然提供数据上有阻力。其实公安的血液酒精浓度数据是来源于鉴定机构，那我们只要向鉴定机构调取数据即可。

二是从数据下游拿数据。上述酒驾醉驾刑事立案监督模型中需要的公安的刑拘数据同样是难以调取的数据，其实刑拘数据下游单位是看守所，我们也可以通过向看守所调取刑拘数据来完成该模型。当然，看守所虽然由公安机关管理，但实际上他们也是有信息壁垒的，我们调数据的时候可以以刑事执行监督为由，避免被调取单位察觉真实意图，从而增加调取数据的成功率。

三是从数据中转站或汇聚点获取数据。随着数字政府的发展，政务数据已经过了野蛮生长的过程，数据壁垒不断被打通，数字政府要求加强数据汇聚融合、共享开放和开发利用，促进数据依法有序流动，各地区各部门也统筹推进本地区本部门的政务数据平台建设，增强数字政府效能。如，广东省司法厅建设了广东省行政执法信息平台和行政执法监督网络平台，实现省、市、县（市、区）、乡镇（街道）四级行政执法主体的执法信息网上采集、执法程序网上流转、执法活动网上监督、执法情况网上查询和执法数据综合分析利用等功能，各地市的行政执法数据都汇聚到当地司法局。检察机关可以加强与司法局合作，构建数据共享机制，通过数据摆渡、数据接入、平台登录等方式，直接获取结构化数据。

第五章　好学易行的建模方法

5W2H、SWOT、PEST，这些常用于市场领域的数据分析方法，看似与检察工作没有交集，然而，清远检察机关在探索数字检察发展路径的过程中，却真切地体会到了将这些数据分析方法用于建模所带来的诸多"红利"。

在"人人都是建模者，全员都是数字员"的理念推动下，清远检察机关发现在数字建模的前期，如锁定建模领域、评估建模必要性和可行性，以及后续模型设计、执行全过程中，通过选择恰当的分析方法，能更全面、精准地发现问题、分析问题、解决问题。为了实现模型效用的最大化，可以在同一个模型中综合运用多种数据分析方法，形成独特的组合策略，更好地挖掘数据背后的价值，为模型构建提供更全面、更准确的分析结果。

一、5W2H 分析法

5W2H 分析法，也称"七何分析法"或"七问分析法"。它代表了七个方面的问题，分别是：为什么（Why）、什么事（What）、什么人（Who）、什么时候（When）、什么地点（Where）、怎样（How）、多少（How much）。

在运用 5W2H 分析法时，通常是通过设置这七个方面的问题来进行预设、发现和解析问题，从而找到问题的最优解。需要注意的是，这七个方面的问题应与模型密切相关并且考虑周全，否则可能会偏离方向，无法达到预期评估目的。

5W2H 分析法可以被广泛应用于开展数字建模的全过程。例如，在决定针对某个常见犯罪类型建立监督模型时，可以通过 5W2H 所代表的七个方面进行研判，以便更好地提炼要素特征和规律，为数字检察模型的建设提供基础支持和引导，提高建模的精度和效率。具体实践中建议从以下方面进行设问：

1. 什么事（What）：建模想解决什么问题；预期的建模目标是什么。

2. 为什么（Why）：拟建模领域为什么会高发社会不良现象、违法行为甚至犯罪行为；原因可以归结为哪些方面。

3. 什么人（Who）：问题集中发生在哪些人身上；需要对哪些对象进行分析；谁能提供建立模型所需的数据；需要哪方面知识领域的人力以及如何分配来推进模型。

4. 什么时候（When）：需要研究的行为或现象发生有无时间规律；模型建立需要收集哪些时段的数据；建模需求是否急迫；建模周期如何规划较为适宜。

5. 什么地点（Where）：需要研究的问题有无地域特征；是否涉及跨区域跨领域的问题；需要在哪个层级研究和解决问题。

6. 怎样（How）：如何寻求问题的解决思路、应用工具、外力支援；如何找到模型构建的切入口径、融合路径；如何探索模型建设的效率最快化、效果最大化方法。

7. 多少（How much）：建立的模型要做到什么程度；能否和其他多个模型进行集约化、体系化升级；需要投入多少人力物力，可否实现高产出监督效能。

通过发现问题，我们可以精准定位问题，集思广益进行"靶向治疗"，制定科学、全面的解决方案。

以阳山县检察院构建烟花爆竹行业整治类案监督模型为例。在岁末年初之际，阳山县检察院在开展安全生产领域行政公益诉讼专项检察监督活动中发现，阳山县某烟花爆竹零售商户存在违规销售烟花爆竹的情形，对人民群众的生命财产安全产生威胁。阳山县检察院使用 5W2H 分析法对问题进行解构：

为什么会出现这种情况（Why）？最可能的原因是相关监管部门存在履职不到位的情况。预设目标（What）是推动辖区内烟花爆竹行业系统治理。为了实现这个目标，阳山县检察院需要锁定问题人员。经研判，将目标锁定在烟花爆竹零售商户（Who），并设想通过相关行政机关、商户和政府门户网站获取模型需要的数据。经初步调查，整个阳山区域（Where）均可能出现较多同类问题，应与同级行政机关和政府共同研究解决问题，且即将到烟花爆竹销售旺季，需要尽快建模，并在还没出现严重事故的时间节点（When）抢先开展工作。阳山县检察院还设想，在通过建立模型筛查线索的同时，可以通过综合运用调查核实、公开听证、宣告送达检察建议等工作方式（How），联合公益诉讼检察与行政检察"双驱动"监督来督促有关行政机关依法履职。关于模型要做到什么程度以及需要投入多少人力物力的问题，经过评估，阳山县检察院认为可以借助协作机制调取相关数据，并利用电子表格等免费工具来获取技术支持，只需投入较少的人力物力就能进行数据清洗、碰撞，即能快速发现线索，实现对涉烟花爆竹全链条违法犯罪行为进行打击（How much）。同时，还可通过本院多部门融合履职并与相关行政机关凝聚合力，推进全域治理，消除安全隐患。

最终，阳山县检察院使用 5W2H 分析法，快速开展模型构建、线索挖掘工作，成功发现阳山县 12 个乡镇共有 58 家企业和零售商户存在违规批发、经营烟花爆竹的情形，并对存在怠于履职情形的 14 个行政机关发出了行政公益诉讼诉前检察建议等。该案例被评选为"广东省人民检察院、广东省应急管理厅联合发布安全生产领域刑事犯罪和公益诉讼典型案例"，并被纳入最高人民检察院公益诉讼"千案展示"案例。

二、SWOT 分析法

SWOT 分析法，也称"态势分析法""优劣势分析法"等，是评估一个项目或策略的重要工具。S 代表优势（Strengths）、W 代表劣势（Weaknesses）、O 代表机会（Opportunities）、T 代表威胁（Threats），优势和劣势主要是指内部的，机会和威胁主要是指外部的。这种分析方法可以帮助决策者全面地了解项目的内外部环境，以便做出科学的决策。

在运用 SWOT 分析法时，首先需要客观地评估自身的优势和劣势，然后通过调查、核查等手段了解与项目或策略密切相关的外部机会和威胁。只有将内部因素和外部因素进行综合、系统地分析，才能得出准确的评估结果。需要注意的是，不能只看到劣势和威胁，而轻易放弃项目；也不能过于乐观地看待优势和机会，而忽略潜在的风险。

SWOT 分析法可以应用于数字建模的全过程，特别是在前期锁定建模领域、评估建模必要性和模型实施的可行性方面。S、W、O、T 并非固定不变，它们会随着客观环境的改变和主观能动性的发挥而发生动态变化。劣势和威胁也可以被转化为优势和机会，这种转化过程需要检察人员具备敏锐的洞察能力和灵活的应变能力，以便因势利导，在不断变化的环境中保持良好的行动力、监督力。SWOT 分析法可以从以下内容进行思考：

1. 优势（S）：在考虑自身的优势时，需要关注与待建模型密切相关的数据、技术、人才等方面。如人力资源配备，检察官在哪个领域较为擅长；如技术力量，是否具备相应技术可以用于模型数据的获取、清洗或碰撞；如外部协同，是否已和相关行政机关联签了机制，便于获取模型需要的数据等。

2. 劣势（W）：在考虑自身的劣势时，需要关注资源壁垒、技术限制、地域跨度等方面。如检察机关在构建模型所需的数据获取、线索核查等方面是否有足够的人员和资源；是否有能力对数据进行解构，并保障数据的安全性；涉及专业领域的是否具备相应的知识储备；跨区域案件是否能够获得当地相关单位的支持等。

3.机会（O）：在考虑外部机会时，需要关注建立待建模型是否具有必要性，以及模型推行后可能带来的法律监督成效和社会综合治理效果。例如，待建模型是否能够填补现行监督的空白；是否能够发现批量监督线索。

4.威胁（T）：在考虑外部威胁时，需要关注待建模型推进过程中可能存在的问题、障碍和负面影响。例如是否与相关政策或规范性文件相冲突；是否可能遇到行政机关和企业的抵制；是否可能触动群体性利益；是否可能引发舆情风险等。

如清远市检察院建立的 KTV 被诉侵犯著作权批量恶意诉讼法律监督模型，监督的是部分商业主体利用著作权登记和法院裁判规则漏洞，在全国范围内进行大规模恶意诉讼，甚至伪造权属证据进行虚假诉讼的严重扰乱版权市场秩序行为。在该模型构建初期，模型创建团队运用 SWOT 分析法对模型的可行性进行了深入研判。研判内容如下：

该模型优势（S）首先在于清远检察机关近年对知识产权保护工作的高度重视。清远检察机关在 2021 年就已进行知识产权检察集中统一履职探索，率先在清城区检察院设立了广东省首个"四大检察融合履职"的知识产权检察办公室，此后分别在清远市检察院设置知识产权检察办案组，在各基层院培育知识产权办案骨干，打破内部刑事、民事、行政和公益诉讼检察条线壁垒，构建"上下一体、区域联动"的一体化办案模式。其次在于清远检察机关的坚实技术基础，配备可查询、检索、分析裁判文书的"小包公·法律 AI"平台，开通了专业版天眼查等平台账号，模型需要的大部分数据可通过公共渠道获取，并进行有效数据预处理和整合。

该模型劣势（W）在于知识产权领域专业性强，检察机关在此方面的探索较浅，专业人才不足，需要边干边学，最终能否突破模型推行过程中遇到的瓶颈困难存在诸多不确定性。

该模型外部优势（O）是强化知识产权保护高度契合国家经济社会发展战略布局，无论是上级检察机关还是国家版权局、中国音像著作权集体管理协会均对该项工作给予大力支持和指导，很大程度上可以弥补检察机关在专业领域的劣势。同时，该模型如果能成功运行，也将为知识产权保护这个新兴领域提供检察样板，以小切口推动大治理，为知识产权强国战略贡献检察力量。

该模型外部威胁（T）在于涉案人员多、涉案范围广、触动利益大，调查取证存在极大困难，且办案过程中可能会受到阻挠。

模型创建团队通过 SWOT 分析法综合论证后认为，该模型 S（优势）和 O（机会）极占优势，W（劣势）和 T（威胁）则可以通过内部攻坚和外部支持解决，W 和 T 在后期还有转变为 S 和 O 的可能性。比如随着调查取证的推进，涉案人员多也意味着突破点多，版权意识觉醒也将进一步消除阻滞力量。通过 SWOT 分析法坚定了清远检察机关创建模型的信心，而事实也证明，该模型不但可行，而且成效明显，在全国检察机关大数据法律监督模型竞赛中荣获二等奖。

三、PEST 分析法

PEST 分析法，也称"外部环境分析法"，是一种全面、系统的外部环境分析方法，用于解析外部环境中的政治、经济、社会和技术四大方面的影响因素。

在具体应用 PEST 分析法时，首先需要对政治、经济、社会和技术四个方面的影响因素进行全面的总结和罗列，再通过系统思维进行分析，以便精准判断外部环境的现状和可能的发展趋势，再结合自身情况综合评估做出决策。需要注意的是，单独使用 PEST 分析法评估外部环境情况并不能直接作出决策，因此通常需要结合 SWOT 分析法使用，以作为 SWOT 分析法中评估外部机会（O）和威胁（T）的具体细化分析方法。同时，通过结合 SWOT 分析法中优势（S）和劣势（W），可以形成最终的决策。

通常在建模初期，需要使用 PEST 分析法来评估建模的必要性和模型推行的可行性。而在模型推进过程中，根据外部环境的变化调整模型的走向也是必要的。具体建议如下：

1. 政治（Politics）：要关注国家的制度、政策和法律法规等，同时也要关注和政府、政府相关部门的关系。在建模时，需要考虑待建模型是否符合国家的制度、政策、法律法规；在个案中发现问题后，从法律法规再出发，可以找到哪些可行的监督点；拟解决的问题产生的缘由是否和政策相关；监督的方向和政府、相关部门的大局、方针政策是否一致；可以从哪方面开展法律监督工作，实现良好的政治、法律效果。

2. 经济（Economy）：既包括国民收入、GDP 等宏观经济，也包括当地的经济发展水平、就业情况、收入水平等微观经济。具体建模时，需要考虑待建模型地区的微观经济情况，思考拟解决的问题产生的缘由是否和当地经济相关；可以从哪方面开展法律监督工作，实现助推当地经济发展、优化企业营商环境的目标。

3. 社会（Society）：包括人口结构分布、社会文化、教育水平、收入分布、价值观、道德观和社会习俗等方面。具体主要考虑待建模型解决的问题成因是否与社会因素相关；建模方向是否与社会价值观、道德观及当地习俗相冲突；可以从哪方面开展法律监督工作，实现良好的社会效果。

4. 技术（Technology）：技术环境主要指外部技术环境。具体主要考虑待建模型的数据能否通过外部互联网、第三方机构、社会企业、成熟的技术平台进行数据提取、数据碰撞；模型构建所需要的技术手段是否具有可行性等。

以连山县检察院的涉林领域综合监督模型为例。连山县地处南岭五岭之一的萌诸山脉之中，峰峦林立，全县林业用地面积超十万公顷，占全县面积的 85% 以上，森林覆盖率高达 85% 以上。然而，当地属于经济欠发达地区（E），人均年收入较低，当地部分群众文化程度低、法律意识淡薄（S），犯罪动机多为获得经济利益。近年国家大力提倡生态环境资源保护，当地滥伐林木现象较为突出，亟待整治（P）。通过 PEST 分析法的运用，连山县检察院因地制宜，将破坏生态环境资源的违法犯罪行为纳入监督重点。同时，连山县检察院目前在编干警仅 26 人，受限于人力、经费，以往靠"两条腿一张嘴"的线索获取途径已无法适应监督需要，应借助科技力量如卫星巡查、行政执法与刑事司法信息共享平台、中国裁判文书网、"小包公·法律 AI"平台（T）等快速获取模型需要的数据，通过数据碰撞锁定监督线索。基于上述分析，连山县检察院创建了滥伐林木大数据法律监督模型，极具当地特色，又充分展现了检察担当。

四、逻辑树分析法

逻辑树分析法，又称"问题树""演绎树""分解树"分析法，是一种先确定总问题或总目标，再通过逐步分解问题或分解任务，然后削减细枝末节，锁定关键点进行系统分析，从而找到解决问题的方案或制定可行性强的计划的分析方法。逻辑树分析法是数据分析时最基础的分析方法之一，被广泛运用于各行各业各环节。

在应用逻辑树分析法时，首先，要将需要解决的总问题和总目标分解为多个具体的、相互独立的问题。其次，在锁定关键点时，要剔除不重要、次要的小问题，集中精力对关键点进行深入分析。最后，根据系统分析的结果，制定解决问题的方案或可行性强的计划。需要注意的是，对于简单问题，不需要使用逻辑树分析法，以避免将问题复杂化。

逻辑树分析法可以被广泛应用于检察机关开展数字建模的全过程，特别是在模型设计阶段。通过运用逻辑树分析法，检察机关可以系统地分析建模需要解决的问题，并演绎模型执行时的全流程，即数据获取、清洗、碰撞和线索复核、具体监督方式等。

　　例如，英德市检察院在探索建立公安派出所执法活动大数据法律监督模型时，发现公安派出所执法活动十分复杂，如果无重点、无差别地进行全面监督，现有资源无法实现，需要更为精细化地确定在哪些方面进行集中投入，用最少的资源和人力，达到最佳的监督效果。为此，英德市检察院采用逻辑树分析法，首先对巡回监督派出所专项活动中发现的问题和侦查监督平台记录的问题进行全面汇集，制作了《对派出所巡回监督问题清单》。接下来，将清单中的问题按照刑事、行政、执行等条线进行分解，再对各条线问题层层拆细，直到发现主要问题、常见问题。最终，有针对性地确定了五个重点监督方向，包括刑事挂案问题、剥夺政治权利执行问题、涉案财物处理问题、犯罪记录封存问题以及行政案件超期办理问题。按照逻辑树分析法的思路，找准了痛点，抓准了堵点，剔除了次要问题。这不仅有助于提高监督效果，还能够节省人力和物力资源，实现最佳的监督效果。

五、帕累托分析法

　　即经典的二八定律，指在任何一组事物中，最重要的只占其中一小部分，约20%，其余80%尽管是多数，却是次要的。帕累托分析法在数字检察中的应用，可理解为20%的数据能够产生80%的监督效果。问题的核心在于如何在海量数据中挖掘这20%的数据，进一步体现在如何挖掘建模的"小切口"、如何锁定模型所需最可能生成线索的"异常数据"。

　　1.对建模方向的限缩。模型的创建可以围绕违法犯罪问题多发高发的20%领域出发，进而获取最大的建模效益。如在行政处罚领域进行建模，可以先行考察哪些领域的行政处罚手段更为严厉或行政处罚案件量较多，则这些领域出现执法乱象的可能性就更高，监督的效果可能更为突出，群众的获得感也可能更强。

　　在连南县检察院的督促整治高龄津贴监督模型中，连南县检察院关注到，国家有关津贴、补贴的发放一般具有相应的条件或时限，一旦不符合条件或超出时限，即应当及时停发，否则不仅会背离救助、扶助制度的初衷，更会造成国有财产的流失。连南县检察院通过对有关津贴、补贴项目的规定和发放情况进行梳理和调研，发现高龄津贴存在发放范围广（80周岁以上即可申领）、发放总额高、部分老人领取年限达十余年等问题，可能存在应停发未停发等发放乱象。连南县检察院以高龄津贴为切入点进行排查，通过对领取人员信息和辖区已死亡人员信息进行比对，发现存在已死亡人员名下仍存在领取高龄津贴记录的漏洞，通过数字建模推动行政机关追缴流失的国有财产。该模型的创建和应用也为后续开展其他津贴、补贴类的排查和监督提供了范本。

2.对案件线索的限缩。即通过对批量案件的关键要素进行解构，设置条件锁定具有较高价值密度的案件线索，将排查范围锁定在最有可能成案的20%线索。剩余的案件线索虽然也有成案机会，但可能作案手段更为多样，线索排查更为困难，价值密度不高，可在阶段性成果取得后再行梳理。

在清城区检察院的交通事故保险理赔虚假诉讼监督模型中，检察机关对案由为机动车交通事故责任纠纷的案件进行信息提炼，对诉讼代理人、鉴定机构、保险公司、理赔金额、伤残等级等要素出现的频次进行分析，将排查范围锁定在部分代理人、司法鉴定机构、保险公司出现频率畸高的案件线索中，进而通过收集银行流水、人员关系、社保数据、医保数据等信息，对上述高频出现的代理人、司法鉴定机构、保险公司等进行全面分析，结合相关侦查手段，有效发现涉案人员伪造工作证明、在医院挂空床、提供虚假鉴定等虚假诉讼案件。

六、画像分析法

画像分析法，也称"用户画像"，是一种在目标需求的基础上，通过有针对性地收集相关人群的身份信息、习惯偏好、场景行为等标签数据，然后进行深入的分析与研判，以锁定最符合目标需求的对象群体的分析方法。

在运用画像分析法时，第一步是明确目标需求。只有确定了具体的目标需求，才能确保画像分析的针对性和有效性。如果目标需求模糊不清，可能会导致画像分析的结果缺乏实际应用价值。第二步是收集与目标用户相关的各种数据。这些数据可能包括身份信息、行为习惯、偏好、所处行业特性、社交媒体使用情况等多个方面。通过对这些数据进行深入挖掘和分析，可以更加全面地了解目标用户的特征要素。第三步是进行数据清洗和整合。在这个过程中，需要筛选出与目标需求密切相关的数据，同时将各种数据源进行梳理和分析。这有助于将各种信息整合成一份较为完整的用户画像，初步锁定符合目标的对象。通常，还需要在实践中对初步形成的画像进行测试和验证。只有那些经得起实践检验的画像才真正符合目标需求，为后续的决策提供有价值的支持。

通过运用画像分析法，检察机关可以更加深入地了解和掌握涉案人员的类型化特征，为追捕追诉漏犯提供更加精准的数据支持。

例如，在清远检察机关涉及毒品和"两卡"（银行卡和电话卡）犯罪的模型中，以监督立案和追捕追诉漏犯为目标，首先，通过收集全市同类相关案件的涉毒、涉"两卡"人员的绰号、身份证信息、手机号、社交软件账号、收付款账号、银行转账情况和相关联聊天记录等信息，形成基础数据库。其次，通过对这些信息进行深入分析和研判，形成疑似漏犯类型化指征，运用技术手段对符合类型化指征的漏犯线索进行推送。最后，由检察官对线索进行复核和确认。后期还可以通过将具体的个案疑似漏犯信息与数据库中成功画像的疑似漏犯人员信息进行分析、碰撞，从而测试是否系具体"目标对象"，即漏犯。这样可以帮助检察机关更加迅速、精准地锁定犯罪嫌疑人，提高案件侦破的效率和准确性。

七、关联分析法

关联分析法，也称"相关性分析""相关思维"，是将不同数据进行关联，并挖掘二者之间联系的分析方法。数字检察的本质是对海量数据进行深度挖掘和关联分析，破题要义就是找到数据之间的关联点。因此，关联分析法在数字检察中被广泛应用，它既是最基本的数据分析方法，也是最核心的数据分析方法。

在数据分析过程中，关联分析法常常与其他数据分析方法结合使用，主要用于以下方面：

1. 关联法律法规：是指通过对不同法律法规条款之间的关联性进行分析，可以更全面、更准确地理解法律规定，提高法律适用的准确性。在数字检察中，关联法律法规主要用于监督点的发掘，即通过将不同的法律规定进行串联，从而发现有数据可提取、可进行碰撞的监督方向。

如清新区检察院的企业恶意注销行政非诉执行法律监督模型，就是基于对以下规定进行关联生成模型的监督逻辑：《公司法》及相关司法解释中规定公司注销前应当清偿完毕债务，因此，可通过对公司注销的信息与行政处罚信息进行比对，排查公司在注销前仍有未执行完毕的行政处罚债务的违法点。根据《公司法》及相关司法解释中对于有限责任公司股东骗取公司登记机关办理法人注销登记的责任承担，可以通过排查涉案公司的股东信息确定责任承担人。《最高人民法院对〈关于非法执行案件中作为被执行人的法人终止，人民法院是否可以直接裁定变更被执行人的请示〉的答复》等规定明确了法院应当如何处理该类案件，为数字建模提供了出路。

2. 关联案件线索：是指从不同角度和层次发现与寻找数据之间的关联性和规律性，以便找出关联发生的原因、手段和目的，进而挖掘出潜在的案件线索。在数字检察工作中，可以通过设置一定条件从海量数据中将相关数据串并起来，寻找相关数据之间的共通点，进而判断是否存在异常。

　　如清城区检察院创建的追索劳动报酬虚假诉讼监督模型即出自对关联线索的梳理。清城区检察院在办理刘某某与 A 公司追索劳动报酬纠纷案中发现，该案存在刘某某主张其入职两年多以来未领取过任何工资、A 公司未出庭应诉却认可刘某某全部诉讼请求等异常。清城区检察院即以"A 公司"为关键词，从中国裁判文书网中排查发现同一时期以该公司为被告的追索劳动报酬纠纷多达 12 件。清城区检察院后续运用画像分析法对该批关联串案线索进行深入核查，查实后通过提请抗诉或向法院发出再审检察建议等方式，成功办理一批民事生效裁判监督案件。

　　3.关联社会信息：是指通过分析涉案人员的职业或收入来源、社交媒体、资金往来等社会信息，了解其社会背景和人际关系，为判断其犯罪动机和行为模式提供帮助。在数字检察中，检察机关可以通过不断提炼案件信息进行数字画像，假设频繁出现的数据之间可能存在相关，继而求证该相关性的真伪。对涉案人员的社会信息进行关联，通常在挖掘虚假诉讼线索或团伙犯罪线索中十分有效。

　　如上述追索劳动报酬虚假诉讼监督模型中，清城区检察院通过"天眼查"平台对被告 A 公司法定代表人李某某名下公司进行筛查，发现其经营的多家公司信息，形成数据比对库一。通过社保部门调取各原告的社保缴纳信息，发现部分原告有缴纳社保，提取付款人信息，形成数据比对库二。通过两个数据比对库的碰撞，筛查出部分原告有在被告公司法定代表人李某某经营的其他公司任职的线索。至此，李某某利用破产清算过程中劳动债权具有优先受偿权的规则，组织员工提起虚假追索劳动报酬诉讼，借此逃避其他债权执行的违法路径浮出水面。

　　4.关联案件证据：关联分析法在证据关联上的体现，主要是通过对证据进行整合，进而解析证据之间的逻辑关联，以及证据与待证事实之间的逻辑关联。不同证据之间的关联，既可以是起补强作用的正向关联，也可以是针对同一待证事实相互矛盾的反向关联，帮助确定变量之间的联系，这一过程比单纯按照证据种类罗列证据更有助于证明或还原案件事实，特别是潜在因果关系方面的事实。因此，关联分析法常用于调查、侦查、自行补充侦查。

以刘某某等人串通投标案为例，为查明各投标人之间是否有串通投标，除言词证据外，也需要找出电子数据、书证等证据间的关联性予以印证。侦查机关提取了不同投标公司的电脑、U盘中的电子数据，检察官经过比对分析，发现同一招投标项目有多个投标公司标书电子文档的"作者"同一，系在同一台电脑制作，有力证明了串通投标事实。

八、对比分析法

对比分析法就是对两组或两组以上的数据进行比较，来准确、量化地分析这些数据之间的差异。对比分析法是一种基础的数字分析方法，在经济学领域，这种分析方法的核心目标是找出差异产生的原因，从而找到优化的方法。但对比分析法运用在数字检察中的目标并不限于寻找原因，更重要的是通过数据的对比进行清洗，缩小排查范围，推送监督线索，证明案件事实。

较为常用的对比分析法包括：

1.纵向比较法：即对同一总体条件下不同时期的指标数值进行比较，从而揭示事物的发展变化过程和规律。在数字检察中，纵向比较法主要用于通过对比某一事物在不同时期是否存在变化，据此判断相关违法行为是否存在或是否得以消除，这种分析方法在公益诉讼检察中的运用较为普遍。如在办理非法占地类的公益诉讼案件中，对于要求违法行为人采取复耕复绿、退耕还林等修复措施的监督案件，可以通过比较同一地块在不同时期的卫星影像图，直观地查看整改效果，以此判断行政机关是否存在怠于履职行为。

在清远市检察院的督促依法监管超范围、超量采矿等涉矿类案监督模型中，纵向比较法的运用效果尤为突出。为确定相关矿山企业非法采矿开始时间及涉案矿区地物变化，清远市检察院向中国科学院空天信息创新研究院（以下简称"空天院"）申请使用具有覆盖范围全面、真实客观和历史过程可追溯等独特优势的卫星遥感技术，以相关采矿许可证载明的矿区范围拐点坐标确定遥感监测范围，获取案涉地遥感影像资料、2013 年 5 月至 2022 年 3 月坐标范围周边 50 米地物变化监测资料，通过卫星遥感历史影像比对确认案涉地已发生超越矿权界限开采的基本事实。空天院还通过全国检察公益诉讼工作遥感信息分析取证平台智能输出遥感监测分析报告，为检察监督提供直接可读的结论性科学支撑。

2. 横向比较法：即通过选择同一时间条件下不同地区或单位的指标数值作比较，以此来揭示各地区或单位间的差异。在数字检察中，横向比较法可应用于通过对比同一事物在不同区域中的差异，达到锁定异常点的效果。比如，在水体污染防治公益诉讼案件中，仅靠肉眼可能难以锁定污染源头，通过对不同水段采取水样检测、多光谱无人机水体污染巡检等方式，便可判断污染程度，科学、准确排查污染源头。

在清城区检察院办理的督促保护某湿地公园行政公益诉讼案中，横向比较法发挥了关键作用。为查实该湿地公园是否存在水体污染问题，检察机关利用无人机搭载可见光 / 多光谱双光相机采集湿地湖面全域水体信息。数据采集后，通过专业软件基于不同的波谱曲线与特征生成数字正射影像、多光谱影像以及 NDVI 指数图等处理数据，直观反映湖面污染水体的颜色差异、水面漂浮物等目标。通过污染水体的颜色差异，锁定湿地公园湖面水体存在排污管道污水流入问题，并计算得出污染面积约为 733 平方米。清城区检察院督促相关行政机关及时整改，投入1000 万元对湖区周边污水主管道进行修复。

3. 标准比较法：是指将某个指标数据与一个标准值或理论参考值进行比较，以评估该指标数据的表现或差距。在数字检察中，标准比较法可应用于通过行业标准或公式计算得出标准值、理论参考值与实际值的比对，考察实际值是否存在异常，进而列为监督线索。比如通过公式计算产出一吨预搅拌水泥理论上应该使用的水量属于理论参考值，通过调取企业的销售吨数和用水数据计算得出该企业产出一吨预搅拌水泥的用水量属于实际值，进而将实际用水量和理论用水量进行对比，排查企业是否存在非法取水的监督线索。

例如，在连州市检察院的生猪养殖违法取水类案监督模型中，根据相关规定，圈养畜禽饮用月取水量200立方米（经换算约为20万升）以上的养殖场，需要办理取水许可证。根据《广东省用水定额》标准，饲养一头生猪每日的用水定额先进值为30升。据此，饲养超过223头生猪的养殖场每月理论用水量一般会超过200立方米，需要办理取水许可证。连州市检察院通过调取辖区养殖场的生猪养殖清单，筛查出养殖生猪数量大于223头的养殖场，根据其实际养殖数量推算其理论用水量，再与调取的用水数据、取水许可证清单进行比对，可精准锁定非法取水养殖场。

九、分组分析法

分组分析法是指根据数据的性质、特征，按照一定的指标，将数据总体划分为不同的部分，分析其内部结构和相互关系，从而了解事物的发展规律。在数字检察中，分组分析法往往与对比分析法等结合使用，在总体中将不同性质的对象分开，再进行差异性分析。根据指标的性质，分组分析法分为属性指标分组和数量指标分组。

如清新区检察院的看守所混押混管法律监督模型中，首先对看守所在押人员按关押的仓号进行第一梯次的分组，生成每个仓的在押人员数据。然后对同仓在押人员开展三个维度的第二梯次分析，第一维度是根据在押人员的涉案案号进行分析，排查是否存在同案犯混押的情形；第二维度是根据在押人员的年龄进行分析，排查是否存在未成年人与成年人混押的情形；第三维度是根据在押人员涉案案件的诉讼阶段进行分析，排查是否存在已决案件人员与未决案件人员混押的情形。

十、结构分析法

结构分析法是在统计分组的基础上计算结构指标，以反映被研究对象总体构成情况。结构分析可以是单层解构，也可以是逐层解构。该分析方法常可用于数字管理，通过对相关指标所涉构成的分解、研析，观察对指标产生影响的主要原因，科学调整相关工作措施。如某地检察院案件总量同比下降明显，可以逐步分析影响该指标的关键数据，第一步按照业务条线对案件数量数据进行分解；第二步观察哪个或哪几个业务条线的案件数量下降最为明显；第三步根据需要，对该业务条线的案件继续按照案件类型、承办人员、办理时段等要素予以分组分析，观察指标趋势，找出案件数量下降的主要类型、关键人员、时间节点。完成结构分析后可以结合个案解析研判整改重点。

第六章　有效管用的监督模型

大数据法律监督模型是检察机关提升法律监督刚性、延伸法律监督触角的"放大镜""助推器"。结合清远检察机关办案实践，创建大数据法律监督模型，需要扎实做好"六道工序"。

一是明确建模目标。建模是为了最大限度释放数据要素价值，促进检察办案更加公正、检察管理更加科学、检察服务更加精准，其根本是赋能检察机关法律监督，推进检察工作现代化。根据检察履职着力点的不同，可把建模目标分为以下四点：其一，辅助监督办案，促进各项法律监督工作提质增效。其二，优化检务管理，充分利用大数据提高管理质效，加强对"案"和"人"的管理。其三，助力检察为民，坚持把以为人民司法作为数字检察各项工作的出发点、落脚点。其四，促进诉源治理，适应信息化时代和经济社会发展的现实需要，由传统个案办理模式向类案治理模式转变，助推国家治理体系和治理能力现代化。

二是整合数据资源。数据蕴藏着巨大能量，海量数据就是监督的"富矿"。根据数据的类型以及来源，数据资源可分为：其一，内部数据。如检察机关业务应用系统，可以深入挖掘业务应用系统这一数据"富矿"，唤醒"沉睡"数据。其二，外部数据。如中国裁判文书网、广东省行政执法信息公示平台等，打通数据壁垒，促进数据共享。其三，第三方数据。囿于实践中部分行政机关对检察机关调取数据较为敏感、抗拒的问题，采用迂回思维，从第三方公司获取数据，同样能达到获取目标数据的目的。

三是创新建模思路。清远检察机关深入践行"人人都是建模者，全员都是数字员"理念，形成以下三种建模思路：其一，"小切口"自定义建模。通过对典型个案的剖析，根据数据需求和碰撞方向，有的放矢开展大数据比对、碰撞，输出批量问题线索。其二，类型化建模。分析模型背后的逻辑关系，将相同的监督点进行合并，并针对同一类问题，最大限度上发挥监督质效，推动同类问题深层次治理。其三，集约化建模。这类模型坚持问题导向，提炼数据要素、整合资源，从多个"小切口"出发，以模型群的方式解决一系列问题。

四是优化调整模型。数字检察模型的优化与调整是确保模型准确性和有效性的关键步骤。在模型的创建以及后续运用实施过程中，要适时对模型进行优化与调整。其一，定期评估模型性能，比较模型预测结果与实际结合检察业务考核指标运用的结果差异，找出模型的不足之处，提出改进措施。其二，针对模型的不足之处，结合业务监督规则，适时调整和优化算法参数，提高模型的准确性和泛化能力。可以尝试不同的算法或者调整算法参数，比较不同方案的效果，选择最佳的算法和参数组合。其三，对数据进行预处理和清洗，去除异常值、缺失值和重复值等，提高数据的质量和准确性。其四，可以将多个模型进行集成学习，通过模型集约化，将不同模型的预测结果进行融合，提高模型的准确性和泛化能力。

五是评估验证模型。数字检察模型的评估与验证是确保模型合理性和有效性的重要步骤。实践中，少数地方检察机关在模型建立过程中，没有做好模型的评估与验证，导致模型"水土不服"、难以升级，不仅造成浪费，也容易让数字检察战略跑偏。为此，一要组织专家评审团，围绕数据来源、数据监督规则、实际应用、治理效果以及应用前景等方面对模型进行多维评估，确保模型能运行，可推广、可复制。二要通过数据应用平台，设置运行规则，在平台检测模型的可行性，并结合运行情况，提出进一步优化意见。三要聚焦"业务主导"，结合干警办案需求，广泛征求干警意见，可要求干警在日常办案中试用模型，反馈完善意见。

六是应用实施模型。数字检察的出发点和落脚点是法律监督主责主业，围绕"应用"提升检察工作质效。在模型的应用与实施过程中，需要注意如下几个方面：其一，要确定模型的应用场景与目标。坚持目标导向、问题导向，立足检察职能，重在发现问题线索，实现检察机关法律监督重大个案突破，进而唤醒和盘活相关数据、完善工作机制，进行类案监督，在此基础上，推动诉源治理、系统治理。其二，模型的应用和实施要聚焦重点领域。切实围绕事关司法公正、诉讼活动的制约监督，事关民生民利、国家利益和社会公共利益等方向重点发力。其三，模型的应用与实施应当遵循可推广、可复制、能共享的原则。不仅要在本地实现类案监督，还要在更大范围内推动类案治理、系统治理、诉源治理。这种共享不仅是模型、模块这种具体"果实"的共享，更重要的是所蕴含的规则、规律、机制的共享，实质就是智慧、知识的共享。

一、督促依法监管超范围、超量采矿等涉矿类案监督

◇ 清远市人民检察院

📖 关键词

矿产资源　违法开采　融合履职　类案监督　诉源治理

📖 要旨

借助无人机、激光雷达和 OCR（光学字符识别）等技术，分类梳理辖区各类涉矿信息要素，通过对涉案主体矿产储量年报、炸药使用量、缴纳税款等数据进行关联分析，确定相关矿山企业的矿产实际开采数量以及面积，发现超范围超量采矿、偷逃税款以及相关行政机关履职不规范等线索，综合运用审查、调查、侦查手段，有效查明违法事实，融合刑事、行政和公益诉讼检察职能开展监督，依法督促行政机关强化履职、完善制度机制，助力实现矿产资源领域全方位、全链条、深层次系统治理。

📖 基本情况

非法采矿不仅破坏国家矿产资源及其管理秩序，也极易造成生态环境破坏，引发地质灾害、安全事故，影响经济社会高质量发展。然而由于矿区偏远，超范围超量开采行为隐蔽；行政单位间存在涉矿数

据信息壁垒；行政机关人员怠于履职、与矿山企业存在利益链条等原因，导致矿产资源领域违法行为发现难、取证难、查处难。为有效破解以上难题，督促行政机关依法履职，清远市检察院强化数字赋能，先后在清远市佛冈县、连州市、英德市、阳山县等地成立工作专班，以融合式办案、团队式研判打破"四大检察"固有分工，形成跨部门、跨条线、全流程的一体化监督办案优势。通过与行政机关的信息共享机制，发挥侦查监督与协作配合办公室、生态检察联络站、"两法衔接"等信息共享平台以及全国检察业务应用系统的作用，调取各类数据150万余条并进行碰撞比对，全市检察机关共发现非法占用农用地、超量超范围开采矿产资源、漏缴耕地占用税等监督线索5378条，立案948件。同时，梳理深挖批量案件背后的社会治理漏洞，制发检察建议，监督行政机关依法履职、完善制度机制，助力实现矿产资源领域治理体系和治理能力现代化。

📖 线索发现

2022年7月，清远市检察院和佛冈县检察院在履职中发现，佛冈县某石场有限公司存在越界开采、超量开采、偷税漏税和未足额缴纳土地复垦费用等违法行为。同期，连州市检察院、英德市检察院、阳山县检察院也相继在办案中发现辖区内部分矿山企业存在越界、超量开采等违法行为。清远位于粤北生态发展区，矿产资源丰富，全市共有矿山237个，上述矿产资源领域违法违规案件的发生、行政机关的怠于履职情形并非个例。经综合研判，清远市检察院认为有必要开展大数据法律监督，进行集约化建模，并创建了涉矿类案监督模型，包括超量开采检察监督、非法占用农用地刑事立案监督、遗漏处罚事项行政检察监督和偷税漏税公益诉讼检察监督四个监督点。

督促依法监管超范围、超量采矿等涉矿类案监督模型

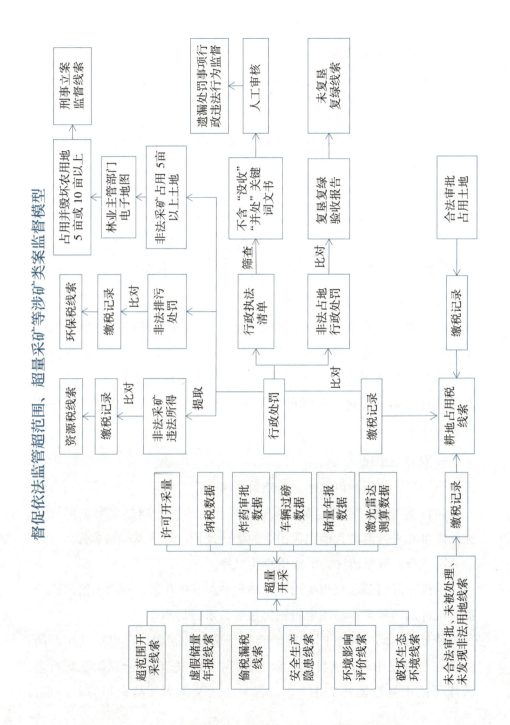

📖 数据分析方法

监督点一：超量开采检察监督

数据来源

1.矿山企业采矿许可证、矿山储量年报、开发利用方案（源于自然资源主管部门）；

2.矿山企业自行申报资源税等纳税数据（源于税务部门）；

3.矿山企业炸药使用量（源于公安机关）；

4.矿山企业治超车辆过磅数据（源于交通运输主管部门）；

5.激光雷达测算采矿量数据（源于第三方公司测量）。

数据分析关键词

汇总矿山企业申报销售矿产品数量、炸药审批使用量、治超系统车辆过磅数据、年度开采储量报告、开发利用方案、激光雷达测算矿山开采量等多项数据，与采矿许可证上的采矿许可量进行关联分析，发现上述数据远超过采矿许可证上的采矿许可量，为涉嫌超量开采矿产资源线索。

数据分析步骤

第一步：数据归集，建立基础数据库。

向自然资源主管部门调取采矿许可证166份，通过文字识别软件提取许可开采量清单，确定矿山企业生产规模，形成基础数据库。

第二步：数据清洗，形成信息比对库。

从税务部门获取全市矿山企业纳税数据3.9万条，利用表格筛选功能，统计出历年矿产品的申报销售数量，形成比对库一。

经分析，同一地区同一类矿产品开采条件相似，产出每吨矿产品所需炸药量也相近。从自然资源主管部门和公安机关分别调取矿产量和炸药使用量数据共13311条，将本地区某类矿产品全年的矿产量，除以该类矿产品全年的炸药使用量，得出该类矿产品每公斤炸药的出矿率，确定一个平均值。随后，以上述出矿率乘以各矿山企业炸药使用量，推算各矿山企业的采矿量，形成比对库二。

从交通运输主管部门调取矿山企业运输车辆卡口过磅数据 150 万余条，以"企业名称"和"矿产品名称"为关键词进行筛查，对开采量进行求和，核实各矿山企业每种矿产品开采量，形成比对库三。

从自然资源主管部门调取矿山储量年报和开发利用方案 136 份，提取矿山企业历年矿产开采量，形成比对库四。

运用无人机搭载激光雷达，构建矿山三维模型，结合空天院卫星遥感监测数据及矿山历史地形数据，测算出矿山企业开采量，形成比对库五。

第三步：碰撞对比，发现异常线索。

运用表格函数，将五个比对库与基础数据库进行关联分析，若以上某一项对比库数据大于基础库数据中的许可开采量，则存在超量开采的案件线索，并进一步开展检察监督：一是矿山企业涉及超范围、超量开采矿产资源达到刑事立案标准的，依法进行刑事立案监督；二是超范围、超量开采矿产资源，未达刑事立案标准的，依法督促自然资源主管部门对非法采矿、未复垦复绿、虚报储量年报等行为进行处罚；三是漏缴资源税、环境保护税、耕地占用税的，依法督促税务部门追缴税款；四是未按开发利用方案进行采矿造成安全隐患的，依法督促应急管理部门对矿山企业进行处罚；五是未依法重新报批或者报请重新审核环境影响评价文件的，依法监督生态环境主管部门进行处罚；六是造成生态环境损害的，依法提起民事公益诉讼。

思维导图

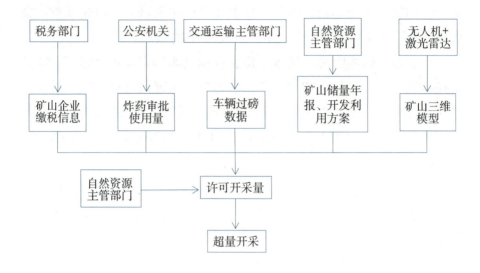

监督点二：非法占用农用地刑事立案监督

数据来源

1. 对非法采矿、非法占用农用地违法行为的行政处罚案件数据（源于自然资源主管部门）；

2. 林地地类性质及占地亩数（源于林业主管部门）；

3. 非法占用农用地立案数据（源于公安机关）。

数据分析关键词

非法占用并毁坏公益林地 5 亩以上或非法占用并毁坏商品林地 10 亩以上的，已达刑事立案标准，可开展刑事立案监督。

数据分析步骤

第一步：向自然资源主管部门调取违法行为人因越界开采被行政处罚的案件清单，以"占地面积""开采面积"为提取要素，汇总非法采矿开采面积已达到 5 亩以上的非法占地主体、占地面积，并提取违法占地范围的矢量坐标。

第二步：将矢量坐标输入林业主管部门电子地图，核实占用林地的种类及占用林地面积，筛查非法占用并毁坏公益林地 5 亩以上或非法占用并毁坏商品林地 10 亩以上的行政处罚案件。

第三步：比对林业主管部门用地审批清单，剔除已办理用地手续的案件，筛查出越界开采非法占用农用地并且已达刑事立案标准的行政处罚案件。

第四步：比对公安机关的立案清单，筛查出非法占用农用地已达刑事立案标准，行政机关未移送，或行政机关已移送，公安机关未立案的刑事立案监督线索。

思维导图

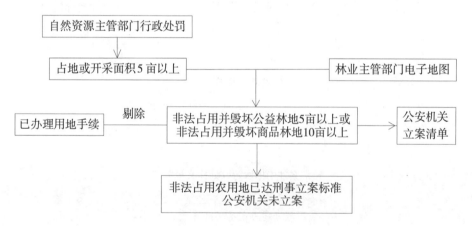

监督点三：遗漏处罚事项行政检察监督

数据来源

1. 涉矿行政处罚卷宗、清单（源于自然资源主管部门）；

2. 涉砂行政处罚卷宗、清单（源于水利主管部门）；

3. 涉林行政处罚卷宗、清单（源于林业主管部门）。

数据分析关键词

本类案件普遍存在非法开采矿产品，而行政机关在作出行政处罚时遗漏行政处罚事项，未作出"没收"决定。根据涉矿、涉砂、涉林行政处罚清单，筛查出不含"并处""没收"等关键词的案件。

数据分析步骤

第一步：根据涉矿、涉砂、涉林行政处罚清单，筛查出不含"并处""没收"等关键词的案件文号，调取卷宗。

第二步：通过 OCR 软件和文本检索功能，在卷宗中筛查出案件证据中有非法采出矿产品或违法所得，但行政机关未作出没收采出矿产品或违法所得的案件线索，依法进行监督。

思维导图

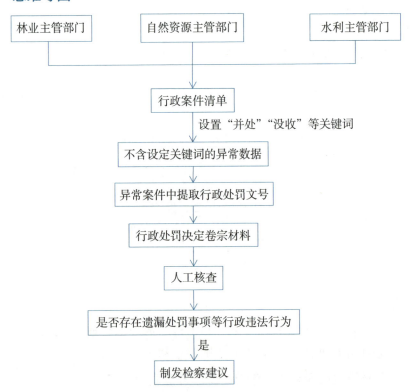

监督点四：偷税漏税公益诉讼检察监督

数据来源

1.涉矿类非法占用农用地刑事案件信息（源于全国检察业务应用系统）；

2.涉矿类非法占用农用地网格员巡查数据、12345平台数据（源于综合网格服务管理平台、12345政务服务便民热线平台）；

3.自然资源主管部门涉矿类非法占地行政处罚案件信息，以及涉矿山企业用地审批信息（源于广东省行政执法信息公示平台、政府信息公开网、自然资源主管部门）；

4.林业主管部门涉矿类非法占地行政处罚案件信息、矿山企业地类性质信息（源于广东省行政执法信息公示平台、政府信息公开网、林业主管部门）；

5.矿区的卫星遥感监测分析报告（源于中国科学院空天信息创新研究院）；

6.税务部门的缴税信息（源于税务部门税收征管系统）；

7.免税证明材料（源于税务部门或纳税人提交）。

数据分析关键词

在全国检察业务应用系统、综合网格服务管理平台、12345政务服务便民热线等平台上，以"采矿""复绿""复耕""林地""耕地"等为关键词在刑事案件、行政处罚案件以及投诉信息中进行比对，筛查涉嫌违法用地的主体清单。

结合清单内容，将"项目名称""违法主体""纳税人名称""入库税额"作为关键词，将在税务部门税收征管系统筛查出的相应信息与之碰撞，排除"免税证明"关键词数据并整合数据后，形成监督线索。

数据分析步骤

第一步：从林业主管部门行政处罚卷宗、自然资源主管部门行政处罚卷宗、全国检察业务应用系统、综合网格服务管理平台、清远市 12345 政务服务便民热线平台以"非法占用""复绿""复耕""林地""耕地"等关键词进行检索。梳理出相关企业、个人非法占地面积、时间，形成清单一。

第二步：从自然资源主管部门提供的审核用地信息中，梳理出相关企业、个人合法审批用地面积、时间，形成清单二。

第三步：使用空天院卫星遥感监测，获取企业、个人实际占地面积。将该面积减去合法审批占地面积，再减去已被刑事、行政处罚的非法占地面积，所得的用地面积为未合法审批、未被处理、未发现的非法用地信息，形成清单三。

第四步：根据从税务部门调取的数据，梳理出耕地占用税缴税主体、涉税土地面积、缴税时间。

第五步：将清单一、二、三的主体、用地面积、时间分别与耕地占用税的主体、涉税土地面积、时间比对碰撞，并进行人工研判，剔除已缴纳耕地占用税或具有"免税材料"的线索，剩余用地主体等信息不相匹配的为占用土地未缴纳耕地占用税的案件线索。

第六步：根据应缴未缴人员名单进行线索分类，分别督促税务部门及时追缴税款，督促自然资源主管部门或林业主管部门及时对未处理违法用地事实进行核查处理，并同步抄送给税务部门。

思维导图

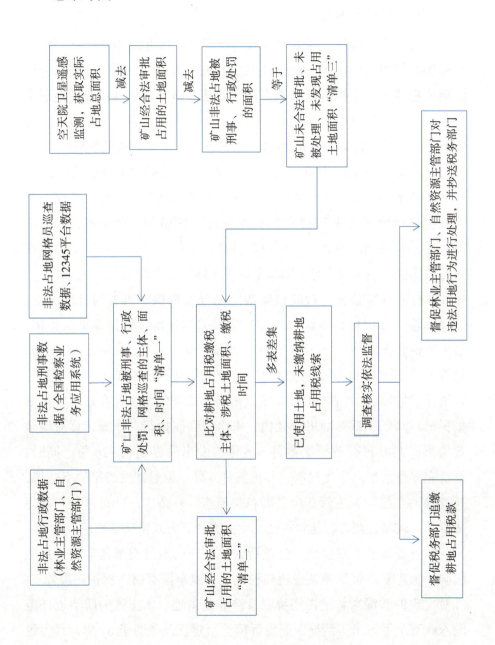

📖 检察履职情况

1. 刑事检察监督。刑事检察部门针对在矿区非法占地已达刑事立案标准，但因公安机关、行政机关之间执法信息不畅通，导致部分涉嫌刑事犯罪人员未被追究刑事责任等问题，确立非法占用农用地刑事立案监督点，刑事检察部门通过案件清单比对、案卷研判等方式，共发现刑事立案监督案件线索 25 件，已监督行政机关移送刑事案件 7 件，监督刑事立案 18 件；对立案后未及时调查取证且超期未侦查终结的 26 件刑事挂案向公安机关发函 4 份，发出纠正违法类检察建议 2 份；办理刑事执行检察案件 36 件，发出检察意见书 13 份；促进各相关单位在非法采矿活动的查处上形成信息共享、案件移送、处置反馈等方面的有效衔接，确保有力打击非法采矿等破坏环境资源类犯罪。

2. 行政检察监督。行政检察部门充分发挥检察机关与自然资源、交通运输、住房城乡建设等行政执法机关加强衔接工作意见的作用，借力检税合作机制、"网格＋检察"大数据监督模式，在通过调取、收集等方式获取相关部门行政许可、行政处罚数据的基础上，将相关处罚情况"标签化""表格化"，重点排查相关部门是否存在违反自由裁量标准、降低罚款标准进行处罚、未申请强制执行、遗漏计算滞纳金等情形，共办理行政检察案件 826 件，发出检察建议 326 份。同时，推动完善行刑反向衔接机制，办理案件 4 件。通过制发类案检察建议，有效推动自然资源主管部门开展各类检查 100 余次，针对部分矿山违法行为，以联合调查、挂牌督办、立案查处等方式推动整改。

3. 公益诉讼检察监督。公益诉讼检察部门通过类案监督深挖系统漏洞，聚焦矿产资源领域偷税漏税问题，筑牢国有财产保护"屏障"。针对发现的涉漏缴耕地占用税以及涉非法占地、水土流失防治责任范围 600 万余平方米等情况，制发诉前检察建议及磋商函 61 份，督促税务部门向 268 个纳税主体追缴税款 1.2 亿余元，目前已追缴到位 2900

万余元。发现涉超量开采矿产资源 1327 万余吨、涉及土地面积 595 万余平方米，督促行政机关依法进行查处。同时，针对非法采矿行为严重破坏生态环境、存在安全隐患等问题，制发检察建议，督促消除矿山安全隐患 68 个，并提起刑事附带民事公益诉讼，追偿生态修复费用 4500 万余元。

4. 职务犯罪案件办理。在"四大检察"融合办案中深化违法违纪案件线索发现和查处，通过监检衔接机制，将排查出的公职人员涉嫌犯罪线索移送纪检监察机关，纪检监察机关现已立案 3 件 3 人。

📖 办案成效

1. 推动行业系统治理。通过制发检察建议，全市在加强对矿产资源日常执法、加强衔接配合、建章立制、复绿治理等工作上取得良好治理成效。建章立制推动源头治理。清远市自然资源局下发《矿产资源违法行为查处自查自纠工作的通知》《关于加强自然资源行政执法与刑事司法衔接配合工作的通知》，在全市开展矿产资源领域自查自纠工作，全面加强矿产资源管理、涉税信息共享、行政执法和刑事司法衔接等工作。加强监管护航发展安全。将办案发现的安全意识不强、安全生产责任落实不到位等隐患和风险梳理形成清单 73 项，立案 11 件，发出监督文书 7 份，有效推动检察机关与应急管理等安全生产相关职能部门的沟通配合，健全常态化协作机制，形成安全生产公益保护合力。修复治理推动绿色发展。矿山综合治理联席会议制度得到进一步落实，生态修复专项资金支出持续增长，2022 年清远矿山石场完成治理复绿面积超过 40 公顷，任务完成率达 162.21%。清远市检察院就办案中发现的矿产资源管理问题向自然资源主管部门制发的检察建议获评全国检察机关优秀社会治理检察建议。

2. 建立多部门长效协作机制。清远市检察院撰写的《关于开展非法采矿大数据专项监督行动的报告》报送市委后，获得市委主要领导的批示肯定。英德市检察院、连州市检察院、佛冈县检察院、阳山县检察院将开展非法采矿法律监督工作报告同步报送当地党委，均获得当地主要领导批示肯定。在党委政府的统一领导下，公安机关、自然资源主管部门、水利主管部门、林业主管部门等积极发挥职能作用，完善协作机制，对矿产资源领域进行联合治理。如推动英德、连州、佛冈、阳山自然资源主管部门与当地税务部门建立《检税沟通协作机制工作意见书》等信息共享机制，全市检察机关均已与税务部门建立检税合作机制。

📖 法律法规依据

1.《中华人民共和国刑法》第三百四十二条　违反土地管理法规，非法占用耕地、林地等农用地，改变被占用土地用途，数量较大，造成耕地、林地等农用地大量毁坏的，处五年以下有期徒刑或者拘役，并处或者单处罚金。

第三百四十三条第一款　违反矿产资源法的规定，未取得采矿许可证擅自采矿，擅自进入国家规划矿区、对国民经济具有重要价值的矿区和他人矿区范围采矿，或者擅自开采国家规定实行保护性开采的特定矿种，情节严重的，处三年以下有期徒刑、拘役或者管制，并处或者单处罚金；情节特别严重的，处三年以上七年以下有期徒刑，并处罚金。

2.《中华人民共和国矿产资源法》第三十九条第一款　违反本法规定，未取得采矿许可证擅自采矿的，擅自进入国家规划矿区、对国民经济具有重要价值的矿区范围采矿的，擅自开采国家规定实行保护性开采的特定矿种的，责令停止开采、赔偿损失，没收采出的矿产品和违法所得，可以并处罚款；拒不停止开采，造成矿产资源破坏的，依照刑法有关规定对直接责任人员追究刑事责任。

第四十条　超越批准的矿区范围采矿的，责令退回本矿区范围内开采、赔偿损失，没收越界开采的矿产品和违法所得，可以并处罚款；拒不退回本矿区范围内开采，造成矿产资源破坏的，吊销采矿许可证，依照刑法有关规定对直接责任人员追究刑事责任。

3.《中华人民共和国森林法》第四十七条　国家根据生态保护的需要，将森林生态区位重要或者生态状况脆弱，以发挥生态效益为主要目的的林地和林地上的森林划定为公益林。未划定为公益林的林地和林地上的森林属于商品林。

第四十八条第一款、第二款　公益林由国务院和省、自治区、直辖市人民政府划定并公布。下列区域的林地和林地上的森林，应当划定为公益林：

（一）重要江河源头汇水区域；

（二）重要江河干流及支流两岸、饮用水水源地保护区；

（三）重要湿地和重要水库周围；

（四）森林和陆生野生动物类型的自然保护区；

（五）荒漠化和水土流失严重地区的防风固沙林基干林带；

（六）沿海防护林基干林带；

（七）未开发利用的原始林地区；

（八）需要划定的其他区域。

公益林划定涉及非国有林地的，应当与权利人签订书面协议，并给予合理补偿。

4.《中华人民共和国行政诉讼法》第二十五条第四款　人民检察院在履行职责中发现生态环境和资源保护、食品药品安全、国有财产保护、国有土地使用权出让等领域负有监督管理职责的行政机关违法行使职权或者不作为，致使国家利益或者社会公共利益受到侵害的，应当向行政机关提出检察建议，督促其依法履行职责。行政机关不依法履行职责的，人民检察院依法向人民法院提起诉讼。

5.《中华人民共和国耕地占用税法》第二条第一款　在中华人民共和国境内占用耕地建设建筑物、构筑物或者从事非农业建设的单位和个人，为耕地占用税的纳税人，应当依照本法规定缴纳耕地占用税。

6.《最高人民法院关于审理破坏森林资源刑事案件适用法律若干问题的解释》第一条第二款第一项、第二项　实施前款规定的行为，具有下列情形之一的，应当认定为刑法三百四十二条规定的"数量较大，造成耕地、林地等农用地大量毁坏"：

（一）非法占用并毁坏公益林地五亩以上的；

（二）非法占用并毁坏商品林地十亩以上。

二、KTV 被诉侵犯著作权批量恶意诉讼
法律监督

◇ 清远市人民检察院

📖 关键词

KTV 侵犯著作权 恶意诉讼 虚假诉讼 版权治理

📖 要旨

部分商业主体利用著作权登记和法院裁判规则漏洞，将音乐作品上传 VOD 云曲库后在全国范围内进行大规模恶意诉讼，甚至伪造权属证据进行虚假诉讼，众多 KTV 场所因败诉财产被执行，大量音乐作品被下架失去传播渠道，严重扰乱版权市场秩序。检察机关对中国裁判文书网（KTV 侵犯著作权裁判文书中著作权来源情况）、天眼查系统（原告公司成立时间及诉讼情况）进行数据碰撞可确定恶意诉讼原告公司，再比对涉诉音乐作品和网络音乐平台公开发表音乐作品权利人署名，即可确定虚假诉讼线索。检察机关依法开展民事审判监督、刑事检察监督、司法工作人员渎职犯罪侦查，通过检察建议帮助完善裁判规则和推动版权治理工作。

📖 基本情况

清远检察机关结合最高人民检察院开展的知识产权恶意诉讼专项

监督工作，对辖区内 KTV 场所被诉侵犯著作权案件进行梳理，发现 A（广州）文化传媒有限公司（以下简称 A 公司）属于恶意诉讼，且构成虚假诉讼，对其依法开展监督工作。工作中检察机关发现 A 公司案件在著作权领域具有普遍性，遂根据 A 公司案件特征构建大数据法律监督模型。模型初步筛查出全国涉嫌恶意诉讼公司 42 家，其中涉嫌虚假诉讼公司 6 家（涉及案件 25833 件）。

📖 线索发现

清远检察机关在工作中发现，2019 年以来商业主体批量起诉 KTV 侵犯著作权案件呈爆发式增长。此类案件存在诸多异常点：原告公司成立时间短，案件数量多、分布广，涉案歌曲多为冷门歌曲，作品取得方式为继受取得而非创作原始取得，取得作品权属后短时间提起批量诉讼。此类案件极有可能系原告以获取非法或者不正当利益为目的而故意提起事实上和法律上无根据的恶意诉讼，且可能属于虚假诉讼。通过中国裁判文书网对清远市辖区内起诉 KTV 侵犯著作权案件进行梳理，筛选出批量起诉原告公司 10 家。通过天眼查对 10 家公司诉讼情况查询，发现 A 公司自 2021 年开始至 2023 年 6 月 28 日，共起诉他人侵犯著作权案件 4510 件，其中 2021 年起诉 630 件，2022 年起诉 2823 件，2023 起诉 1057 件，共有 3351 件案件在广东省进行审理；58.5% 的涉案案由为著作权权属、侵权纠纷。A 公司音乐作品权属均是继受取得，怀疑系以恶意诉讼为目的而成立的公司。清远检察机关抽调两级院知识产权办案骨干组成专案组，对案件开展深入调查。

📖 数据分析方法

数据来源

1. KTV 被诉裁判文书（源于中国裁判文书网或法院审判卷宗）；

2. 原告公司成立时间、诉讼情况、著作权（源于天眼查系统）；

3. 涉诉音乐作品及署名情况（源于中国裁判文书网或法院审判卷宗）；

4. 网络发表音乐作品（源于搜狐、QQ 音乐等网络音乐平台）。

数据分析关键词

以"KTV"为关键词，以著作权权属、侵权纠纷为案由，通过中国裁判文书网筛选出批量起诉 KTV 场所侵犯著作权的原告公司。依托天眼查系统查明涉案公司成立时间、诉讼情况（案由分布情况、案件数量）。通过批量诉讼原告公司裁判文书核查其著作权来源，即是否为继受取得。综合公司成立时间、诉讼情况及权利来源，筛选出以诉讼为目的而成立的恶意诉讼原告公司。获取公司涉诉音乐作品，通过网络音乐平台以演唱者姓名、歌曲名称查找公开发表作品，比对涉诉作品与网络公开发表作品作者署名，若署名不一致则为伪造权属虚假诉讼线索。

数据分析步骤

第一步：筛选批量诉讼原告。以"KTV"为关键词，以著作权权属、侵权纠纷为案由，通过中国裁判文书网筛选辖区内类案裁判文书，以原告为要素进行排列，筛选出批量起诉 KTV 场所侵犯著作权的原告公司。

第二步：确定恶意诉讼公司。通过天眼查系统，查明批量起诉 KTV 场所侵犯著作权的原告公司成立时间、案由分布情况，筛选公司成立存续时间不满五年、涉案案由超过 50% 为著作权权属、侵权纠纷的公司。同步梳理批量起诉原告公司裁判文书，核查涉诉作品著作权权利来源，筛选权利来源为继受取得的公司。将两组数据进行比对，同时符合上述条件的，则判定为以诉讼为目的而成立的恶意诉讼公司。

第三步：确定虚假诉讼案件。获取恶意诉讼公司涉诉作品，根据署名原则，建立涉诉作品作者信息数据库一。根据音乐作品公开性特点，通过网络音乐平台以演唱者姓名、歌曲名称对涉诉音乐作品进行搜索，获取网络公开发表作品后，根据署名原则，建立涉诉作品作者信息数据库二。对涉诉作品作者信息数据库一和数据库二中的作品署名进行比对、碰撞，其中作品署名不一致的即为伪造权属虚假诉讼线索。

思维导图

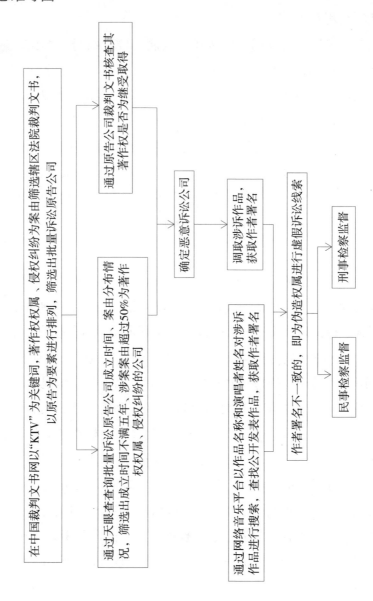

📖 检察履职情况

1.民事检察监督。伪造权属证据、冒充权利人起诉 KTV 场所侵犯其著作权的，属于虚假诉讼，检察机关可依职权开展民事生效裁判监督，向人民法院提出再审检察建议或提请上级检察机关启动抗诉程序。A 公司在清远市辖区内共有生效裁判 32 件，清城区检察院对其中 2 件发出再审检察建议，清城区法院均采纳进行再审；清远市检察院依法对 A 公司 3 件案件向清远市中级人民法院抗诉。经模型筛选，发现全国此类恶意诉讼公司线索 42 家，其中虚假诉讼公司 6 家，涉及案件 25833 件，清远检察机关依法向广东省 13 个地市及全国 8 个省份进行虚假诉讼线索移送。

2.刑事检察监督。清远检察机关向公安机关移送 A 公司涉嫌侵犯著作权罪、虚假诉讼罪相关线索及证据，公安机关立案侦查后，抓获犯罪嫌疑人 5 名，均已被检察机关批准逮捕。

📖 办案成效

为加强对音乐著作权领域恶意诉讼的打击力度，2023 年 4 月 26 日，清远市检察院会同市中级人民法院、相关行政管理部门签订《关于加强清远市知识产权协同保护的实施意见》，共同构建知识产权大保护格局。鉴于该模型监督规则明确，应用效果好，可推广、可复制性强，最高人民检察院将该模型向全国推广。

经检察机关监督，此类恶意诉讼现象已经得到遏制。根据中国音像著作权集体管理协会反馈，其 2023 年 1—8 月代理的案件量同比下降 51.39%。在检察机关的推动下，人民法院正在对著作权案件裁判规则进行完善，国家版权局也在完善著作权登记制度。

📖 法律法规依据

1.《中华人民共和国刑法》第二百一十七条　以营利为目的，有下列侵犯著作权或者与著作权有关的权利的情形之一，违法所得数额较大或者有其他严重情节的，处三年以下有期徒刑，并处或者单处罚金；违法所得数额巨大或者有其他特别严重情节的，处三年以上十年以下有期徒刑，并处罚金：

（一）未经著作权人许可，复制发行、通过信息网络向公众传播其文字作品、音乐、美术、视听作品、计算机软件及法律、行政法规规定的其他作品的；

（二）出版他人享有专有出版权的图书的；

（三）未经录音录像制作者许可，复制发行、通过信息网络向公众传播其制作的录音录像的；

（四）未经表演者许可，复制发行录有其表演的录音录像制品，或者通过信息网络向公众传播其表演的；

（五）制作、出售假冒他人署名的美术作品的；

（六）未经著作权人或者与著作权有关的权利人许可，故意避开或者破坏权利人为其作品、录音录像制品等采取的保护著作权或者与著作权有关的权利的技术措施的。

第二百二十条　单位犯本节第二百一十三条至第二百一十九条之一规定之罪的，对单位判处罚金，并对其直接负责的主管人员和其他直接责任人员，依照本节各该条的规定处罚。

第三百零七条之一　以捏造的事实提起民事诉讼，妨害司法秩序或者严重侵害他人合法权益的，处三年以下有期徒刑、拘役或者管制，并处或者单处罚金；情节严重的，处三年以上七年以下有期徒刑，并处罚金。

单位犯前款罪的，对单位判处罚金，并对其直接负责的主管人员和其他直接责任人员，依照前款的规定处罚。

有第一款行为，非法占有他人财产或者逃避合法债务，又构成其他犯罪的，依照处罚较重的规定定罪从重处罚。

司法工作人员利用职权，与他人共同实施前三款行为的，从重处罚；同时构成其他犯罪的，依照处罚较重的规定定罪从重处罚。

第三百九十七条　国家机关工作人员滥用职权或者玩忽职守，致使公共财产、国家和人民利益遭受重大损失的，处三年以下有期徒刑或者拘役；情节特别严重的，处三年以上七年以下有期徒刑。本法另有规定的，依照规定。

国家机关工作人员徇私舞弊，犯前款罪的，处五年以下有期徒刑或者拘役；情节特别严重的，处五年以上十年以下有期徒刑。本法另有规定的，依照规定。

第三百九十九条　司法工作人员徇私枉法、徇情枉法，对明知是无罪的人而使他受追诉、对明知是有罪的人而故意包庇不使他受追诉，或者在刑事审判活动中故意违背事实和法律作枉法裁判的，处五年以下有期徒刑或者拘役；情节严重的，处五年以上十年以下有期徒刑；情节特别严重的，处十年以上有期徒刑。

在民事、行政审判活动中故意违背事实和法律作枉法裁判，情节严重的，处五年以下有期徒刑或者拘役；情节特别严重的，处五年以上十年以下有期徒刑。

在执行判决、裁定活动中，严重不负责任或者滥用职权，不依法采取诉讼保全措施、不履行法定执行职责，或者违法采取诉讼保全措施、强制执行措施，致使当事人或者其他人的利益遭受重大损失的，处五年以下有期徒刑或者拘役；致使当事人或者其他人的利益遭受特别重大损失的，处五年以上十年以下有期徒刑。

司法工作人员收受贿赂，有前三款行为的，同时又构成本法第三百八十五条规定之罪的，依照处罚较重的规定定罪处罚。

2.《中华人民共和国著作权法》第三条　本法所称的作品，是指文学、艺术和科学领域内具有独创性并能以一定形式表现的智力成果，包括：

（一）文字作品；

（二）口述作品；

（三）音乐、戏剧、曲艺、舞蹈、杂技艺术作品；

（四）美术、建筑作品；

（五）摄影作品；

（六）视听作品；

（七）工程设计图、产品设计图、地图、示意图等图形作品和模型作品；

（八）计算机软件；

（九）符合作品特征的其他智力成果。

第十条　著作权包括下列人身权和财产权：

（一）发表权，即决定作品是否公之于众的权利；

（二）署名权，即表明作者身份，在作品上署名的权利；

（三）修改权，即修改或者授权他人修改作品的权利；

（四）保护作品完整权，即保护作品不受歪曲、篡改的权利；

（五）复制权，即以印刷、复印、拓印、录音、录像、翻录、翻拍、数字化等方式将作品制作一份或者多份的权利；

（六）发行权，即以出售或者赠与方式向公众提供作品的原件或者复制件的权利；

（七）出租权，即有偿许可他人临时使用视听作品、计算机软件的原件或者复制件的权利，计算机软件不是出租的主要标的的除外；

（八）展览权，即公开陈列美术作品、摄影作品的原件或者复制件的权利；

（九）表演权，即公开表演作品，以及用各种手段公开播送作品的表演的权利；

（十）放映权，即通过放映机、幻灯机等技术设备公开再现美术、摄影、视听作品等的权利；

（十一）广播权，即以有线或者无线方式公开传播或者转播作品，以及通过扩音器或者其他传送符号、声音、图像的类似工具向公众传播广播的作品的权利，但不包括本款第十二项规定的权利；

（十二）信息网络传播权，即以有线或者无线方式向公众提供，使公众可以在其选定的时间和地点获得作品的权利；

（十三）摄制权，即以摄制视听作品的方法将作品固定在载体上的权利；

（十四）改编权，即改变作品，创作出具有独创性的新作品的权利；

（十五）翻译权，即将作品从一种语言文字转换成另一种语言文字的权利；

（十六）汇编权，即将作品或者作品的片段通过选择或者编排，汇集成新作品的权利；

（十七）应当由著作权人享有的其他权利。

著作权人可以许可他人行使前款第五项至第十七项规定的权利，并依照约定或者本法有关规定获得报酬。

著作权人可以全部或者部分转让本条第一款第五项至第十七项规定的权利，并依照约定或者本法有关规定获得报酬。

第十一条　著作权属于作者，本法另有规定的除外。

创作作品的自然人是作者。

由法人或者非法人组织主持，代表法人或者非法人组织意志创作，并由法人或者非法人组织承担责任的作品，法人或者非法人组织视为作者。

第十五条　汇编若干作品、作品的片段或者不构成作品的数据或者其他材料，对其内容的选择或者编排体现独创性的作品，为汇编作品，其著作权由汇编人享有，但行使著作权时，不得侵犯原作品的著作权。

第四十八条 电视台播放他人的视听作品、录像制品，应当取得视听作品著作权人或者录像制作者许可，并支付报酬；播放他人的录像制品，还应当取得著作权人许可，并支付报酬。

第四十九条 为保护著作权和与著作权有关的权利，权利人可以采取技术措施。

未经权利人许可，任何组织或者个人不得故意避开或者破坏技术措施，不得以避开或者破坏技术措施为目的制造、进口或者向公众提供有关装置或者部件，不得故意为他人避开或者破坏技术措施提供技术服务。但是，法律、行政法规规定可以避开的情形除外。

本法所称的技术措施，是指用于防止、限制未经权利人许可浏览、欣赏作品、表演、录音录像制品或者通过信息网络向公众提供作品、表演、录音录像制品的有效技术、装置或者部件。

3.《中华人民共和国民事诉讼法》（2024年1月1日施行）第二百一十一条 当事人的申请符合下列情形之一的，人民法院应当再审：

（一）有新的证据，足以推翻原判决、裁定的；

（二）原判决、裁定认定基本事实缺乏证据证明的；

（三）原判决、裁定认定事实的主要证据是伪造的；

（四）原判决、裁定认定事实的主要证据未经质证的；

（五）对审理案件需要的主要证据，当事人因客观原因不能自行收集，书面申请人民法院调查收集，人民法院未调查收集的；

（六）原判决、裁定适用法律确有错误的；

（七）审判组织的组成不合法或者依法应当回避的审判人员没有回避的；

（八）无诉讼行为能力人未经法定代理人代为诉讼或者应当参加诉

讼的当事人，因不能归责于本人或者其诉讼代理人的事由，未参加诉讼的；

（九）违反法律规定，剥夺当事人辩论权利的；

（十）未经传票传唤，缺席判决的；

（十一）原判决、裁定遗漏或者超出诉讼请求的；

（十二）据以作出原判决、裁定的法律文书被撤销或者变更的；

（十三）审判人员审理该案件时有贪污受贿，徇私舞弊，枉法裁判行为的。

三、高龄津贴监管安全监督

◇ 连南瑶族自治县人民检察院

📖 关键词

行政公益诉讼　高龄津贴　数字建模　公开听证　诉源治理

📖 要旨

针对高龄津贴监管不到位问题，检察机关构建高龄津贴监管安全监督模型，通过高龄津贴发放数据、死亡人员信息等数据比对碰撞，精准发现应停发未停发的案件线索，通过公开听证、诉前磋商等方式，督促职能部门依法履职，推动行政机关建章立制，促进诉源治理，当好国有财产"守护人"。

📖 基本情况

连南瑶族自治县内多名去世老人仍按月领取高龄津贴，连南瑶族自治县民政部门及属地人民政府等单位作为监管部门，未严格履行高龄津贴信息审核、资格认证和审批发放等职责，造成国有财产流失。检察机关构建高龄津贴监管安全监督模型，利用死亡人员及领取高龄津贴人员信息、银行流水等数据进行比对碰撞，精准筛查出249人死亡后仍领取高龄津贴55.15万元，3人死亡时间被错误认定致少发高龄津贴1.67万元等监督线索。该模型在连南瑶族自治县应用后经全市推广，共发现监督线索 3303 条，涉及未规范发放高龄津贴 321.6 万元。检察机关依法进行监督，推动健全完善职能部门协作配合机制，以检察公益诉讼职能推动高龄津贴管理规范化，堵塞监管漏洞，切实守护国有财产。

📖 线索发现

连南县检察院在履行公益诉讼职能中发现，某高龄老人死亡后，其高龄津贴仍在持续发放。经检察官初步调查发现，连南县其他乡镇同样存在老人死亡后仍有高龄津贴发放记录的情形，说明上述情形并非个案，需要构建大数据法律监督模型进行类案监督，及时发现背后的监管漏洞。

📖 数据分析方法

数据来源

1. 2012 年至今的死亡人员名单（源于公安机关）；

2. 2012 年至今出具的死亡证明人员名单（源于疾病预防控制中心）；

3. 领取高龄津贴的人员名单（源于民政局）；

4. 领取高龄津贴人员的银行流水及交易对手明细（源于金融机构）。

数据分析关键词

通过比对高龄津贴领取人员名单、死亡人员名单和银行流水清单，筛查发现人员已死亡但仍有高龄津贴发放记录的案件线索。

数据分析步骤

第一步：向县民政局调取领取高龄津贴的人员信息，形成清单一。

第二步：向县公安局调取 2012 年至今的死亡人员信息，向县疾病预防控制中心调取该中心出具死亡证明的人员信息，整合形成清单二。

第三步：以姓名、身份证号码作为关键信息，对清单一和清单二进行比对分析，筛查发现疑似已死亡但仍有高龄津贴发放记录的人员名单，即违规发放高龄津贴人员名单，形成清单三。

第四步：向金融机构调取清单三中所涉人员的银行账户交易流水信息，核实监督线索。

思维导图

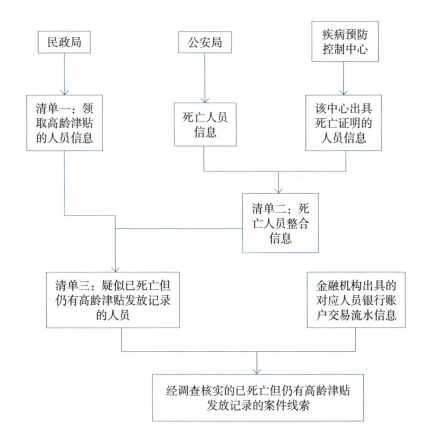

📖 **检察履职情况**

1.依托大数据赋能，挖掘案件线索。2023年6月，连南县检察院发现该线索后，主动加强与公安、民政等部门的沟通联系，开展初步调查。向公安局、疾控中心调取死亡人员名单信息数据，向民政局、金融机构调取高龄津贴发放人员名单、银行流水等数据，汇总 27.4 万条数据形成数据资源库。检察官以姓名、身份证号码、死亡时间、银行流水清单等为关键词，建立高龄津贴监管安全监督模型，精准筛查出民政部门在甘某某等 249 人死亡后仍继续发放高龄津贴 55.15 万元，错误认定黄某珍等 3 人死亡时间致少发高龄津贴 1.67 万元的监督线索。6 月 16 日，连南县检察院依法对连南瑶族自治县民政部门及负有监管职责的乡镇人民政府进行立案调查。

2. "智慧外脑"助力案件办理，提升监督质效。为进一步分析研判高龄津贴监管存在问题，深入查找监管漏洞产生的根本原因，6 月25 日，连南县检察院邀请 3 名听证员并通知相关职能部门参加公开听证会。听证会上，承办检察官介绍基本案情和听证问题；听证员听取各方陈述，仔细询问高龄津贴发放流程、领取金额等相关问题；相关职能部门深入分析当前高龄津贴发放工作存在的问题并提出整改方案。参会各方经共同研究，认为产生监管漏洞的主要原因是部门间信息未能及时互通、审核发放工作机制不够完善，并提出了科学建立动态化信息共享机制，逐步完善发放高龄津贴工作机制，共同推进高龄津贴发放工作的整改措施。会后，连南县检察院向各职能部门提出磋商意见。

3. 强化协作配合，发挥治理效能之钥。连南县检察院为推动职能部门整改到位，及时跟进监督高龄津贴追缴情况，深入了解职能部门追缴过程中遇到的困难，召开会议共同研究分类追缴方案，协商解决扣划银行余额等"瓶颈"问题，推动多部门协同配合解决追缴难题，确保国有财产得到有效保护。

📖 办案成效

收到磋商函后，连南瑶族自治县民政部门集中力量，细化分工，协调各部门、乡镇人民政府认真开展排查工作，核实津贴发放情况；与县政务服务数据管理部门共同研究完善高龄津贴线上功能；牵头制定《连南瑶族自治县 80 岁以上高龄老人津贴制度实施方案》，印发《连南瑶族自治县社会救助信息数据共享工作方案》，建立高龄年审制度，明确工作职责，实现信息动态化精准管理。截至 2023 年 10 月，民政部门已规范发放 170 人，涉及规范发放金额 32.29 万元。

为进一步加强国有财产保护，推动全市高龄津贴监管问题的诉源治理，清远市检察院在全市推广高龄津贴监管安全监督模型。依托本数据模型，全市共排查问题线索 3303 条，立行政公益诉讼案件 52 件，涉及违规发放高龄津贴 321.6 万元，现已督促追回违规发放的高龄津贴 99.559 万元。针对公安机关不当注销户籍信息行政违法行为，发出检察建议 1 份，规范户籍管理行政行为。检察机关通过大数据法律监督，推动完善了高龄津贴管理漏洞，助力推进了该领域的治理能力和治理体系现代化。

📖 法律法规依据

1.《中华人民共和国老年人权益保障法》第六条第三款 县级以上人民政府负责老龄工作的机构，负责组织、协调、指导、督促有关部门做好老年人权益保障工作。

2.《广东省老年人权益保障条例》第五条第一款 县级以上人民政府负责老龄工作的机构，负责组织、协调、指导、督促有关部门做好老年人权益保障工作，贯彻实施老年人权益保障法律法规。

第二十五条 县级以上人民政府应当对八十周岁以上老年人按月发放高龄老人政府津贴，有条件的地方可以扩大发放范围。具体标准和发放办法由县级以上人民政府规定。

3.《广东省民政厅关于建立 80 岁以上高龄老人补（津）贴制度的通知》 二、指导思想和基本原则。坚持属地管理的原则。高龄补（津）贴发放对象以户籍为基础，实行属地化管理。坚持公开、公平、公正的原则。严格按照标准确定保障对象，实行"三级审批、张榜公示"，接受群众监督，增强工作透明度。坚持按月发放的原则。

四、发放程序。各地老龄工作部门要主动与相关部门商定具体的发放标准和发放办法，严格按照个人申请、居（村）委会调查核实、街道办事处（乡镇）审核、县（市、区）老龄办审批的程序发放。一年公示一次，做到公正、公开、透明，接受群众监督。高龄老人补（津）贴通过当地银行发放。各地要根据老年人口变动情况，按照程序及时办理审批、增发、停发手续，确保按月合理发放。

六、保障措施。（二）健全档案，规范管理。各地要对拟发放对象进行调查摸底核实，登记造册，建立台账，健全档案，建立定期核查制度、公示制度和统计报告制度，确保高龄补（津）贴发放工作规范有序进行。

4.《清远市 80 岁以上高龄老人津贴制度实施方案》 六、发放办法。4. 享受高龄津贴老年人辞世或户口迁出本市的，镇（街道）社会事务办应于 5 日内填写《终止发放高龄老人津贴表》上报县级老龄办，并从次月起停止发放该老年人的高龄津贴。具体实施细则由各县（市、区）民政、财政与银行共同协商制定。

七、工作要求。（二）健全档案，规范管理。各县（市、区）要在深入调查的基础上，进一步核实高龄老人有关情况，登记造册，建立台账，建立健全高龄老人个人档案，建立定期核查、抽查和统计报告制度，实行动态管理，切实做到不漏发、不超发。（四）强化监督，严格管理。各县（市、区）民政部门要设立举报电话和信访接待平台，接受群众监督和舆论监督，增强工作的透明度。

四、烟花爆竹行业整治类案监督

◇ 阳山县人民检察院

📖 **关键词**

行政公益诉讼　行政检察　安全生产　行政审批　融合履职

📖 **要旨**

通过对辖区内烟花爆竹零售店（点）以及批发店（点）分布情况，烟花爆竹批发出货记录，烟花爆竹零售许可事项申请信息、烟花爆竹零售许可审批结果公示信息等数据进行碰撞比对，发现批发商向未持有零售许可资质的商户批发出售烟花爆竹、零售商户在未取得烟花爆竹经营（零售）许可证的情况下违法销售烟花爆竹，存在重大安全隐患，行政机关同时存在超期审批等问题。检察机关综合运用调查核实、公开听证、宣告送达检察建议等方式，通过公益诉讼检察与行政检察"双驱动"监督，督促有关行政机关依法履职，并以点及面推动辖区内烟花爆竹行业系统治理，及时消除烟花爆竹安全隐患，守护人民群众生命财产安全。

📖 **基本情况**

2022 年，阳山县检察院在开展涉安全生产行政公益诉讼检察专项监督活动中，经对相关数据碰撞比对并结合实地走访发现，阳山县某烟花爆竹批发企业在明知 47 家零售商无烟花爆竹经营（零售）许可证的情况下仍向其供应烟花爆竹，总销售金额达 69 万余元；57 家烟花爆竹零售商在未取得烟花爆竹经营（零售）许可证的情况下在店内销售烟花爆竹。上述违规经营烟花爆竹的行为存在极大的安全隐患，危及人民群众生命财产安全，损害了社会公共利益。同时，阳山县应急管理部门在审批烟花爆竹零售许可事项过程中存在超期审批的违法行政行为，侵害了行政相对人的合法权益，损害了法律权威。

📖 线索发现

阳山县检察院在走访中发现，县城内多家零售商户在未取得烟花爆竹经营（零售）许可证的情况下在店内违规储存和销售烟花爆竹，极易发生火灾等事故，存在较大的安全隐患，威胁人民群众的生命财产安全。经综合研判，阳山县检察院认为上述情况具有普遍性，有必要运用数字化手段对全县烟花爆竹行业的违法经营行为、存在较大安全生产隐患的情形进行调查，对行政机关存在违法作为或不作为的情形开展监督。

📖 数据分析方法

数据来源

1. 烟花爆竹零售店（点）以及批发店（点）分布情况表（源于应急管理部门）；

2. 烟花爆竹批发出货记录（源于烟花爆竹批发企业）；

3. 烟花爆竹零售行政许可事项的审批结果（源于政府门户网站）；

4. 烟花爆竹零售许可事项申请信息（源于行政服务中心一站式受理窗口）。

数据分析关键词

通过对烟花爆竹零售店（点）以及批发店（点）分布情况表、烟花爆竹批发出货记录进行比对，发现烟花爆竹批发企业向未取得烟花爆竹经营（零售）许可证的商户出售烟花爆竹的安全生产行政公益诉讼案件线索；对烟花爆竹零售许可事项申请信息与审批结果进行比对，发现行政机关超期审批的行政违法行为监督线索。

数据分析步骤

第一步：向阳山县应急管理局调取阳山县烟花爆竹零售店（点）以及批发店（点）分布情况表，形成清单一。

第二步：向烟花爆竹批发店（点）调取近一年批发出售烟花爆竹的出货记录，形成清单二。

第三步：通过政府门户网站下载近三年烟花爆竹零售行政许可事项审批结果公告，形成清单三。

第四步：对清单三内的三年数据以主体信息进行梳理比对，得出此前持有烟花爆竹经营（零售）许可证，但目前不再持有的商户，形成清单四。

第五步：向阳山县行政服务中心一站式受理窗口调取本年度向该中心递交烟花爆竹零售许可事项申请的主体信息，形成清单五。

第六步：将清单一、二、三的主体信息、批发出货时间、零售许可审批通过时间等数据进行比对，发现烟花爆竹批发店（点）向未持有烟花爆竹经营（零售）许可证的商户出售烟花爆竹的案件线索。

第七步：将清单一、三、五的主体信息、申请时间、审批通过时间等数据进行比对，发现应急管理部门存在对烟花爆竹零售许可超期审批的案件线索。

第八步：对清单四内的商户进行电话回访或现场走访，发现存在许可证已过期但目前仍在销售烟花爆竹的案件线索，或发现其他未持有烟花爆竹销售（零售）许可证却在销售烟花爆竹的案件线索。

思维导图

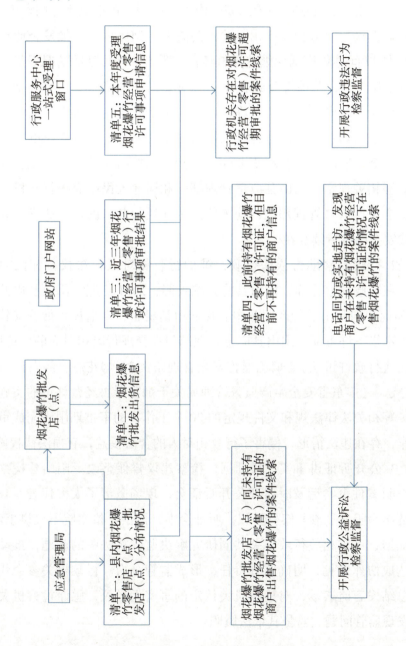

📖 检察履职情况

1.行政公益诉讼助力消除安全隐患，维护人民群众生命财产安全。在公益诉讼检察方面，阳山县检察院查明：辖区内 1 家批发企业在明知其中 47 间零售商铺无烟花爆竹经营（零售）许可证的情况下仍向其供应烟花爆竹，总销售金额达 69 万余元；57 间烟花爆竹零售商铺在未取得烟花爆竹经营（零售）许可证的情况下在店内销售烟花爆竹。上述违规经营烟花爆竹的行为存在极大的安全隐患，危及人民群众生命财产安全。根据《中华人民共和国安全生产法》《烟花爆竹安全管理条例》等相关规定，阳山县应急管理部门和属地人民政府等行政机关作为安全生产监督管理部门，均未依法全面履行各自的监管职责，导致公共安全隐患持续存在。

2.行政检察助力依法行政，维护行政相对人合法权益和法律权威。在行政检察方面，阳山县检察院查明：2021 年底，阳山县内共有 75 间商户向阳山县行政服务中心递交申请材料，申请核发烟花爆竹经营（零售）许可证。阳山县应急管理部门在受理行政相对人的申请后，未在《行政许可法》《烟花爆竹安全管理条例》《烟花爆竹经营许可实施办法》《广东省安全生产监督管理局关于烟花爆竹经营许可的实施细则》等相关法律法规和文件规定的 20 个工作日的审批期限内完成审批工作，存在违法情形，侵害了行政相对人的合法权益，有损法律权威。

3.公开听证讲事实、摆证据，检察建议督促整改。阳山县检察院在查明案件事实后及时召开公开听证会，现场邀请了人大代表、政协委员作为听证员参与案件评议。听证会上，阳山县检察院不仅讲事实、摆证据，还与相关行政机关共同研究解决监管执法中的难题，推动各方达成协作意见，明确监管责任，形成监管合力。行政机关参会代表在总结发言时表示，对检察机关认定的事实无异议，感谢检察机关及时发现监管问题、监督其依法履职。

听证会后，阳山县检察院充分参考听证意见，向阳山县应急管理部门、供销部门以及属地人民政府等 14 个行政机关现场宣告送达了检察建议书。

📖 办案成效

1. 数字检察显著提升办案质效。阳山县检察院运用数字化调查手段，发现个案审查中难以发现的类案共性问题，通过梳理分析，快速找到异常点，查明案件事实，提高监督质效。在数据比对中发现多达 58 间商户存在违规批发或销售烟花爆竹情形，阳山县应急管理部门对 75 间商户申请合法许可证存在超期审批的情形，以类案监督提升检察建议刚性，促使检察办案质效得到有力提升。2022 年 12 月，利用该模型办理的案件获评"广东省人民检察院、广东省应急管理厅联合发布安全生产领域刑事犯罪和公益诉讼典型案例"。

2. 检察融合助推违法行为全方位整改。阳山县检察院注重关联数据的应用，充分发挥检察融合理念，在调查核实过程中既对烟花爆竹行业存在的安全生产隐患情形进行排查，又对行政许可审批中的行政违法行为进行调查，真正实现公益诉讼与行政检察案件线索同步发现、协同办理。检察机关以检察融合对烟花爆竹行业审批、批发、销售等多环节开展全面监督，推动行政机关全方位整改，对烟花爆竹行业进行全链条治理。

3. 检察建议、跟进调查促进行业整治。对违规批发、销售烟花爆竹以及行政机关超期审批等问题，阳山县检察院向负有监管职责的行政机关制发检察建议，建议纠正违法行为。收到阳山县检察院的检察建议后，行政机关高度重视、积极履职，迅速组织整改落实。一是依法对涉案企业、商店进行行政处罚，对相关人员进行约谈以及批评教育。二是印发《阳山县烟花爆竹销售旺季专项检查工作方案》，成立专项工作领导小组，对全县危化品经营、烟花爆竹批发企业及零售店开展岁末年初安全生产执法检查，共出动人数 548 人次，出动执法车辆 241 驾次，检查烟花爆竹行业 86 家，责令现场整改和限期整改安全隐患情况 97 次，查处 28 起非法运输、储存、经营烟花爆竹的违法行为，收缴烟花爆竹约 1530 箱（件）。三是加强安全生产宣传教育，向县直有关单位及乡镇发出《关于加强全县烟花爆竹安全监管的提醒函》，通报相关情况。

阳山县检察院组织干警对全县烟花爆竹专项整治情况进行跟进调查，发现部分零售商已经通过正规程序申领了烟花爆竹经营（零售）许可证，其余无证商户未再销售烟花爆竹，全县烟花爆竹经营市场得到较好规范，社会公益得到有效保护。2023 年 2 月，阳山县检察院向阳山县应急管理局调取 2023 年阳山县持有烟花爆竹经营（零售）许可证情况表，发现有 50 间烟花爆竹零售商户均已持有 2023 年全年有效的许可证。

📖 法律法规依据

1.《中华人民共和国行政许可法》第四十二条第一款　除可以当场作出行政许可决定的外，行政机关应当自受理行政许可申请之日起二十日内作出行政许可决定。二十日内不能作出决定的，经本行政机关负责人批准，可以延长十日，并应当将延长期限的理由告知申请人。但是，法律、法规另有规定的，依照其规定。

2.《中华人民共和国安全生产法》第十条　国务院应急管理部门依照本法，对全国安全生产工作实施综合监督管理；县级以上地方各级人民政府应急管理部门依照本法，对本行政区域内安全生产工作实施综合监督管理。

国务院交通运输、住房和城乡建设、水利、民航等有关部门依照本法和其他有关法律、行政法规的规定，在各自的职责范围内对有关行业、领域的安全生产工作实施监督管理；县级以上地方各级人民政府有关部门依照本法和其他有关法律、法规的规定，在各自的职责范围内对有关行业、领域的安全生产工作实施监督管理。对新兴行业、领域的安全生产监督管理职责不明确的，由县级以上地方各级人民政府按照业务相近的原则确定监督管理部门。

应急管理部门和对有关行业、领域的安全生产工作实施监督管理的部门，统称负有安全生产监督管理职责的部门。负有安全生产监督管理职责的部门应当相互配合、齐抓共管、信息共享、资源共用，依法加强安全生产监督管理工作。

第六十三条　负有安全生产监督管理职责的部门依照有关法律、法规的规定，对涉及安全生产的事项需要审查批准（包括批准、核准、许可、注册、认证、颁发证照等，下同）或者验收的，必须严格依照有关法律、法规和国家标准或者行业标准规定的安全生产条件和程序进行审查；不符合有关法律、法规和国家标准或者行业标准规定的安全生产条件的，不得批准或者验收通过。对未依法取得批准或者验收合格的单位擅自从事有关活动的，负责行政审批的部门发现或者接到举报后应当立即予以取缔，并依法予以处理。对已经依法取得批准的单位，负责行政审批的部门发现其不再具备安全生产条件的，应当撤销原批准。

3.《烟花爆竹安全管理条例》第十九条第二款、第三款　申请从事烟花爆竹零售的经营者，应当向所在地县级人民政府安全生产监督管理部门提出申请，并提供能够证明符合本条例第十八条规定条件的有关材料。受理申请的安全生产监督管理部门应当自受理申请之日起20日内对提交的有关材料和经营场所进行审查，对符合条件的，核发《烟花爆竹经营（零售）许可证》；对不符合条件的，应当说明理由。

《烟花爆竹经营（零售）许可证》，应当载明经营负责人、经营场所地址、经营期限、烟花爆竹种类和限制存放量。

第二十条　从事烟花爆竹批发的企业，应当向生产烟花爆竹的企业采购烟花爆竹，向从事烟花爆竹零售的经营者供应烟花爆竹。从事烟花爆竹零售的经营者，应当向从事烟花爆竹批发的企业采购烟花爆竹。

从事烟花爆竹批发的企业、零售经营者不得采购和销售非法生产、经营的烟花爆竹。

从事烟花爆竹批发的企业，不得向从事烟花爆竹零售的经营者供应按照国家标准规定应由专业燃放人员燃放的烟花爆竹。从事烟花爆竹零售的经营者，不得销售按照国家标准规定应由专业燃放人员燃放的烟花爆竹。

4.《烟花爆竹经营许可实施办法》第五条第一款、第五款 烟花爆竹经营许可证的颁发和管理，实行企业申请、分级发证、属地监管的原则。

县级人民政府安全生产监督管理部门（以下简称县级安全监管局，与市级安全监管局统称发证机关）负责本行政区域内零售经营布点规划与零售许可证的颁发和管理工作。

第十九条 发证机关应当自受理申请之日起20个工作日内作出颁发或者不予颁发零售许可证的决定，并书面告知申请人。对决定不予颁发的，应当书面说明理由。

第二十一条 零售许可证的有效期限由发证机关确定，最长不超过2年。零售许可证有效期满后拟继续从事烟花爆竹零售经营活动，或者在有效期内变更零售点名称、主要负责人、零售场所和许可范围的，应当重新申请取得零售许可证。

第二十二条第二款、第三款 批发企业不得向未取得零售许可证的单位或者个人销售烟花爆竹，不得向零售经营者销售礼花弹等应当由专业燃放人员燃放的烟花爆竹；从事黑火药、引火线批发的企业不得向无《烟花爆竹安全生产许可证》的单位或者个人销售烟火药、黑火药、引火线。

零售经营者应当向批发企业采购烟花爆竹，不得采购、储存和销售礼花弹等应当由专业燃放人员燃放的烟花爆竹，不得采购、储存和销售烟火药、黑火药、引火线。

第三十一条　对未经许可经营、超许可范围经营、许可证过期继续经营烟花爆竹的，责令其停止非法经营活动，处 2 万元以上 10 万元以下的罚款，并没收非法经营的物品及违法所得。

第三十二条第一款第十项　批发企业有下列行为之一的，责令其限期改正，处 5000 元以上 3 万元以下的罚款：（十）向未取得零售许可证的单位或者个人销售烟花爆竹的。

5.**《烟花爆竹生产经营安全规定》第二条**　烟花爆竹生产企业（以下简称生产企业）、烟花爆竹批发企业（以下简称批发企业）和烟花爆竹零售经营者（以下简称零售经营者）的安全生产及其监督管理，适用本规定。

生产企业、批发企业、零售经营者统称生产经营单位。

第四条　县级以上地方人民政府安全生产监督管理部门按照属地监管、分类分级负责的原则，对本行政区域内生产经营单位安全生产工作实施监督管理。

地方各级人民政府安全生产监督管理部门在本级人民政府的统一领导下，按照职责分工，会同其他有关部门依法查处非法生产经营烟花爆竹行为。

第十三条第二款　生产经营单位应当严格按照安全生产许可或者经营许可批准的范围，组织开展生产经营活动。禁止在许可证载明的场所外从事烟花爆竹生产、经营、储存活动，禁止许可证过期继续从事生产经营活动。禁止销售超标、违禁烟花爆竹产品或者非法烟花爆竹产品。

6.**《广东省安全生产监督管理局关于烟花爆竹经营许可的实施细则》第四条第一款、第四款**　烟花爆竹经营许可证的颁发和管理，实行企业申请、分级发证、属地监管的原则。

县（市、区）级人民政府安全生产监督管理部门（以下简称县级发证机关）负责本行政区域内零售经营布点规划与零售许可证的颁发和管理工作。

第二十三条 发证机关应当自受理申请之日起 20 个工作日内作出颁发或者不予颁发零售许可证的决定，并书面告知申请人。对决定不予颁发的，应当书面说明理由。

第二十五条 零售许可证的有效期限由发证机关确定，最长不超过 2 年。零售许可证有效期满后拟继续从事烟花爆竹零售经营活动，或者在有效期内变更零售点名称、主要负责人、零售场所和许可范围的，应当重新申请取得零售许可证。

五、生猪养殖违法取水类案监督

◇ 连州市人民检察院

📖 关键词

行政公益诉讼　生猪养殖　违规取水　社会治理

📖 要旨

针对养殖场违法取水的情形，检察机关充分运用"数字赋能＋科技助力"手段，精准高效发现、核实违法取水案件线索。通过公益诉讼检察职能督促相关部门联合整治，推动养殖场违规取水问题的系统治理、源头治理、综合治理。

📖 基本情况

生猪养殖用水量大、对水质要求高，部分养殖场会以水井的方式抽取地下水或从水源地引水进行养殖。养殖场未按规定办理取水许可证等手续即大量取用地表水、地下水，违反了《水法》《广东省实施〈中华人民共和国水法〉办法》等相关规定，危害水土平衡和水土生态安全。2023 年 5 月，连州市检察院发现辖区内的规模生猪养殖场普遍存在违规抽取地下水或溪水等地表水的行为，通过构建大数据法律监督模型，对养殖场存栏数量、自来水用水量、取水许可证等数据进行归集、筛选、比对、碰撞，精准锁定 24 家涉嫌违规取水的养殖场。连州市检察院以行政公益诉讼推动行政执法部门联合整治，督促引导生猪养殖场合理利用水资源，推动本地生猪养殖行业有序规范发展。

📖 线索发现

2023 年 5 月，连州市检察院在履职中发现，某生猪养殖场存在未依法办理取水许可证即大量抽取地下水进行生产经营活动的情形。经走访调查发现，市内其他生猪养殖场也存在同类情形。连州市检察院分析认为，有必要运用数字化调查手段，锁定违法取水用水的生猪养殖场，实现精准监督。

📖 数据分析方法

数据来源

1.辖区内登记在册的生猪养殖场清单、畜禽养殖登记备案表（源于农业农村局）；

2.已取得取水许可证的养殖场清单（源于水利局）；

3.养殖场自来水用量数据（源于自来水公司）。

数据分析关键词

根据《广东省实施〈中华人民共和国水法〉办法》第 21 条第 1 款规定："利用取水工程或者设施直接从江河、湖泊、水库或者地下取用水资源的，应当向审批机关申请领取取水许可证。"第 23 条规定："家庭生活和零星散养、圈养畜禽饮用等月取水二百立方米以下，以及农业灌溉、水产养殖年取地表水十万立方米以下的，不需要申请领取取水许可证。"据此，月取水量 200 立方米（经换算约为 20 万升）以上的养殖场，需要办理取水许可证。根据《广东省用水定额》标准，饲养一头生猪每日的用水定额通用值为 45 升，先进值为 30 升（以有利于企业的计算方式，用水定额取先进值）。理论上，饲养超过 223 头生猪的养殖场每月用水量超过 200 立方米，需要办理取水许可证。通过生猪养殖场清单，筛查出养殖生猪数量大于 223 头的养殖场，根据其实际养殖数量推算其理论用水量，与用水数据、取水许可证清单进行比对，筛查发现疑似非法取水的案件线索，经现场核实，可精准锁定非法取水养殖场。

数据分析步骤

第一步：向农业农村局调取辖区内登记在册的生猪养殖场清单、畜禽养殖登记备案表，确定生猪养殖场存栏数。用电子表格筛选出生猪存栏数大于 223 头的养殖场，形成清单一。

第二步：用清单一中的养殖场的存栏数，以每头生猪每日用水 30 升的标准，计算出养殖场每月的理论用水量，形成清单二。

第三步：向自来水公司调取养殖场的自来水用量数据，形成清单三。

第四步：以养殖场名称为关键词，将清单二理论用水量减去清单三自来水用量，计算所得的差额即为养殖场可能取用地下水或地表水的月取水量数据，再次筛选出地下水或地表水月取水量大于 200 立方米的养殖场信息，形成清单四。

第五步：向水利局调取本地区已办理取水许可证的企业清单，形成清单五。与清单四的养殖场进行比对，筛查出的未办理取水许可证的养殖场即为疑似非法取水养殖场的线索。

第六步：现场核实，排除农村集体经济组织及其成员使用本集体经济组织的水塘、水库中的水的情形，精准锁定辖区内生猪养殖场非法取水线索。现场同步筛查违规处置生猪粪便、未如实填报建设项目环境影响登记表的案件线索。

思维导图

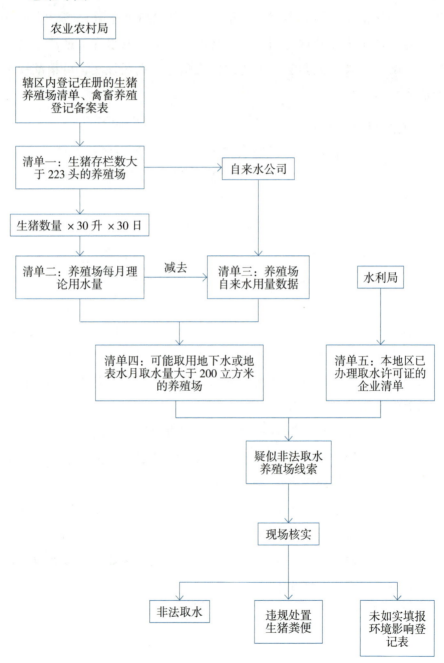

农业农村局

辖区内登记在册的生猪养殖场清单、禽畜养殖登记备案表

清单一：生猪存栏数大于223头的养殖场

自来水公司

生猪数量 ×30升 ×30日

清单二：养殖场每月理论用水量

减去

清单三：养殖场自来水用量数据

水利局

清单四：可能取用地下水或地表水月取水量大于200立方米的养殖场

清单五：本地区已办理取水许可证的企业清单

疑似非法取水养殖场线索

现场核实

非法取水

违规处置生猪粪便

未如实填报环境影响登记表

📖 检察履职情况

1. 数字建模分析，精准发现异常线索。连州市检察院先后向农业农村局调取生猪养殖场清单、畜禽养殖登记备案表，确定生猪养殖存栏数；向自来水公司调取养殖场自来水用水数据；向水利局调取生猪养殖场取得取水许可证的数据，形成数字建模所需的数据资源库。通过构建生猪养殖场违法取水类案监督模型，智能筛选、比对、碰撞信息，比对理论用水量、自来水用水量、取水许可证等数据，精准输出24条非法取水监督线索。

2. 运用科技手段，调查核实违法事实。筛查出非法取水的监督线索后，连州市检察院注重发挥科技赋能作用，使用卫星地图（奥维互动地图）对养殖场周边环境进行分析研判，研究取水点所在位置，确定重点调查区域，随即使用无人机对重点调查区域进行勘查，找到养殖场的具体取水点，确定此前发现的24家养殖场均取用了地下水和地表水。

3. 强化沟通协调，推动生态环境综合保护。为切实保护连州市水资源和水土生态环境安全，连州市检察院向连州市水利主管部门提供大量有效数据信息，并派员参与调查，协助水利主管部门进一步查清相关养殖场违法取水行为，督促依法办理取水许可证。推动行政机关加强对辖区内生猪养殖场的用水监管，引导促进生猪养殖场节约与合理利用水资源，保护水资源与生态环境。连州市检察院在现场勘查非法取水点时，同步收集了违规处置生猪废弃物污染环境的问题线索，及时启动调查核实工作，最终核实问题46个，依法对生态环境部门及属地人民政府立案调查，推动行政机关引导养殖户资源化利用生猪废弃物，实现生态环境保护和经济高质量发展双赢。

📖 办案成效

经磋商后，连州市水利主管部门即组织人员开展现场调查，快速核实 24 家生猪养殖场存在的问题，立即下发整改通知书督促养殖场进行整改，并召集 24 家生猪养殖场负责人集中开展培训、督导。截至目前，已清栏停营 3 家，改用自来水的 9 家，正在接入自来水管网 12 家。针对现场排查过程中发现的未按养殖规模填报建设项目环境影响登记表，违规处置、排放生猪废弃物污染环境的问题，办理公益诉讼案件 13 件，发出磋商函 13 份，督促 10 家养殖场按实际养殖规模重新填报建设项目环境影响登记表，督促 14 家养殖场完成违规处置、排放生猪废弃物污染环境问题整改。该案的成功办理推动了多个部门联合履职，引导帮助养殖场科学合法取水用水，宣传推广畜禽粪污资源化利用技术，对生态环境进行综合保护，努力守护生态环境和促进经济高质量发展。

📖 法律法规依据

1.《中华人民共和国水法》第十二条第四款　县级以上地方人民政府水行政主管部门按照规定的权限，负责本行政区域内水资源的统一管理和监督工作。

第四十八条第一款　直接从江河、湖泊或者地下取用水资源的单位和个人，应当按照国家取水许可证制度和水资源有偿使用制度的规定，向水行政主管部门或者流域管理机构申请领取取水许可证，并缴纳水资源费，取得取水权。但是，家庭生活和零星散养、圈养畜禽饮用等少量取水的除外。

2.《取水许可和水资源费征收管理条例》第二条　本条例所称取水，是指利用取水工程或者设施直接从江河、湖泊或者地下取用水资源。

取用水资源的单位和个人，除本条例第四条规定的情形外，都应当申请领取取水许可证，并缴纳水资源费。

本条例所称取水工程或者设施，是指闸、坝、渠道、人工河道、虹吸管、水泵、水井以及水电站等。

第四条　下列情形不需要申请领取取水许可证：

（一）农村集体经济组织及其成员使用本集体经济组织的水塘、水库中的水的；

（二）家庭生活和零星散养、圈养畜禽饮用等少量取水的；

（三）为保障矿井等地下工程施工安全和生产安全必须进行临时应急取（排）水的；

（四）为消除对公共安全或者公共利益的危害临时应急取水的；

（五）为农业抗旱和维护生态与环境必须临时应急取水的。

前款第（二）项规定的少量取水的限额，由省、自治区、直辖市人民政府规定；第（三）项、第（四）项规定的取水，应当及时报县级以上地方人民政府水行政主管部门或者流域管理机构备案；第（五）项规定的取水，应当经县级以上人民政府水行政主管部门或者流域管理机构同意。

3.《中华人民共和国畜牧法》第四十六条第一款　畜禽养殖场应当保证畜禽粪污无害化处理和资源化利用设施的正常运转，保证畜禽粪污综合利用或者达标排放，防止污染环境。违法排放或者因管理不当污染环境的，应当排除危害，依法赔偿损失。

4.《畜禽规模养殖污染防治条例》第十二条第一款　新建、改建、扩建畜禽养殖场、养殖小区，应当符合畜牧业发展规划、畜禽养殖污染防治规划，满足动物防疫条件，并进行环境影响评价。对环境可能造成重大影响的大型畜禽养殖场、养殖小区，应当编制环境影响报告书；其他畜禽养殖场、养殖小区应当填报环境影响登记表。大型畜禽养殖场、养殖小区的管理目录，由国务院环境保护主管部门商国务院农牧主管部门确定。

5.《广东省实施〈中华人民共和国水法〉办法》第二十一条第一款

利用取水工程或者设施直接从江河、湖泊、水库或者地下取用水资源的，应当向审批机关申请领取取水许可证。

第二十三条 家庭生活和零星散养、圈养畜禽饮用等月取水二百立方米以下，以及农业灌溉、水产养殖年取地表水十万立方米以下的，不需要申请领取取水许可证。

六、食品经营许可类案监督

◇ 清远市人民检察院

📖 **关键词**

行政公益诉讼　食品经营许可　数字检察　监督模型

📖 **要旨**

对于部分食品经营者未持有食品经营许可证或许可证过期仍违法从事食品经营等侵害公益问题，检察机关立足公益诉讼职能，多渠道获取数据，构建大数据法律监督模型，批量输出监督线索，精准发现类案背后的系统性、链条性治理漏洞，制发诉前检察建议督促行政机关依法履职，推动诉源治理，切实守护人民群众"舌尖上的安全"。

📖 **基本情况**

清远市检察院在履职中发现，清远市多家餐饮企业在未办理食品经营许可证或食品经营许可证过期的情况下仍继续开展食品经营活动，部分食品经营商家在网络食品交易第三方平台公示已过期失效的食品经营许可证等问题，侵害了消费者知情权，存在食品安全隐患，侵害了社会公共利益。清远市检察院经分析研判，认为依托当前信息技术条件，可以通过查询食品经营许可证审批清单、12345 政府服务热线等数据，建立大数据法律监督模型，对数据进行分析、比对，精准批量获取违法开展餐饮经营活动的监督线索。清远市检察院运用数字化监督手段，筛查发现食品安全相关监督线索 139 条，以检察建议等方式督促行政机关依法履职，消除食品安全隐患，系统治理食品安全痛点、难点问题。

📖 线索发现

2023 年 6 月，清远市检察院在履职中发现，某商家在网络食品交易第三方平台上公示的食品经营许可证已过期，但该商家还在正常营业。检察官结合检察机关过往办理的案件分析，认为该类现象并非个案，食品安全监管存在漏洞，有必要构建大数据法律监督模型，对食品安全问题进行系统治理。

📖 数据分析方法

数据来源

1. 食品经营许可审批清单（源于市场监督管理局）；
2. 食品安全的投诉清单（源于 12345 政府服务热线）；
3. 食品商家经营清单（源于网络食品交易第三方平台）。

数据分析关键词

通过将食品经营许可审批清单与 12345 政府服务热线关于食品安全的投诉清单进行比对，筛查发现无证从事食品经营活动的监督线索，进一步利用网络食品交易第三方平台核实商家经营信息，筛查发现商家未公示食品经营许可证的监督线索。通过梳理食品经营许可审批清单，形成食品经营许可证已过期信息清单，与网络食品交易第三方平台的商家经营信息进行比对，筛查发现食品经营许可已过期，但商家尚在从事网络食品经营活动或公示过期食品经营许可证的监督线索。

数据分析步骤

第一步：从市场监督管理局调取食品经营许可审批清单，形成清单一。

第二步：从清单一中梳理出食品经营许可已过有效期的商家清单信息，形成清单二。

第三步：从 12345 政府服务热线筛选出关于食品安全的投诉意见，提取被投诉的商家信息，形成清单三。

第四步：将清单一与清单三进行比对，筛选出被投诉的无食品经营许可证但在从事食品经营活动的商家信息，形成清单四。

第五步：将清单四筛查出的商家与网络食品交易第三方平台上的商家进行比对，输出的为未办理食品经营许可但在从事食品经营的商家的监督线索。

第六步：将清单二筛查出的商家信息，与网络食品交易第三方平台上的商家进行比对，筛查出正常经营的商家，输出的线索为食品经营许可证已过期仍在从事食品经营的商家线索。

第七步：同步核实上述商家在网络食品交易第三方平台上公示的食品经营许可证信息，筛查未公示食品经营许可证、食品经营许可证已过有效期的监督线索。

思维导图

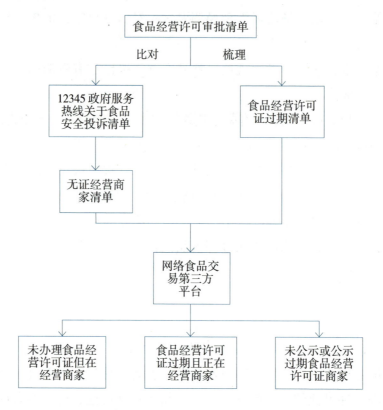

📖 检察履职情况

1. 强化数字赋能，提升监督广度。2023 年 6 月，清远市检察院构建了食品经营许可类案监督模型，从市场监督管理部门调取了食品经营许可信息审批清单、从 12345 政府服务热线上收集整理了群众对食品安全问题的举报投诉信息，从互联网收集了网络食品交易第三方平台的商家经营信息。通过对数据进行清洗、分析、比对，深度挖掘出数据中有监督价值的信息，初步排查发现 139 条监督线索，涉及无证经营、过期经营食品等方面的食品安全问题。

2. 强化组织领导，提升监督刚性。经分析研判，清远市检察院认为群众在 12345 政府服务热线针对食品安全投诉较多，投诉涉及清城、清新等 6 个县（市、区），群众反映较为强烈。针对上述情况，清远市检察院决定由分管副检察长承办该案，以示对该案的重视，提高行政机关的履职积极性。6 月 16 日，清远市检察院对市场监督管理部门立案调查。经调查，检察官办案组认定行政机关未履行监督管理职责，致使食品安全隐患持续存在。检察官办案组分类整理 139 条线索，加强证据调查收集，精准发现食品安全问题的产生根源，同时规范文书写作，充分释法说理，有针对性地提出检察建议，提升检察建议监督刚性。6 月 17 日，清远市检察院向市场监督管理部门送达检察建议。

3. 强化协同履职，提升监督效能。检察建议发出后，清远市检察院根据与市场监督管理部门签订的协作配合机制，及时跟进建议落实情况。结合近年来清远市食品经营环节食品安全监管情况，与市场监督管理部门共同研究食品领域的监管难点和源头治理对策，确保整改落实到位、监督取得实效。

📖 办案成效

1. 推动行政机关全面整改存在问题。市场监督管理部门收到检察建议后，高度重视，召开专题会议组织落实。下发《关于核查食品经营单位有关问题的通知》，对检察建议提出的 139 条线索逐条核实，迅速推动问题整改。在行政机关整改完毕后，清远市检察院邀请"益心为公"志愿者参与到案件的跟进调查中，对部分月子中心、酒楼等食品经营单位现场进行跟进调查，现场对行政机关的履职情况进行评估。经评估，市场监督管理部门已采取全面措施依法履职，食品安全隐患已消除，整改情况获志愿者、承办检察官的一致认可。

2. 推动行政机关对食品安全问题进行全方位治理。市场监督管理部门印发《餐饮环节安全隐患专项整治工作方案》，组织力量对月子中心、早餐店、宵夜店等重点单位进行整治，严查违法违规餐饮经营行为。为进一步推进专项行动落实，由局领导带队组成 3 个督导检查小组，对全市市场监管部门开展实地督导检查，确保专项行动取得实效。专项行动期间，全市组织 1667 人次，检查餐饮服务单位 2404 户次，查处无证经营 6 户，发出责令整改通知书 18 份，约谈食品经营者 10 户次，查处案件 48 件，罚没 13.0098 万元，移送司法机关案件 1 件，移交使用燃气、用电不安全线索 36 条，受理和处理消费者投诉和举报 323 件。

3.推动行政机关创新食品安全宣传方式。为进一步落实检察建议中加强食品安全宣传的建议，市场监督管理部门创新开展网络直播"查餐厅"活动，邀请市人大代表、政协委员和市民代表全程参加，网络点击量达到 7.33 万人次，推动食品安全意识在群众中落地生根。

📖 法律法规依据

1.《中华人民共和国食品安全法》第六条第二款　县级以上地方人民政府依照本法和国务院的规定，确定本级食品安全监督管理、卫生行政部门和其他有关部门的职责。有关部门在各自职责范围内负责本行政区域的食品安全监督管理工作。

第一百二十二条第一款　违反本法规定，未取得食品生产经营许可从事食品生产经营活动，或者未取得食品添加剂生产许可从事食品添加剂生产活动的，由县级以上人民政府食品安全监督管理部门没收违法所得和违法生产经营的食品、食品添加剂以及用于违法生产经营的工具、设备、原料等物品；违法生产经营的食品、食品添加剂货值金额不足一万元的，并处五万元以上十万元以下罚款；货值金额一万元以上的，并处货值金额十倍以上二十倍以下罚款。

2.《网络餐饮服务食品安全监督管理办法》第三条第二款　县级以上地方食品药品监督管理部门负责本行政区域内网络餐饮服务食品安全监督管理工作。

第四条　入网餐饮服务提供者应当具有实体经营门店并依法取得

食品经营许可证，并按照食品经营许可证载明的主体业态、经营项目从事经营活动，不得超范围经营。

第九条　网络餐饮服务第三方平台提供者和入网餐饮服务提供者应当在餐饮服务经营活动主页面公示餐饮服务提供者的食品经营许可证。食品经营许可等信息发生变更的，应当及时更新。

3.《广东省食品安全条例》第五条第一款　县级以上人民政府食品安全监督管理部门负责本行政区域内食品生产经营活动的监督管理。

4.《广东省食品药品监督管理局关于网络食品监督的管理办法》第四条　第三方平台提供者、入网食品生产经营者应当遵守国家、本省有关食品安全法律、法规、规章和本办法的规定从事网络食品经营活动，保证食品安全，诚信自律，对社会和公众负责，接受社会监督，承担社会责任。

第五条第二款　县级以上食品药品监督管理部门按照事权划分负责管辖范围内的网络食品经营食品安全监督管理工作。

第二十九条第一款　入网食品生产经营者应当依法取得《食品生产许可证》或《食品经营许可证》。

第三十条　入网食品生产经营者和自建交易网站的食品生产经营者应当在其经营活动主页面显著位置公示其食品生产经营许可证。自建交易网站的食品生产经营者还应当公示营业执照。

七、督促保护水资源检察融合监督

◇ 英德市人民检察院

📖 **关键词**

混凝土公司　非法取水　水资源费　融合监督　水资源保护

📖 **要旨**

检察机关贯彻落实数字检察工作理念，创建混凝土公司非法取水法律监督模型，通过筛选、分析、碰撞多方数据，发现混凝土公司非法取水损害社会公共利益乱象及水利主管部门未依法及时履职的问题。检察机关通过座谈磋商、制发检察建议等方式，推动水利主管部门依法查处非法取水行为并追缴水资源费，促进市场主体依法有序开展经营活动，优化法治化营商环境建设，强化水资源保护，有力推动建设绿美清远。

📖 **基本情况**

经"检察＋网格"平台网格员反映，英德市某混凝土公司存在私自加装抽水装置抽取地下水用于生产的违法行为。英德市检察院充分运用大数据赋能法律监督，创建混凝土公司非法取水检察融合监督模型，最终发现英德市某混凝土公司等15家公司未经批准擅自取水用于生产预搅拌混凝土。监督过程中另发现水利主管部门仅向相关公司发出责令停止违法行为通知书和责令整改通知书，未依法立案并作出行政处罚。

📖 线索发现

2022 年 9 月，英德市检察院行政检察部门在检察履职中发现，"检察 + 网格"平台上有网格员反映英德市某混凝土公司存在私自加装抽水装置抽取地下水用于生产行为，英德市检察院综合英德混凝土行业发展状况和水域分布情况，经分析研判认为，混凝土公司非法取水行为并非个案，而且采取传统的现场走访调查方式难以对非法取水乱象开展全面整治，有必要通过数字化法律监督开展专项治理。

📖 数据分析方法

数据来源

1. 市内在营混凝土公司清单（源于市场监督管理部门与住建部门）；

2. 混凝土公司销项清单（源于税务部门）；

3. 混凝土公司用水记录（源于自来水公司）；

4. 混凝土公司地下水取水许可量（源于水利主管部门）；

5.《广东省用水定额标准（工业部分）》（DB44/T 1461.2—2021）（源于广东省水利厅）。

数据分析关键词

累计自来水公司记录混凝土公司的用水量、混凝土公司的地下水取水许可量，确定实际支付费用的用水量；用年度销售混凝土量乘以每吨混凝土用水定额，估算出混凝土公司理论用水量。

数据分析步骤

第一步：确定监督对象。为保证数据准确，分别向市场监督管理部门、住建部门调取在营混凝土公司清单，将两个清单进行碰撞对比，确定目前正常营业的混凝土公司。

第二步：估算混凝土公司理论用水量。向税务部门调取混凝土公司的销项清单，统计销项清单中销售预搅拌水泥的总量，再将总量乘以每吨混凝土用水定额，估算出混凝土公司理论用水量。

第三步：确定混凝土公司实际用水量。将从自来水公司调取的记录混凝土公司用水量和水利主管部门调取的记录混凝土公司地下水取水许可量相加，确定混凝土公司实际用水量。

第四步：智能比对监督线索。运用表格函数功能，将混凝土公司实际用水量与理论用水量进行比对，若差值超过 50% 则判定该混凝土公司存在非法取水嫌疑。

思维导图

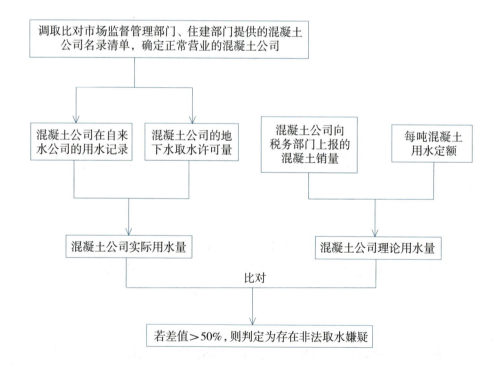

📖 检察履职情况

英德市检察院向税务部门、水利主管部门、市场监督管理部门、住建部门、自来水公司调取本市在营的混凝土公司清单、销项清单、混凝土公司用水记录、地下水取水许可记录等数据，并将各项数据进行比对，得出混凝土公司理论用水量和实际用水量，再将理论用水量和实际用水量作比对，最终筛选出存在非法取水嫌疑的混凝土公司。

囿于抽水设备小型化、难以发现等问题，英德市检察院联合住建部门先后到辖区内在营混凝土公司进行实地走访调查，发现共有15家混凝土公司存在非法取水的情形。此外，英德市检察院调取水利主管部门近年来关于混凝土公司的执法检查台账后，发现水利主管部门仅向相关公司发出责令停止违法行为通知书和责令整改通知书，未立案并作出行政处罚决定，存在未全面履行法定职责的情形。

英德市检察院经审查认为，15家混凝土公司未经批准擅自取水，损害了国家利益和社会公共利益，水利主管部门发现此违法情形后仅发出责令停止违法行为通知书和责令整改通知书，未依法立案并作出行政处罚，存在不当。由此，英德市检察院与水利主管部门召开磋商座谈会，并依法开展行政公益诉讼监督和行政检察监督，制发类案检察建议书，建议其对相关公司违法取水行为进行调查，依法作出相应处理，并全面排查辖区内未经批准擅自取水的行为，加大普法宣传及日常巡查力度，强化对水资源的保护。

水利主管部门采纳了全部监督意见，迅速召开专项整治工作会议，依法立案调查并对15家公司作出共计人民币30万元的行政处罚，督促涉案公司及时办理取水许可手续，对于城市公共自来水管网已覆盖并满足用水需求的公司，拆除其取水设施及封填地下井。另根据各公司用水情况，结合第三方公司核量数据，对15家混凝土公司共征收约10万元水资源费。后续，水利主管部门积极开展水资源有偿使用、规范取用水、节约用水专题宣传活动，强化社会公众保护水资源意识。

📖 办案成效

1.活用数字检察思维，发掘数据背后的监督"富矿"。贯彻落实数字检察工作理念，有效将执法机关等各类主体数据之间的逻辑关系重新串联，从而发掘出数据背后所隐藏的监督"富矿"，为检察机关发现深层次、全方位的监督线索提供新的切入点。通过理顺各行政部门数据之间的逻辑关系后搭建法律监督模型，全面发现存在非法取水重大嫌疑的混凝土公司，从而全面整治混凝土公司隐蔽的非法取水乱象。

2.引导公司守法合规经营，依法护航法治化营商环境。混凝土产业作为英德重要经济支柱产业之一，保障混凝土公司合规经营系坚持服务大局，保障民生，护航民营公司健康发展的重要体现。经检察履职监督，水利主管部门在对违法公司作出处罚和征收水资源费后，积极引导公司依法办理取水许可批准手续，安装取水计量设施，规范混凝土公司经营行为，进而更好更实服务省委"百县千镇万村高质量发展工程"，营造法治化营商环境，助力英德经济高质量发展。

3.助力保护地下水资源，服务"绿美清远"生态建设。未获许可抽取地下水，破坏了国家取水许可制度、水资源有偿使用制度以及水行政管理秩序，导致水资源大量流失，可能造成地面沉降、水资源枯竭的隐患，破坏区域的生态环境。检察机关发挥数字赋能检察监督，有效整治混凝土行业非法取水乱象，筑牢生态司法屏障，为绿美清远建设贡献检察力量。

📖 法律法规依据

1.《中华人民共和国水法》第六十九条　有下列行为之一的，由县级以上人民政府水行政主管部门或者流域管理机构依据职权，责令停止违法行为，限期采取补救措施，处二万元以上十万元以下的罚款；情节严重的，吊销其取水许可证：

（一）未经批准擅自取水的；

（二）未依照批准的取水许可规定条件取水的。

2.《取水许可和水资源费征收管理条例》第二条　本条例所称取水，是指利用取水工程或者设施直接从江河、湖泊或者地下取用水资源。

取用水资源的单位和个人，除本条例第四条规定的情形外，都应当申请领取取水许可证，并缴纳水资源费。

本条例所称取水工程或者设施，是指闸、坝、渠道、人工河道、虹吸管、水泵、水井以及水电站等。

八、自然资源领域行刑反向衔接类案监督

◇ 连州市人民检察院

关键词

行政违法行为监督　刑事不起诉　行政处罚　检察建议　行刑反向衔接

要旨

反向衔接是行刑双向衔接制度的重要内容，但在实践中，行政机关普遍对反向衔接不够重视，存在行政机关未依法跟进作出行政处罚和移送犯罪线索后继续作出行政处罚的问题。针对上述问题，检察机关深入运用大数据赋能法律监督，通过获取全国检察业务应用系统不起诉案件数据和行政执法数据，构建自然资源领域行刑反向衔接类案监督模型，对行政部门在落实反向衔接制度中存在的不当行为开展行政违法行为监督，制发检察建议督促其依法规范履职，以检察能动履职助力社会治理。

基本情况

2021 年底，清远市检察院指定连州市检察院为行政违法行为监督工作试点单位。2022 年初，连州市检察院在办理某非法占用农用地不起诉案件中发现，检察机关在作出不起诉决定后，按照有关法律法规规定向有执法权的行政机关发出检察意见书，督促其依法作出行政处罚，但有关行政机关未及时跟进履职。连州市检察院结合连州市本地

实际，聚焦自然资源领域依法开展检察监督。通过调取相关行政执法信息，并与全国检察业务应用系统数据碰撞，精准发现一批不起诉后行政机关未依法跟进作出行政处罚的监督线索，推动行刑反向衔接制度有效落实，切实维护法律权威。

📖 线索发现

连州市检察院在办理某矿业有限公司非法占用农用地一案中，因涉案企业具有犯罪情节轻微、认罪悔罪态度好、积极采取复绿措施等从轻情节，依法作出了不起诉决定，并向林业主管部门发出检察意见书，建议其依据《行政处罚法》等相关法律规定进行查处，将处理结果及时通报检察机关。但林业主管部门未按照检察意见书依法跟进作出行政处罚，导致被不起诉的非法占地行为人"逍遥法外"，行刑反向衔接制度被虚置空转，有损法律权威。

刑事上无责不代表行政上无责。对于刑行交叉案件，如果衔接机制不完善，容易出现处罚真空或处罚不规范问题，损害司法执法权威。连州市检察院经综合研判后认为，该类问题在连州较为普遍，有必要开展类案监督。同时还发现，除土地领域外，在矿产资源领域也存在相关问题。为切实推动自然资源领域行刑反向衔接制度有效落实，亟须通过大数据法律监督予以治理。

📖 数据分析方法

数据来源

1. 非法占用农用地、非法采矿（砂）不起诉案件信息（源于全国检察业务应用系统）；

2. 非法占用农用地、非法采矿（砂）行政处罚信息（源于广东省行政执法信息公示平台）；

3. 非法占用农用地行政处罚信息（源于林业主管部门）；

4.非法采矿行政处罚信息（源于自然资源主管部门）；

5.非法采砂行政处罚信息（源于水利主管部门）；

6.非法占用农用地、非法采矿（砂）行政处罚信息（源于乡镇人民政府）。

数据分析关键词

通过调取全国检察业务应用系统数据、广东省行政执法信息公示平台行政处罚信息、林业主管部门、自然资源主管部门、水利主管部门、乡镇人民政府行政执法台账及相关行政处罚决定书，形成电子表格清单，经表格数据碰撞比对，排查出行政机关对不起诉案件怠于跟进作出行政处罚，以及移送犯罪线索后继续作出行政处罚等监督线索，依法开展行政违法行为监督。

数据分析步骤

第一步：调取广东省行政执法信息公示平台、林业主管部门、自然资源主管部门、水利主管部门、乡镇人民政府行政执法台账及行政处罚决定书，以"非法占用农用地""非法采矿""非法采砂"等为关键词，提取案件名称、被行政处罚人身份信息（居民身份证号码或企业统一社会信用代码）、行政处罚内容、行政处罚日期等信息，形成行政处罚案件电子表格清单。

第二步：从全国检察业务应用系统导出已发出检察意见书的非法占用农用地、非法采矿不起诉案件中的被不起诉人身份信息（公民身份证号码或企业统一社会信用代码）、作出不起诉决定日期、检察意见书发出日期、行政机关将涉嫌犯罪案件移送公安机关日期等信息，形成不起诉案件电子表格清单。

第三步：运用 VLOOKUP 函数，将行政处罚案件电子表格清单与不起诉案件电子表格清单的数据进行碰撞，首先比对被不起诉人身份信息，查看其是否已被行政处罚。若已被处罚，则进一步比对不起诉决定日期、检察意见书发出日期、行政机关将涉嫌犯罪案件移送公安机关日期，筛查出行政机关将案件移送公安机关时未作出行政处罚，在检察机关作出不起诉决定前却作出行政处罚的案件；若未被处罚，核查检察意见书发出日期是否已经超过 2 个月，筛查出行政机关怠于跟进作出行政处罚的监督线索。最后，对上述案件进行人工核实，依法开展行政违法行为监督。

思维导图

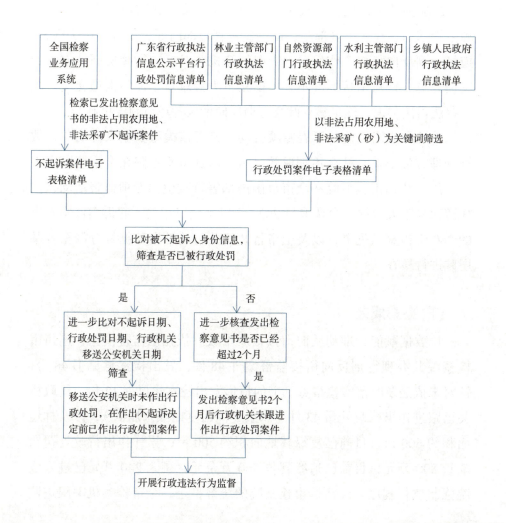

📖 检察履职情况

1.打破数据壁垒，唤醒"沉睡"数据。连州市检察院能动履职，与自然资源主管部门、水利主管部门、林业主管部门以及乡镇人民政府深入沟通并达成共识，促成相关部门配合提供相关数据。同时，该院充分运用内部数据，依托全国检察业务应用系统，由刑事检察部门梳理并向行政检察部门提供自2022年以来办结的所有不起诉案件清单。

2.加强外部协同，形成共治合力。连州市检察院通过走访自然资源主管部门、林业主管部门、市场监督管理部门等主要行政执法机关，摸排行刑反向衔接工作情况，听取行政机关对反向衔接机制等方面的反馈意见，针对衔接标准不一、衔接不力等难点，加强沟通交流，统一执法司法共识，逐步建立健全行刑反向衔接各环节制度机制。

3.推广应用经验，开展专项行动。鉴于该模型数据来源简单，数据处理方便快捷，社会治理成效显著，清远市检察院在全市范围内推广应用。清远市检察院在全市范围内部署行政检察专项监督活动，依托清远检察大数据平台调取自2022年以来全市相关不起诉案件中发出的280份检察意见书，以及全市行政机关行政处罚数据等分派至各基层院进行核查。

📖 办案成效

1.数据赋能，推动反向衔接提质增效。依托该监督模型，连州市检察院共办理行刑反向衔接监督案件48件，发出检察意见书48份，针对未依法及时落实检察意见书的情形发出检察建议书12份，行政机关已跟进作出行政处罚43件（剩余5件回复期限未届满），涉及林地面积约600亩，目前已复绿林地面积约500亩；累计作出行政处罚罚款近800万元，目前已追缴到位560万余元，剩余240万元已进入法院强制执行程序。经清远市检察院的统筹推进，全市检察机关跟进监督行政机关依法对 67 件不起诉案件跟进作出行政处罚，切实推动全市范围内行刑反向衔接工作规范落实。

2. 内外协同，形成长效机制。对内，连州市检察院建立不起诉案件反向衔接工作台账，细化工作流程，明确刑事检察部门和行政检察部门应有专人负责对接，确保数据及时更新、内部有序分工。对外，与自然资源主管部门联合签署《关于加强行政检察、刑事检察与自然资源行政执法衔接工作的意见（试行）》，进一步加强检察机关与自然资源主管部门的协助配合，切实加强行刑反向衔接。与林业主管部门、自然资源主管部门、水利主管部门、乡镇人民政府分别召开工作座谈会，经沟通达成共识，相关部门定期向连州市检察院提供相关行政执法台账和行政处罚决定书材料，推动行政处罚数据有序流通。

3. 拓展延伸，推动社会治理。该模型拓展性强，还可以延伸应用到道路交通安全、安全生产、知识产权保护等领域，督促行政机关跟进作出行政处罚，消除衔接不畅造成的执法"真空地带"，推动依法行政、严格执法，切实推动行刑反向衔接工作得到有效落实，将监督的势能转化为社会治理的效能。

📖 法律法规依据

1.《中华人民共和国刑法》第三十七条　对于犯罪情节轻微不需要判处刑罚的，可以免予刑事处罚，但是可以根据案件的不同情况，予以训诫或者责令具结悔过、赔礼道歉、赔偿损失，或者由主管部门予以行政处罚或者行政处分。

2.《中华人民共和国刑事诉讼法》第一百七十七条第三款　人民检察院决定不起诉的案件，应当同时对侦查中查封、扣押、冻结的财物解除查封、扣押、冻结。对被不起诉人需要给予行政处罚、处分或者需要没收其违法所得的，人民检察院应当提出检察意见，移送有关主管机关处理。有关主管机关应当将处理结果及时通知人民检察院。

3.《中华人民共和国行政处罚法》第二十七条　违法行为涉嫌犯罪的，行政机关应当及时将案件移送司法机关，依法追究刑事责任。对依法不需要追究刑事责任或者免予刑事处罚，但应当给予行政处罚的，司法机关应当及时将案件移送有关行政机关。

行政处罚实施机关与司法机关之间应当加强协调配合，建立健全案件移送制度，加强证据材料移交、接收衔接，完善案件处理信息通报机制。

4.《行政执法机关移送涉嫌犯罪案件的规定》第十三条　公安机关对发现的违法行为，经审查，没有犯罪事实，或者立案侦查后认为犯罪事实显著轻微，不需要追究刑事责任，但依法应当追究行政责任的，应当及时将案件移送同级行政执法机关，有关行政执法机关应当依法作出处理。

5.《最高人民检察院关于推进行政执法与刑事司法衔接工作的规定》第八条第一款　人民检察院决定不起诉的案件，应当同时审查是否需要对被不起诉人给予行政处罚。对被不起诉人需要给予行政处罚的，经检察长批准，人民检察院应当向同级有关主管机关提出检察意见，自不起诉决定作出之日起三日以内连同不起诉决定书一并送达。人民检察院应当将检察意见抄送同级司法行政机关，主管机关实行垂直管理的，应当将检察意见抄送其上级机关。

6.国务院法制办等部门《关于加强行政执法与刑事司法衔接工作的意见》第一点第三项　行政执法机关向公安机关移送涉嫌犯罪案件……未作出行政处罚决定的，原则上应当在公安机关决定不予立案或者撤销案件、人民检察院作出不起诉决定、人民法院作出无罪判决或者免予刑事处罚后，再决定是否给予行政处罚。

九、驾驶证监管类案监督

◇ 英德市人民检察院

📖 关键词

醉驾型危险驾驶　驾驶证申领　行刑衔接

📖 要旨

　　检察机关在履行法律监督职责中发现，公安机关存在对醉驾型危险驾驶案件后续处理监管未到位的问题。通过构建大数据法律监督模型，将全国检察业务应用系统中的刑事案件数据与公安机关执法数据进行关联分析，发现违法行为人利用管理漏洞在禁止时间内重新申领驾驶证，以及醉驾型危险驾驶案件不起诉后公安机关未及时吊销驾驶证的问题线索，制发类案检察建议，督促公安机关依法履职，形成"行政＋刑事"有效衔接的闭环管理模式。

📖 基本情况

　　英德市检察院在利用大数据跟进监督危险驾驶不起诉案件后续处理情况过程中发现，公安机关存在未及时吊销醉驾型危险驾驶案件被不起诉人驾驶证，以及部分被不起诉人在醉驾被吊销驾驶证后五年内又成功申领驾驶证等违法情形，严重危害道路交通安全。英德市检察院打通数据壁垒，融合公检两家数据，搭建大数据法律监督模型，筛查出一批监督线索，经调查核实后，推动公安机关及时堵塞管理漏洞，依法吊销被不起诉人驾驶证或注销违规申领的驾驶证。

📖 线索发现

英德市检察院行政检察部门在开展行刑反向衔接工作中发现，被不起诉人朱某在醉酒驾驶机动车后两年内成功申领驾驶证，明显不符合道路交通安全法律规定，致使社会公众出行存在安全隐患。经综合研判分析，该问题绝非个案，有必要通过大数据分析开展专项治理。

📖 数据分析方法

数据来源

1. 危险驾驶案件信息（源于全国检察业务应用系统）；

2. 被吊销驾驶证人员数据（源于公安机关）；

3. 申领驾驶证人员数据（源于公安机关）。

数据分析关键词

醉驾型危险驾驶刑事案件被不起诉人未被吊销驾驶证或醉酒驾驶后五年内成功申领驾驶证。

数据分析步骤

第一步：从全国检察业务应用系统调取近五年来英德市检察院办理的醉驾型危险驾驶罪不起诉刑事案件数据，提取被不起诉人姓名、身份证号码、醉驾日期等数据要素。

第二步：从公安交通管理综合应用平台调取公安机关吊销机动车驾驶证数据，提取当事人姓名、身份证号码、吊销日期等数据要素。

第三步：从公安交通管理综合应用平台调取近五年申领驾驶证数据，提取申领人姓名、身份证号码、申领日期等数据要素。

第四步：将第一步和第二步的数据进行比对碰撞，筛选出危险驾驶不起诉后未被吊销驾驶证的人员信息。

第五步：将第一步和第三步的数据进行比对碰撞，筛选出危险驾驶不起诉后五年内成功申领驾驶证的人员信息。

第六步：对第四步、第五步筛选出的人员信息进行人工核查，确定存在违规情形后依法进行监督。

思维导图

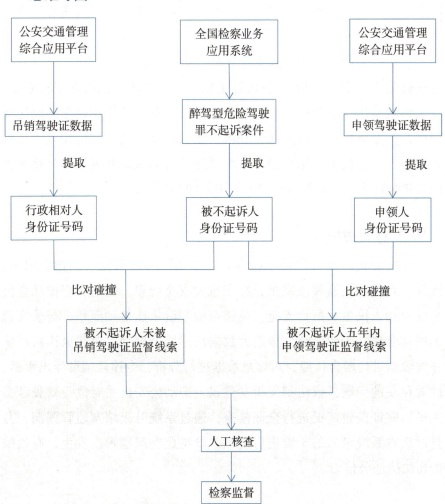

📖 检察履职情况

为充分发挥大数据对法律监督工作的提质增效作用，实现由个案监督向类案监督的转变，英德市检察院充分挖掘内部数据，导出全国检察业务应用系统中近五年受理的醉驾型危险驾驶案涉案人员信息。与申领、吊销驾驶证数据进行关联分析，发现部分违法行为人在醉驾后未满五年即成功申领驾驶证，以及公安机关未及时吊销违法行为人驾驶证两类问题。

公安机关对醉驾型危险驾驶案件后续处理监管未到位，导致醉驾违法行为人长期"带病""合法"上路，严重影响人民群众出行安全，极大影响司法执法公信力。针对公安机关对驾驶证管理存在的问题及漏洞，英德市检察院依法向公安机关制发检察建议，获公安机关采纳并整改。公安机关依法吊销6名醉驾违法行为人的驾驶证，吊销4名醉驾违法行为人在醉驾后未满五年申领的驾驶证。

📖 办案成效

危险驾驶刑事案件被不起诉人"带病"驾驶系社会不稳定因素，极易导致道路交通事故发生，存在重大安全隐患。为切实守护社会公共安全和人民生命财产安全，英德市检察院依法能动履职，与公安机关联动合作、密切配合，构建大数据法律监督模型，对两家执法司法办案数据进行融合碰撞，对海量数据进行分析，令违规情形浮出水面。针对存在的问题，依法制发检察建议，推动公安机关对危险驾驶涉案人员驾驶证监管情况进行全面排查，通过系统升级堵塞监管漏洞，并且对负责系统录入的干警进行培训，杜绝此类问题再次发生，有效维护司法执法公信力。

📖 法律法规依据

1.《中华人民共和国道路交通安全法》第五条第一款　国务院公安部门负责全国道路交通安全管理工作。县级以上地方各级人民政府公安机关交通管理部门负责本行政区域内的道路交通安全管理工作。

第九十一条第二款　醉酒驾驶机动车的，由公安机关交通管理部门约束至酒醒，吊销机动车驾驶证，依法追究刑事责任；五年内不得重新取得机动车驾驶证。

2.《中华人民共和国道路交通安全法实施条例》第一百零九条第一款　……对处以吊销机动车驾驶证处罚的，由设区的市人民政府公安机关交通管理部门或者相当于同级的公安机关交通管理部门作出决定。

3.《道路交通安全违法行为处理程序规定》第五十一条　……处以吊销机动车驾驶证的，应当自违法行为人接受处理或者听证程序结束之日起七日内作出处罚决定，交通肇事构成犯罪的，应当在人民法院判决后及时作出处罚决定。

4.《机动车驾驶证申领和使用规定》第十五条　有下列情形之一的，不得申请机动车驾驶证：

（一）有器质性心脏病、癫痫病、美尼尔氏症、眩晕症、癔病、震颤麻痹、精神病、痴呆以及影响肢体活动的神经系统疾病等妨碍安全驾驶疾病的；

（二）三年内有吸食、注射毒品行为或者解除强制隔离戒毒措施未满三年，以及长期服用依赖性精神药品成瘾尚未戒除的；

（三）造成交通事故后逃逸构成犯罪的；

（四）饮酒后或者醉酒驾驶机动车发生重大交通事故构成犯罪的；

（五）醉酒驾驶机动车或者饮酒后驾驶营运机动车依法被吊销机动车驾驶证未满五年的；

（六）醉酒驾驶营运机动车依法被吊销机动车驾驶证未满十年的；

（七）驾驶机动车追逐竞驶、超员、超速、违反危险化学品安全管理规定运输危险化学品构成犯罪依法被吊销机动车驾驶证未满五年的；

（八）因本款第四项以外的其他违反交通管理法律法规的行为发生重大交通事故构成犯罪依法被吊销机动车驾驶证未满十年的；

（九）因其他情形依法被吊销机动车驾驶证未满二年的；

（十）驾驶许可依法被撤销未满三年的；

（十一）未取得机动车驾驶证驾驶机动车，发生负同等以上责任交通事故造成人员重伤或者死亡未满十年的；

（十二）三年内有代替他人参加机动车驾驶人考试行为的；

（十三）法律、行政法规规定的其他情形。

未取得机动车驾驶证驾驶机动车，有第一款第五项至第八项行为之一的，在规定期限内不得申请机动车驾驶证。

十、督促住建领域落实农民工工资
保证金类案监督

◇ 清城区人民检察院

📖 关键词

行政违法行为监督　建设工程领域　农民工工资保证金

📖 要旨

该模型利用建设工程施工许可证、农民工工资保证金备案等数据进行碰撞分析，发现建设工程领域存在未落实农民工工资保证金制度，损害劳动者合法权益类案监督线索。检察机关依法履行行政检察监督职能，制发检察建议，推动行政监管部门督促工程建设项目施工单位提供保函落实农民工工资保证金制度，助力根治农民工欠薪乱象，维护农民工合法权益。

📖 基本情况

2019 年、2021 年国家相继出台了《保障农民工工资支付条例》《工程建设领域农民工工资专用账户管理暂行办法》《工程建设领域农民工工资保证金规定》，要求工程建设领域落实农民工工资保证金制度，切实维护农民工工资权益。2021 年 12 月，最高检发布了《关于充分发挥检察职能作用，依法助力解决拖欠农民工工资问题的通知》，明确指出要更好履行民事、行政检察职能，支持解决农民工讨薪问题。近年来，建设工程领域拖欠农民工劳动报酬已成为社会治理中的一个久攻不下的"土围子"，有必要运用大数据手段排查损害农民工劳动报酬权益的问题，并开展相应的法律监督。

📖 线索发现

清城区检察院在办理人社部门怠于对某建筑技术集团有限公司等5家拖欠农民工工资用人单位履行监管职责一案中发现，某建筑技术集团拖欠农民工工资的原因之一系未按照《保障农民工工资支付条例》的规定存储工资保证金。通过对欠薪根源进行深入分析研判发现，清城区范围内部分施工单位未真正落实农民工工资保证金制度，导致部分农民工一直未能成功追索被企业拖欠的劳动报酬。

📖 数据分析方法

数据来源

1. 建设工程领域施工许可证数据（源于住建部门）；

2. 建设工程领域施工单位已存储工资保证金备案数据（源于人力资源和社会保障部门）；

3. 建设工程领域行政处罚数据（源于广东省行政执法信息公示平台）；

4. 清城区人社局行政执法卷宗（源于人力资源和社会保障部门）。

数据分析关键词

针对调取的建设工程施工许可证数据，以"发证日期""合同价格"为关键词进行检索，提取取得施工许可证时间超过20个工作日且合同价格300万元以上的数据，与已存储农民工工资保证金备案数据，围绕"施工单位""建设工程项目名称"关键词进行比对，排查出应存储未存储农民工工资保证金施工单位线索。

数据分析步骤

第一步：从调取的建设工程施工许可证数据中，提取取得施工许可证超过 20 个工作日且合同价格 300 万元以上的施工许可证数据，形成基础表一。

第二步：将调取的建设工程领域已存储农民工工资保证金备案数据，形成基础表二。

第三步：将基础表一、二进行比对，围绕"建设工程项目名称""施工单位"关键词，筛选出未依法存储农民工工资保证金的建设工程项目名称和施工单位，形成基础表三。

第四步：通过广东省执法信息公示平台，检索基础表三中建设工程项目或施工单位的行政处罚信息，核实上述施工单位有否因未依法及时存储农民工工资保证金被人力资源和社会保障部门作出行政处罚；同时向人力资源和社会保障部门调取行政执法卷宗，分析行政执法卷宗，核实人力资源和社会保障部门对未存储农民工工资保证金施工单位的行政处罚情况，精准锁定已被行政处罚的未存储农民工工资保证金的建设工程项目名称及相应的施工单位名称，形成基础表四。

第五步：将第三步、第四步得出的数据进行比对，筛查出未依法及时存储农民工工资保证金且未被人力资源和社会保障部门行政处罚的建设工程和施工单位，即人力资源和社会保障部门怠于履职线索。

思维导图

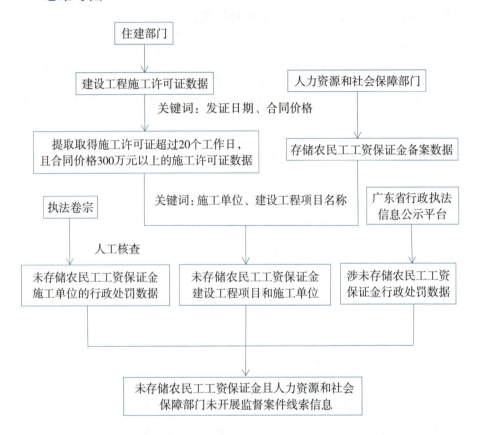

住建部门

建设工程施工许可证数据

人力资源和社会保障部门

关键词：发证日期、合同价格

提取取得施工许可证超过20个工作日，且合同价格300万元以上的施工许可证数据

存储农民工工资保证金备案数据

执法卷宗

关键词：施工单位、建设工程项目名称

广东省行政执法信息公示平台

人工核查

未存储农民工工资保证金施工单位的行政处罚数据

未存储农民工工资保证金建设工程项目和施工单位

涉未存储农民工工资保证金行政处罚数据

未存储农民工工资保证金且人力资源和社会保障部门未开展监督案件线索信息

📖 检察履职情况

为充分挖掘大数据潜能，实现由个案办理到类案监督再到社会治理的突破，清城区检察院针对个案反映的部分施工单位未依法存储农民工工资保证金现象，向行业主管部门调取执法数据，进行数据关联比对，发现批量监督线索，针对类案反映的普遍性、倾向性问题，依法向行业监管部门制发社会治理类检察建议，要求其落实监管职责，引导企业合规经营，加强与相关行政单位的协作配合，凝聚工作合力。同时针对建设工程领域存在的执法信息不透明、协同履职不到位、执法监督有盲区等问题，牵头区人社局、区总工会签署了《关于建立保

障劳动者合法权益协作机制的意见（试行）》，推动农民工工资权益保护长效长治。

📖 办案成效

清城区检察院聚焦农民工工资权益保障，主动服务欠薪治理工作，能动探索建设工程领域农民工工资保证金大数据法律监督，在办案实效上实现从个案办理到类案监督再到社会治理的数字检察之路。自2023年以来，清城区检察院通过数字赋能，共排查出人力资源和社会保障部门怠于履行农民工工资保证金监管职责线索23条，成案监督9件，就发现的问题依法开展类案监督，向人力资源和社会保障部门制发社会治理类检察建议1份，督促行政机关加强建设工程领域农民工工资保证金监管，切实维护农民工合法权益。截至目前，人力资源和社会保障部门通过开展专项活动，对辖区范围内1家建筑单位未落实农民工工资保证金制度的行为作出行政处罚；督促7家在建工程项目以保函形式落实农民工工资保证金制度，帮助解决农民工的烦"薪"事，有力保障农民工合法权益。

📖 法律法规依据

1.《工程建设领域农民工工资保证金规定》第八条　施工总承包单位应当自工程取得施工许可证（开工报告批复）之日起20个工作日内（依法不需要办理施工许可证或者批准开工报告的工程自签订施工合同之日起20个工作日之内），持营业执照副本、与建设单位签订的施工合同在经办银行开立工资保证金专门账户存储工资保证金。

行业工程建设主管部门应当在颁发施工许可证或者批准开工报告时告知相关单位及时存储工资保证金。

第十一条第三款　施工合同额低于300万元的工程，且该工程的施工总承包单位在签订施工合同前一年内承建的工程未发生工资拖欠的，各地区可结合行业保障农民工工资支付实际，免除该工程存储工资保证金。

第二十五条 人力资源社会保障行政部门应当加强监管，对施工总承办单位未依据《保障农民工工资支付条例》和本规定存储、补足工资保证金（或提供、更新保函）的，应依照《保障农民工工资支付条例》第五十五条规定追究其法律责任。

2.《工程建设领域农民工工资专用账户管理暂行办法》第三十条 各地人力资源社会保障行政部门和相关行业工程建设主管部门应当按职责对工程建设项目专用账户管理、人工费用拨付、农民工工资支付等情况进行监督检查，并及时处理有关投诉、举报、报告。

3.《保障农民工工资支付条例》第三十二条第一款 施工总承包单位应当按照有关规定存储工资保证金，专项用于支付为所承包工程提供劳动的农民工被拖欠的工资。

第五十五条第一项、第二项 有下列情形之一的，由人力资源社会保证行政部门、相关行业工程建设主管部门按照职责责令限期改正；预期不改正的，责令停工，并处5万元以上10万元以下的罚款；情节严重的，给予施工单位限制承接新工程、降低资质等级、吊销资质证书等处罚：

（一）施工总承包单位未按照规定开设或者使用农民工工资专用账户；

（二）施工总承包单位未按照规定存储工资保证金或者未提供金融机构保函。

十一、追索劳动报酬纠纷虚假诉讼类案监督

◇ 清城区人民检察院

📑 **关键词**

追索劳动报酬纠纷　虚假诉讼　先民后刑　融合监督

📖 **要旨**

解析追索劳动报酬民事纠纷个案，提炼起诉时间集中、同一被告、缺席判决等数据要素特征，发现批量民事虚假诉讼线索。通过对线索梳理研判，以侦查思维强化外围取证，对异常案件涉案人员进行深入调查，并将涉嫌犯罪线索移送刑事检察部门开展融合监督，在纠正错误民事裁判的同时，有力打击虚假诉讼犯罪，维护司法权威和司法公信力。

📖 **基本情况**

清远检察机关在履职中发现，由于劳动债权在企业破产清算中具有优先受偿等特点，追索劳动报酬纠纷成为虚假诉讼案件多发领域。在归纳总结个案问题基础上，检察机关梳理出该类虚假诉讼案件具有起诉时间集中、同一被告、被告自认欠薪事实、欠薪时间长、欠薪金额大、缺席判决、社保异常、银行流水异常等特征要素，通过数据建模、分析碰撞后有效筛查出全市范围内多地涉劳动报酬虚假诉讼案件线索。清远市检察院通过统筹市、县两级检察机关力量，联合民事、

刑事检察部门共同发力，全方位调取、关联、分析、研判异常案件涉案人员的社保信息、银行流水、公司实际控制人关联企业等各类数据，做实外围取证并协助公安机关开展侦查，陆续查明一批追索劳动报酬纠纷民事虚假诉讼案件及涉嫌虚假诉讼犯罪案件。

📖 线索发现

清城区检察院在办理刘某某向某公司追索劳动报酬纠纷案中发现，刘某某诉称在某公司工作两年多，任经理助理，入职期间未领取任何工资，欠薪数额高达 13 万元。在开庭审理过程中，被告公司未出庭应诉，却对原告提出的诉求全部予以确认。通过对案件的深入挖掘，检察机关发现在刘某某起诉的同一时间点，该公司还被其他多名原告起诉追索劳动报酬，且各原告的诉讼请求和事实依据与刘某某基本一致，该被告公司均未出庭应诉，却对多名原告提出的诉求全部予以确认。检察机关通过对该案进行深入分析，梳理出该类案件具有起诉时间集中、同一被告、被告自认欠薪事实、欠薪时间长、欠薪金额大、缺席判决等虚假劳动报酬案件特征要素，有必要通过数据建模对该领域进行大数据排查整治。

📖 数据分析方法

数据来源

1.民事裁判文书（源于中国裁判文书网、清远市人民检察院数据应用平台、小包公·法律 AI 等平台）；

2.银行流水、社保数据（源于金融机构、社保机构）；

3.民事审判、执行卷宗（源于法院）；

4.户籍、社会关系等信息（源于公安机关）；

5.公司、股东等数据（源于天眼查等平台）。

数据分析关键词

设置"追索劳动报酬纠纷"案由进行检索，筛查出同一地区同期追索劳动报酬民事纠纷案件；围绕"被告名称""原告姓名""起诉日期"等关键词进行提取、过滤和分析，排查出同一用人单位在同时期被大量原告追索劳动报酬的案件，排查其中存在的缺席判决、被告自认欠薪事实、欠薪时间长、欠薪金额大等异常点；结合排查出的异常案件，调取涉案人员银行流水、社保缴纳记录等社会信息，核实虚假诉讼案件线索。

数据分析步骤

第一步：在中国裁判文书网、清远市人民检察院数据应用平台、小包公·法律 AI 等平台，通过案件类型检索，筛查出本地区全部民事诉讼案件，形成基础数据库。

第二步：在基础数据库以"追索劳动报酬纠纷"等为案由进行检索，筛查出涉追索劳动报酬民事纠纷案件。

第三步：对第二步筛查出的案件，进行关键词要素提取，提取原告、被告、起诉时间等情况。对提取后的原告、被告、起诉时间进行汇集、整合、高频排序，筛查出同一时间集中起诉同一用人单位的异常案件。

第四步：对上述异常案件审理经过和事实认定部分进行要素化分析，对被告应诉情况、答辩情况、证据认定情况等进行结构化处理，筛查出缺席判决、被告自认欠薪事实、证据格式统一、欠薪时间长、欠薪金额大等不符合常理的特征，初步标记为涉嫌虚假诉讼案件。

第五步：围绕标记出的涉嫌虚假诉讼案件，将涉案人员与相关公司之间的银行流水、社保信息等数据通过账单分析软件、电子表格等工具进行交叉比对，结合调取审判和执行卷宗，核实原告是否存在在涉案时间段关联公司或第三方公司领取劳动报酬并缴纳社保的情形，或者是否存在诉讼案件执行款回流到公司或公司高管人员银行账户等异常情形，进一步核实为民事、刑事虚假诉讼监督案件线索。

思维导图

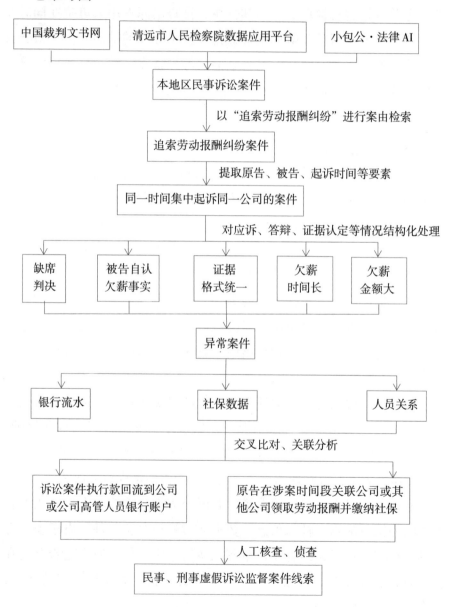

📖 检察履职情况

1. 坚持一体履职，推动案件高质高效办理。坚持检察一体化，有效发挥四大检察融合履职、上下联动协同办案的机制优势，打破部门、条线、区域之间的界限，形成整体办案合力。通过建立模型发现批量线索后，清远市检察院全方位强化对下指导，多次就异常案件在民事、刑事检察方面存在的难点、堵点问题进行指导，并充分发挥检察人员统一调用机制作用，统筹组织两级院办案力量集中对异常案件进行突破攻坚，确保批量虚假诉讼案件高质高效办理。

2. 调查核实向大数据"借力"，精准识别案件"异常点"。检察机关通过中国裁判文书网等信息平台筛选出涉追索劳动报酬纠纷案件，依托语义分析、要素提取等手段全面梳理出涉虚假诉讼人员或企业的案件线索后，在调查核实上强化大数据思维和侦查思维，全面调取涉案人员的个人及家庭信息、银行流水、社保信息等数据并进行结构化处理，通过关联分析精准发现部分原告在起诉欠薪时段在关联公司或其他公司参加社保、部分当事人收取劳动报酬执行款后回流至公司管理人员银行账户等关键异常点，为顺利突破案件提供坚实基础。

3. 创新"先民后刑"工作思路，多方联动突破案件。在办理批量案件的过程中，民事检察部门突破传统办理虚假诉讼案件"先刑后民"的办案思路，主动先行做实各类外围证据，并将涉嫌虚假诉讼犯罪案件线索移送刑事检察部门和公安机关。民事检察部门对内与刑事检察部门密切配合、对外联合刑事检察部门与公安机关深入合作，多次召开案件研讨会，及时组织研判和推进案件，协助制定"清单式"讯问笔录，全程跟进公安机关问话过程，适时调整侦查取证方向，有力借助刑事调查取证手段突破案件和补强民事调查核实工作，在实现开展民事虚假诉讼监督的过程中，同步追究涉案人员刑事责任，有力打击虚假诉讼违法行为。

📖 办案成效

清远检察机关主动在追索劳动报酬等虚假诉讼多发高发领域探索开展大数据法律监督，积极从民事检察监督职能中延伸多维度打击虚假诉讼行为，全力维护司法公正和当事人合法权益，切实保障合法劳动用工秩序，维护司法权威及社会和谐稳定，在办案实效上实现了"从个案延伸类案促进治理，又以类案视角保证个案公正"。自 2022 年以来，清远检察机关通过数据赋能、融合监督，共发现追索劳动报酬虚假诉讼监督线索 28 条，截至目前，检察机关以涉嫌虚假诉讼罪对 1 名犯罪嫌疑人提起公诉。针对民事虚假诉讼，检察机关提出抗诉 1 件，发出再审检察建议 17 件，到期已采纳 12 件，取得良好的办案效果，有力提升了人民群众对司法办案的信任感、满意感。

📖 法律法规依据

1.《中华人民共和国民法典》第一百四十六条　行为人与相对人以虚假的意思表示实施的民事法律行为无效。

以虚假的意思表示隐藏的民事法律行为的效力，依照有关法律规定处理。

2.《中华人民共和国刑法》第三百零七条之一　以捏造的事实提起民事诉讼，妨害司法秩序或者严重侵害他人合法权益的，处三年以下有期徒刑、拘役或者管制，并处或者单处罚金；情节严重的，处三年以上七年以下有期徒刑，并处罚金。

单位犯前款罪的，对单位判处罚金，并对其直接负责的主管人员和其他直接责任人员，依照前款的规定处罚。

有第一款行为，非法占有他人财产或者逃避合法债务，又构成其他犯罪的，依照处罚较重的规定定罪从重处罚。

司法工作人员利用职权，与他人共同实施前三款行为的，从重处罚；同时构成其他犯罪的，依照处罚较重的规定定罪从重处罚。

3.《中华人民共和国民事诉讼法》（2024 年 1 月 1 日施行）第一百一十五条第一款 当事人之间恶意串通，企图通过诉讼、调解等方式侵害他人合法权益的，人民法院应当驳回其请求，并根据情节轻重予以罚款、拘留；构成犯罪的，依法追究刑事责任。

第二百一十一条 当事人的申请符合下列情形之一的，人民法院应当再审：

（一）有新的证据，足以推翻原判决、裁定的；

（二）原判决、裁定认定的基本事实缺乏证据证明的；

（三）原判决、裁定认定事实的主要证据是伪造的；

（四）原判决、裁定认定事实的主要证据未经质证的；

（五）对审理案件需要的主要证据，当事人因客观原因不能自行收集，书面申请人民法院调查收集，人民法院未调查收集的；

（六）原判决、裁定适用法律确有错误的；

（七）审判组织的组成不合法或者依法应当回避的审判人员没有回避的；

（八）无诉讼行为能力人未经法定代理人代为诉讼或者应当参加诉讼的当事人，因不能归责于本人或者其诉讼代理人的事由，未参加诉讼的；

（九）违反法律规定，剥夺当事人辩论权利的；

（十）未经传票传唤，缺席判决的；

（十一）原判决、裁定遗漏或者超出诉讼请求的；

（十二）据以作出原判决、裁定的法律文书被撤销或者变更的；

（十三）审判人员审理该案件时有贪污受贿，徇私舞弊，枉法裁判行为的。

第二百一十九条 最高人民检察院对各级人民法院已经发生法律效力的判决、裁定，上级人民检察院对下级人民法院已经发生法律效力的判决、裁定，发现有本法第二百零七条规定情形之一的，或者发现调解书损害国家利益、社会公共利益的，应当提出抗诉。

地方各级人民检察院对同级人民法院已经发生法律效力的判决、裁定，发现有本法第二百零七条规定情形之一的，或者发现调解书损害国家利益、社会公共利益的，可以向同级人民法院提出检察建议，并报上级人民检察院备案；也可以提请上级人民检察院向同级人民法院提出抗诉。

各级人民检察院对审判监督程序以外的其他审判程序中审判人员的违法行为，有权向同级人民法院提出检察建议。

第二百二十一条 人民检察院因履行法律监督职责提出检察建议或者抗诉的需要，可以向当事人或者案外人调查核实有关情况。

十二、民事诉讼活动中诉讼费
不规范退还类案监督

◇ 清远市人民检察院

📖 **关键词**

诉讼费用 不规范退还 大数据检索 规范流程

📖 **要旨**

收费和退费是我国诉讼费用管理制度的两个基本组成部分，诉讼费用的收取和退还关系到当事人利益、国家利益及司法权威。检察机关集中开展专项活动，通过大数据技术手段对辖区内民事诉讼案件进行关键词筛查、结构化处理、数据分析对比等，结合查阅卷宗、询问当事人等核查手段，有效发现法院在民事诉讼活动中诉讼费不规范退还的类案监督线索。通过制发检察建议督促法院加强诉讼费管理，完善诉讼费退费流程，以类案监督促机制建设。

📖 **基本情况**

《诉讼费用交纳办法》施行后，明确了裁定驳回起诉、不予受理案件退费以及胜诉退费等规则。然而，在司法实践中，前述规则未能得到严格落实，退费的执行程序也较为混乱，导致诉讼费的退还流程不畅。办案发现，大量案件存在胜诉方不知情或不愿意的情况下，法院判决诉讼费由败诉方径行向原告支付等不规范情形，往往使胜诉方承担了向败诉方追索应退诉讼费的风险，出现"赢了官司垫了诉讼费"的情形；另外，裁判文书未载明当事人各方应当负担的诉讼费数额、二审法院发回重审案件未退还上诉人交纳的二审案件受理费等问题时有发生，损害司法权威。清远检察机关通过开展诉讼费不规范退还专项监督工作，梳理监督规则进行大数据分析，再结合对案卷材料的审查以及走访询问当事人，精准挖掘民事诉讼活动中诉讼费不规范退还等问题线索，成功办理该类案件 498 件。通过制发类案检察建议，督促法院加强诉讼费管理，完善诉讼费退费流程，依法保障公民、法人及其他组织的合法权益。

📖 线索发现

清远市检察院通过系统梳理办理的生效裁判监督案件，发现诉讼费的收缴退还等程序存在一定程度的不畅，如未退还胜诉方预交但不应负担的诉讼费，未在裁判文书中写明当事人各方应当负担的诉讼费数额，二审法院发回重审、维持一审法院作出不予受理或驳回起诉裁定等案件未退还当事人案件受理费等问题，该类行为多发且损害司法公信力和当事人合法权益，经综合研判，有必要进行大数据专项综合治理。

📖 数据分析方法

数据来源

1. 民事裁判文书（源于中国裁判文书网、清远市人民检察院数据应用平台、小包公·法律 AI 等平台）；

2. 法院诉讼费处理数据（源于法院）；

3. 民事审判、执行卷宗（源于法院）。

数据分析关键词

汇集本地区民事诉讼案件，设置"驳回起诉""不予受理""发回重审"等关键词，结合不同法院层级应退费要素，筛选未退还诉讼费线索；设置"径付""径向""不予退还"等关键词，排除干扰要素，获取胜诉退费不规范案件线索；设置"受理费 × 元"为关键词后进行反向筛选，获取未载明诉讼费数额案件线索。针对上述案件，提取案号、当事人等信息，与法院诉讼费处理数据进行碰撞、比对，结合审查卷宗、询问当事人等手段核实案件线索。

数据分析步骤

第一步：在中国裁判文书网、清远市人民检察院数据应用平台、小包公·法律 AI 等平台，通过案件类型检索，筛查出本地区全部民事诉讼案件。

第二步：在判项中设置"受理费 × 元"为关键词进行筛选，并剔除包含此关键词的案件，筛查出未写明当事人各方应当负担诉讼费数额的案件线索。

第三步：在判项中设置"径付""径向""不予退还"等为关键词，筛选出败诉方径行向胜诉方支付诉讼费的案件，通过在判项中设置"同意"等关键词，排除胜诉方同意败诉方直接向其支付的情形，筛查出胜诉退费不规范案件线索。

第四步：分别以"不予受理""驳回起诉"为关键词，筛选出应退还案件受理费案件基础数据，通过设置法院层级，针对一审案件，核查案件是否生效；针对二审案件，以"维持原裁定"为关键词，筛选应退还案件受理费案件线索。对上述两个层级法院的案件分别提取案号、原告、被告、诉讼费用等信息，形成数据库一。

第五步：在判项中设置"发回重审"关键词，筛查出应退还上诉人已交纳二审案件受理费的案件，提取案号、原告、被告、诉讼费用等信息，形成数据库二。

第六步：从法院调取诉讼费处理数据，分别与数据库一、数据库二进行对比碰撞，结合调阅卷宗、询问当事人等手段，发现应退还案件受理费案件监督线索。

思维导图

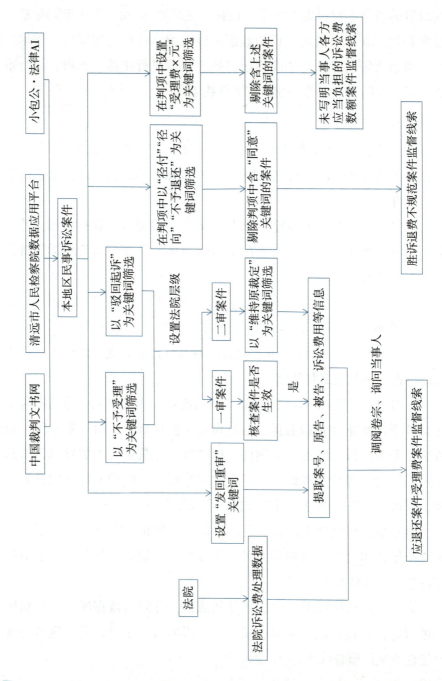

📖 检察履职情况

1. 专项驱动，形成全覆盖式的类案监督态势。自 2022 年 6 月以来，清远市检察院通过系统整理民事诉讼案件中未退还胜诉方预交但不应负担的诉讼费、二审法院发回重审未退还上诉人已交纳的二审案件受理费等多发程序问题，有效梳理监督规则，在全市范围内针对民事诉讼活动中诉讼费不规范退还案件依法开展类案监督专项工作，两级检察机关强化能动履职，在办案过程中主动挖掘批量诉讼费不规范退还案件线索，在市域范围内形成全覆盖式的类案监督态势，有力推动诉讼费退费流程的健全和完善。

2. 数字赋能，全面提升检察监督办案效率。检察机关通过梳理监督规则，利用大数据分析批量发现诉讼费不规范退还案件线索，并构建了诉讼费不规范退还案件监督模型，该模型数据主要源自公共的、面向全员的网络信息公开平台，如中国裁判文书网，数据获取便捷，且筛选规则简易，可直接通过该类平台进行漏斗式逐层筛查得出案件线索，无须再从多个渠道获取多种数据进行重复分析，有效提高发现问题和办理案件的效率。

3. 公开听证，提升司法透明度。检察机关就此次专项类案监督发现的问题组织召开听证会，对诉讼费退还的法律依据及制发检察建议的必要性等进行全面阐释。如佛冈县检察院针对诉讼费未实际退还给原告的 75 件案件，在向法院制发类案检察建议前，主动召开听证会。会上，人大代表对检察机关开展诉讼费不规范退还专项活动予以认可，认为诉讼费事关老百姓的"钱袋子"，是检察机关为民办实事的体现，全体听证员评议后一致同意检察机关向法院制发检察建议，有效提升检察建议刚性。

📖 办案成效

清远检察机关通过信息化手段和人工排查相结合的方式，高效挖掘诉讼费不规范退还案件线索 1000 余条，通过调阅卷宗进一步审查，全市共办理该类案件 489 件，各地向法院制发类案检察建议，监督法院对诉讼费不规范退还情况进行核查，对应当退还当事人的诉讼费及时清退，确保诉讼费能够切实退还到当事人手上，有效维护当事人权益。同时，检察机关发出检察建议后及时跟进法院回复情况、诉讼费清退情况等，并结合法院纠正违法行为过程中的困难、问题，推动法院形成工作机制，畅顺清退程序，真正体现"让程序多运转，让群众少跑路"的司法温度。检察机关通过有效督促法院加强诉讼费管理和监督，完善诉讼费退费流程，切实以类案监督促机制建设，检法协力解决原告"赢了官司垫了诉讼费"等烦心事、费心事，有力践行司法为民理念。

📖 法律法规依据

1.《最高人民法院关于适用〈中华人民共和国民事诉讼法〉的解释》第二百零七条第一款　判决生效后，胜诉方预交但不应负担的诉讼费用，人民法院应当退还，由败诉方向人民法院交纳，但胜诉方自愿承担或者同意败诉方直接向其支付的除外。

2.《诉讼费用交纳办法》第二十七条　第二审人民法院决定将案件发回重审的，应当退还上诉人已交纳的第二审案件受理费。

第一审人民法院裁定不予受理或者驳回起诉的，应当退还当事人已交纳的案件受理费；当事人对第一审人民法院不予受理、驳回起诉的裁定提起上诉，第二审人民法院维持第一审人民法院作出的裁定的，第一审人民法院应当退还当事人已交纳的案件受理费。

第五十三条第一款　案件审结后，人民法院应当将诉讼费用的详细清单和当事人应当负担的数额书面通知当事人，同时在判决书、裁定书或者调解书中写明当事人各方应当负担的数额。

　　3.《最高人民法院关于适用〈诉讼费用交纳办法〉的通知》　三、《办法》第二十九条规定，诉讼费用由败诉方负担，胜诉方自愿承担的除外。对原告胜诉的案件，诉讼费用由被告负担，人民法院应当将预收的诉讼费用退还原告，再由人民法院直接向被告收取，但原告自愿承担或者同意被告直接向其支付的除外。

十三、民事诉讼活动中违法公民代理类案监督

◇ 清远市人民检察院

📖 关键词

公民代理　审核不严　程序违法　完善审查制度

📖 要旨

通过办理个案梳理涉公民违法代理案件监督规则，利用中国裁判文书网、清远市人民检察院数据应用平台等信息平台进行关键词逐层检索筛查，对具有诉讼代理人的民事诉讼案件进行要素提取、结构化处理、关联碰撞，结合调阅卷宗分析研判，批量发现法院在审判活动中存在对诉讼代理人资格审查和委托程序不规范等问题线索，通过专项活动、类案监督，督促法院完善公民代理审查制度，进一步维护司法公正和当事人合法权益。

📖 基本情况

清远检察机关在办理民事生效裁判监督案件中发现，近年来利用公民代理制度漏洞从事职业代理或非正常代理活动的现象时有发生。违法公民代理人多为个体工商户，无业人员，离退休或受处理的政法

工作人员，被注销、吊销律师执业证书的公民等，多数以违规收费为目的，通过违规手段参与民事诉讼程序。检察机关通过在全市开展专项活动，梳理监督规则进行大数据检索筛查碰撞，结合对案卷材料的人工审查，精准挖掘法院在审判活动中存在对诉讼代理人资格审查和委托程序不规范等问题线索，成功办理违法公民代理监督案件173件。通过制发检察建议，促进法院完善公民代理审查制度，严格统一规范审查手续，加强司法规范化建设。

📖 线索发现

清远市检察院在办理生效裁判监督案件中发现，具有诉讼代理人的民事案件，部分存在未提供或未规范提供代理资质证明材料的问题，如当事人的近亲属担任诉讼代理人的案件，存在未向法院提交或未规范提交可以证明代理人与当事人系近亲属关系的书面证明材料；当事人的工作人员担任诉讼代理人的案件，存在未向法院提交或未规范提交证明劳动关系或人事关系的书面材料；有关社会团体、基层自治组织、当事人所在单位推荐的人担任诉讼代理人的案件，存在推荐主体不适格、无推荐材料或未向法院提交规范的推荐材料；离任法官代理原任职法院办理的案件；执业律师被注销、吊销律师执业证书后以律师名义代理诉讼案件等，该类违法代理行为损害司法公信力和当事人合法权益，扰乱法律服务市场，经综合研判，有必要进行大数据专项综合治理。

📖 数据分析方法

数据来源

1.民事裁判文书（源于中国裁判文书网、清远市人民检察院数据应用平台、小包公·法律 AI 等平台）；

2.被注销、吊销律师执业证的律师名单（源于司法行政部门、律师协会）；

3.法院离任人员信息和任职情况（源于组织部门）；

4.民事审判卷宗（源于法院）。

数据分析关键词

针对民事诉讼案件，以"委托诉讼代理人""律师"等关键字段为筛选条件逐层筛查案件，并针对案件代理人姓名、职业、与当事人关系等信息进行提取、过滤和分析。将提取出的结构化信息结合地区与法院离任人员信息清单碰撞，结合身份要素，得出离任法官违规代理民事诉讼案件线索；针对律师代理案件提取的结构化信息，与被注销、吊销律师执业证书的律师名单进行碰撞对比，结合时间要素，筛查出执业律师被注销、吊销律师执业证书后以律师名义代理诉讼案件线索；针对非律师代理案件，根据高频出现的代理人具体身份，结合法院卷宗进行人工核查，筛查出未提供或未规范提供代理资质证明材料的案件线索。

数据分析步骤

第一步：在中国裁判文书网、清远市人民检察院数据应用平台、小包公·法律 AI 等平台，通过案件类型检索，筛查出本地区全部民事诉讼案件，形成基础数据库。

第二步：在基础数据库"当事人信息"栏中以"委托诉讼代理人"等为关键词检索，筛查出具有委托诉讼代理人的民事案件。

第三步：将筛查出具有委托诉讼代理人的民事案件，在"当事人信息"栏中以"律师"等为关键词，分别筛查出律师代理的案件和非律师代理的案件。

第四步：提取上述案件委托诉讼代理人的姓名、职业、与当事人的关系等信息，如律师、基层法律服务工作者、近亲属、工作人员、社区推荐的代理人等要素信息。

　　第五步：向当地司法行政机关、律师协会等调取已被注销、吊销律师执业证书的律师清单，与第四步提取的律师信息进行对比，结合吊销、注销律师执业证书时间和代理案件时间进行分析，筛查出已被注销或吊销律师执业证书的律师以律师名义代理诉讼案件线索。

　　第六步：向当地组织部门调取法院离任人员信息清单，在第四步提取的要素基础上设置审理法院所在地，将两者姓名信息进行比对，结合代理身份是否为监护人或近亲属等进行分析，筛查出离任法官违规代理民事诉讼案件线索。

　　第七步：针对第四步提取出来的非律师诉讼代理人案件的姓名和身份信息，结合违规公民代理往往有多次代理的行为特征，重点可疑标记值可设定在 5 件以上，通过梳理排序，对具有多次代理行为的非律师诉讼代理人案件，有针对性地到法院调取卷宗，通过人工核查，发现审查资格和委托程序不规范案件线索。

思维导图

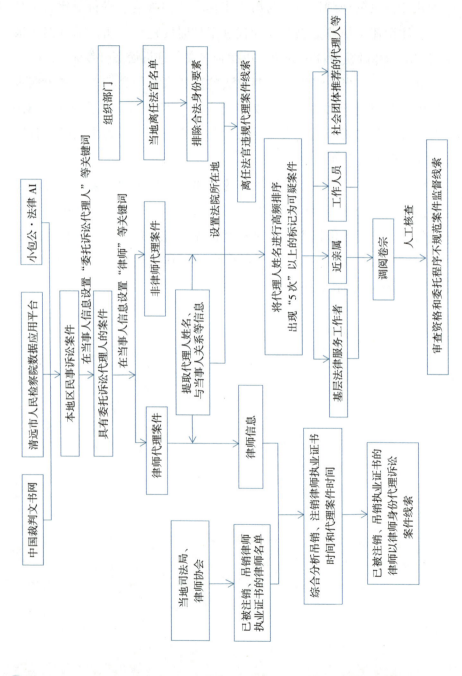

📖 检察履职情况

1. 运用大数据破解法官离任"失管"难题。办案发现，法官由于其职业特殊性，离任后的职业选择大概率与原岗位有所交叉，从"台上"换到"台下"的情况并不少见。部分法官离任后未严格遵守从业限制规定，违规代理案件，出现了离任人员"失管"问题，损害司法公信力。检察机关依法能动履职，主动协调组织部门调取法院离退休人员名单及其任职履历情况，并通过比对关键词逐层检索筛选代理人信息，有效打破由于信息壁垒造成的离任法官违规代理监管难的问题。如连州市检察院全面梳理本地离任法官违规代理民事诉讼案件问题线索，精准发现某离任法官以公民身份在原任职法院代理了 10 件民事案件的违法情形，向法院制发的类案检察建议得到全面采纳。

2. 推动加强律师行业诚信管理。办案发现，在被注销、吊销律师执业证书后，不少人员仍以律师身份招揽案源，甚至通过伪造相关诉讼材料、假借公民代理人身份等方法参与案件诉讼代理，有明显的职业化、有偿化倾向。检察机关通过联合司法行政机关、律师协会，对历年注销、吊销律师执业证书的律师进行汇集梳理，有效获取被注销、吊销律师执业证书的律师清单。同时，借助信息化手段，对中国裁判文书网进行检索和文本解构，通过比对关联后发现违规代理问题。如清城区检察院通过关联检索精准发现龙某因刑事犯罪被吊销律师执业证书，且在执行缓刑期间代理某公司民事诉讼案件的监督线索。

3. 推动完善公民代理审查制度。针对批量发现的违法公民代理案件线索，检察机关在调阅卷宗核查后，及时制发类案检察建议，督促法院完善公民代理审查制度。两级法院全面采纳检察机关检察建议，及时健全规范公民代理人的身份审核制度。如连州市法院全面整理本辖区离任法官名册并下发至各业务庭室，坚决杜绝离任法官违规代理情况的发生。又如清城区法院及时组织各庭室学习诉讼代理人的有关规定要求，并印发《关于进一步加强对诉讼代理人审查的通知》进一步严格规范审查手续，健全违法公民代理情况移送机制等。

📖 办案成效

在梳理个案的基础上，检察机关强化能动履职，在办案过程中主动挖掘监督切入点，通过开展专项活动，以信息化手段和人工排查相结合的方式挖掘批量违法公民代理案件线索。通过调阅卷宗进一步审查，全市共办理违法公民代理监督案件 173 件，各地向人民法院制发类案检察建议，有效促进法院完善公民代理审查制度，细化审核工作要点，严格统一规范审查手续，切实维护司法公正和当事人合法权益，提高诉讼质效，助推司法规范和社会治理。

📖 法律法规依据

1.《中华人民共和国民事诉讼法》（2024 年 1 月 1 日施行）第六十一条　当事人、法定代理人可以委托一至二人作为诉讼代理人。下列人员可以被委托为诉讼代理人：

（一）律师、基层法律服务工作者；

（二）当事人的近亲属或者工作人员；

（三）当事人所在社区、单位以及有关社会团体推荐的公民。

第六十二条　委托他人代为诉讼，必须向人民法院提交由委托人签名或者盖章的授权委托书。

授权委托书必须记明委托事项和权限。诉讼代理人代为承认、放弃、变更诉讼请求，进行和解，提起反诉或者上诉，必须有委托人的特别授权。

侨居在国外的中华人民共和国公民从国外寄交或者托交的授权委托书，必须经中华人民共和国驻该国的使领馆证明；没有使领馆的，由与中华人民共和国有外交关系的第三国驻该国的使领馆证明，再转由中华人民共和国驻该第三国使领馆证明，或者由当地的爱国华侨团体证明。

2.《最高人民法院关于适用〈中华人民共和国民事诉讼法〉的解释》第八十五条 根据民事诉讼法第六十一条第二款第二项规定，与当事人有夫妻、直系血亲、三代以内旁系血亲、近姻亲关系以及其他有抚养、赡养关系的亲属，可以当事人近亲属的名义作为诉讼代理人。

第八十六条 根据民事诉讼法第六十一条第二款第二项规定，与当事人有合法劳动人事关系的职工，可以当事人工作人员的名义作为诉讼代理人。

第八十七条 根据民事诉讼法第六十一条第二款第三项规定，有关社会团体推荐公民担任诉讼代理人的，应当符合下列条件：

（一）社会团体属于依法登记设立或者依法免予登记设立的非营利性法人组织；

（二）被代理人属于该社会团体的成员，或者当事人一方住所地位于该社会团体的活动地域；

（三）代理事务属于该社会团体章程载明的业务范围；

（四）被推荐的公民是该社会团体的负责人或者与该社会团体有合法劳动人事关系的工作人员。

专利代理人经中华全国专利代理人协会推荐，可以在专利纠纷案件中担任诉讼代理人。

第八十八条 诉讼代理人除根据民事诉讼法第六十二条规定提交授权委托书外，还应当按照下列规定向人民法院提交相关材料：

（一）律师应当提交律师执业证、律师事务所证明材料；

（二）基层法律服务工作者应当提交法律服务工作者执业证、基层法律服务所出具的介绍信以及当事人一方位于本辖区内的证明材料；

（三）当事人的近亲属应当提交身份证件和与委托人有近亲属关系的证明材料；

（四）当事人的工作人员应当提交身份证件和与当事人有合法劳动人事关系的证明材料；

（五）当事人所在社区、单位推荐的公民应当提交身份证件、推荐材料和当事人属于该社区、单位的证明材料；

（六）有关社会团体推荐的公民应当提交身份证件和符合本解释第八十七条规定条件的证明材料。

3.《中华人民共和国法官法》第三十六条第一款、第二款　法官从人民法院离任后两年内，不得以律师身份担任诉讼代理人或者辩护人。

法官从人民法院离任后，不得担任原任职法院办理案件的诉讼代理人或者辩护人，但是作为当事人的监护人或者近亲属代理诉讼或者进行辩护的除外。

4.《中华人民共和国律师法》第十三条　没有取得律师执业证书的人员，不得以律师名义从事法律服务业务；除法律另有规定外，不得从事诉讼代理或者辩护业务。

5.《第八次全国法院民事商事审判工作会议（民事部分）纪要》36.以当事人的工作人员身份参加诉讼活动，应当按照《最高人民法院关于适用〈中华人民共和国民事诉讼法〉的解释》第八十六条的规定，至少应当提交以下证据之一加以证明：

（1）缴纳社保记录凭证；

（2）领取工资凭证；

（3）其他能够证明其为当事人工作人员身份的证据。

6.《最高人民法院、最高人民检察院、公安部、国家安全部、司法部关于依法保障律师执业权利的规定》第四十六条　依法规范法律服务秩序，严肃查处假冒律师执业和非法从事法律服务的行为。对未取得律师执业证书或者已经被注销、吊销执业证书的人员以律师名义提供法律服务或者从事相关活动的，或者利用相关法律关于公民代理的规定从事诉讼代理或者辩护业务非法牟利的，依法追究责任，造成严重后果的，依法追究刑事责任。

十四、交通事故保险理赔虚假诉讼类案监督

◇ 清城区人民检察院

📖 关键词

保险理赔　伪造证据　虚假诉讼　职务犯罪　综合治理

📖 要旨

检察机关依托"四大检察"融合发展协作机制，通过对涉人身损害机动车交通事故保险理赔纠纷案件进行要素解析，利用大数据对同类案件进行检索比对碰撞，发现虚假诉讼监督线索，同步开展刑事、民事检察监督，并通过关联分析、侦查手段等深挖司法工作人员相关职务犯罪线索，综合运用制发再审检察建议、打击刑事犯罪、查办职务犯罪等手段，有力维护司法权威，促进保险行业长效治理。

📖 基本情况

清城区检察院在办理某保险诈骗刑事案件中，发现该案存在利用伪造工作证明、伪造伤残鉴定证明等手段来提高保险赔付标准等诸多问题。检察机关根据该案反映的问题，以同一原告诉讼代理人、同一鉴定机构、同一保险公司、理赔金额和伤残等级偏高、被告保险公司对伤情鉴定提出异议、被告提出上诉等为关键要素，对全市机动车交通事故责任纠纷案件进行检索、排序，发现部分代理人、司法鉴定机

构、保险公司出现的频率畸高。检察机关围绕该类案件涉案人员或机构的银行流水、人员关系、居住证明、工作证明、住院证明、鉴定报告等进行全方位检索关联和外围查证，有效查明民事虚假诉讼监督案件事实，并排查出职务犯罪等深层次案件线索。

📖 线索发现

2016 年 11 月，陈某某驾驶货车与翁某某驾驶摩托车发生碰撞，致翁某某、陶某某、王某某等人受伤。陈某某所驾驶的货车在保险公司投保了交强险和商业险。事故发生后，祝某某找到陶某某、王某某等人，主动为陶某某等人办理保险理赔事项，并由其联系某公司为陶某某等人出具虚假的工作证明及收入，向清城区人民法院提起诉讼。2017 年 10 月，清城区人民法院分别作出三份民事判决，判令保险公司在交强险和商业第三者责任险赔偿范围内分别对王某某、翁某某、陶某某给予一定数额的赔偿。

后清城区检察院在办理祝某某、唐某某等 9 人保险诈骗案中发现，该团伙在多起机动车交通事故责任纠纷案件中为交通事故受害人代理理赔事宜，均有与上述个案类似的通过伪造工作证明等手段虚增诊疗费骗取保险公司理赔款的情形。经综合研判，检察机关认为有必要以该案为线索，建立数字办案模型，全面深挖交通事故保险领域虚假诉讼案件线索，一体推进类案监督与检察侦查，实现全链条打击、全方位治理。

📖 数据分析方法

数据来源

1.民事裁判文书（源于中国裁判文书网、清远市人民检察院数据应用平台、小包公·法律 AI 等平台）；

2.银行流水、社保数据、医保数据（源于金融机构、社保机构、医疗保障机构）；

3. 民事审判、执行卷宗（源于法院）；

4. 户籍、社会关系等信息（源于公安机关）。

数据分析关键词

针对民事裁判文书，以"机动车交通事故责任纠纷""保险"等关键词筛选涉机动车交通事故责任纠纷案件。在上述案件的基础上，以原告、被告、诉讼代理人、鉴定机构、保险公司、理赔金额、伤残等级等为要素和频次进行分析。结合高频异常案件的涉案当事人银行流水、人员关系、社保数据、医保数据等进行交叉关联分析，发现虚假诉讼监督线索。

数据分析步骤

第一步：在中国裁判文书网、清远市人民检察院数据应用平台、小包公·法律 AI 等平台，通过案件类型检索，筛查出本地区全部民事诉讼案件，形成基础数据库。

第二步：在基础数据库以"机动车交通事故责任纠纷""保险"等为案由进行检索，筛查出涉机动车交通事故责任纠纷案件。

第三步：在上述机动车交通事故责任纠纷案件中，通过设置"伤残等级""医疗费"等关键词，锁定案件类型为涉及人身损害的"人伤型"机动车交通事故责任纠纷案件。

第四步：在锁定的案件范围内，进行关键词要素提取，提取原告、被告、诉讼代理人、鉴定机构、保险金额、理赔金额、伤残等级等情况。

第五步：对第四步提取的要素进行结构化处理并进行梳理排序，筛查出部分高频率出现的代理人、鉴定机构、保险公司等，标记其所涉案件为异常案件。

第六步：针对上述异常案件，通过收集银行流水、人员关系、社保数据、医保数据等信息，调取审判和执行卷宗，对上述高频出现的代理人、司法鉴定机构、保险公司通过账单分析软件、电子表格等进行人工核查，结合相关侦查手段，有效发现涉案人员伪造工作证明、在医院挂空床、提供虚假鉴定等虚假诉讼案件线索。

思维导图

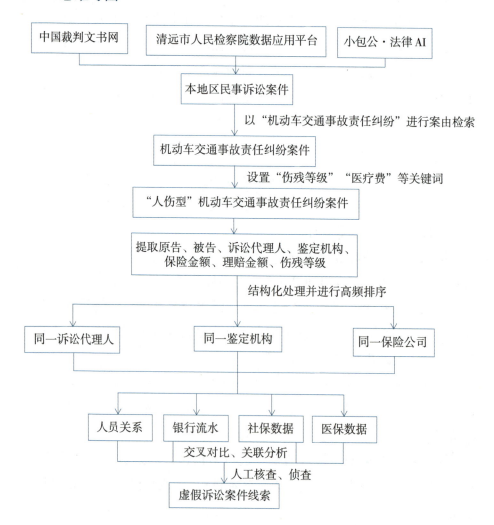

📖 检察履职情况

1.深化"四大检察"融合发展，促进案件线索及时高效流转。民事检察部门加强与刑事检察部门的协作配合，及时掌握保险诈骗犯罪等刑事案件的办理情况，甄别和发现虚假诉讼监督线索，实现刑事、民事检察工作同步推进。检察机关刑事检察部门在办理保险诈骗犯罪个案中，发现该案存在利用伪造工作证明、伤残鉴定证明造假等手段来提高保险赔付标准等诸多问题，随即通过内部刑民协同线索移送机制将线索移送给民事检察部门。刑事检察部门敏锐识别虚假诉讼，及时移送案件线索和证据材料，为民事检察监督提供切入点，体现刑事检察和民事检察的深度融合发展。

2.强化精准监督，有效促进保险行业健康发展。随着汽车保有量的不断增长，骗取保险赔偿的违法犯罪行为时有发生，对汽车保险市场健康发展和社会诚信产生不良影响。检察机关重点关注机动车交通事故责任纠纷这一虚假诉讼案件多发易发领域，依法能动履职，充分发挥刑事、民事检察监督职能，有效挖掘民事虚假诉讼线索42条，核查后提出再审检察建议3件，均获法院采纳；依法对涉嫌保险诈骗犯罪的保险中介人员提起公诉，成功挽回多家被骗保险公司的损失；同时，运用大数据手段深挖职务犯罪等线索，目前已就该领域立案查办司法工作人员相关职务犯罪案件8件8人，有效推动深层次治理，切实维护保险市场正常秩序，促进保险行业健康发展。在强化办案的同时，加强普法宣传，共建崇尚诚实信用的法治文化，动员全社会力量共同参与打击虚假诉讼。

📖 办案成效

清远检察机关以保险诈骗个案犯罪团伙为"圆心"，运用大数据技术手段全面关联检索全市交通事故保险领域异常案件，并通过全面综合分析异常案件人员的银行流水、人员关系、社保数据、医保数据等，有效挖掘深层次问题。截至目前，清远检察机关已就该领域立案查办司法工作人员相关职务犯罪案件8件8人。同时，通过与公安机关、纪委监委联合办案，深挖背后行业腐败，查处保险公司职员和中介49人、司法鉴定机构4家、鉴定人员6人；涉及违纪违法犯罪的公职人员达76人，目前正在调查处理。检察机关通过刑事检察、民事检察、职务犯罪侦查同向发力，有力推动保险行业健康发展，切实做到全链条打击，促进综合治理。

📖 法律法规依据

1.《中华人民共和国民法典》第一百四十六条 行为人与相对人以虚假的意思表示实施的民事法律行为无效。

以虚假的意思表示隐藏的民事法律行为的效力，依照有关法律规定处理。

2.《中华人民共和国刑法》第一百九十八条 有下列情形之一，进行保险诈骗活动，数额较大的，处五年以下有期徒刑或者拘役，并处一万元以上十万元以下罚金；数额巨大或者有其他严重情节的，处五年以上十年以下有期徒刑，并处二万元以上二十万元以下罚金；数额特别巨大或者有其他特别严重情节的，处十年以上有期徒刑，并处二万元以上二十万元以下罚金或者没收财产：

（一）投保人故意虚构保险标的，骗取保险金的；

（二）投保人、被保险人或者受益人对发生的保险事故编造虚假的原因或者夸大损失的程度，骗取保险金的；

（三）投保人、被保险人或者受益人编造未曾发生的保险事故，骗取保险金的；

（四）投保人、被保险人故意造成财产损失的保险事故，骗取保险金的；

（五）投保人、受益人故意造成被保险人死亡、伤残或者疾病，骗取保险金的。

有前款第四项、第五项所列行为，同时构成其他犯罪的，依照数罪并罚的规定处罚。

单位犯第一款罪的，对单位判处罚金，并对其直接负责的主管人员和其他直接责任人员，处五年以下有期徒刑或者拘役；数额巨大或者有其他严重情节的，处五年以上十年以下有期徒刑；数额特别巨大或者有其他特别严重情节的，处十年以上有期徒刑。

保险事故的鉴定人、证明人、财产评估人故意提供虚假的证明文件，为他人诈骗提供条件的，以保险诈骗的共犯论处。

第二百六十六条　诈骗公私财物，数额较大的，处三年以下有期徒刑、拘役或者管制，并处或者单处罚金；数额巨大或者有其他严重情节的，处三年以上十年以下有期徒刑，并处罚金；数额特别巨大或者有其他特别严重情节的，处十年以上有期徒刑或者无期徒刑，并处罚金或者没收财产。本法另有规定的，依照规定。

第三百零七条之一　以捏造的事实提起民事诉讼，妨害司法秩序或者严重侵害他人合法权益的，处三年以下有期徒刑、拘役或者管制，并处或者单处罚金；情节严重的，处三年以上七年以下有期徒刑，并处罚金。

单位犯前款罪的，对单位判处罚金，并对其直接负责的主管人员和其他直接责任人员，依照前款的规定处罚。

有第一款行为，非法占有他人财产或者逃避合法债务，又构成其他犯罪的，依照处罚较重的规定定罪从重处罚。

司法工作人员利用职权，与他人共同实施前三款行为的，从重处罚；同时构成其他犯罪的，依照处罚较重的规定定罪从重处罚。

3.《中华人民共和国保险法》第二十七条　未发生保险事故，被保险人或者受益人谎称发生了保险事故，向保险人提出赔偿或者给付保险金请求的，保险人有权解除合同，并不退还保险费。

投保人、被保险人故意制造保险事故的，保险人有权解除合同，不承担赔偿或者给付保险金的责任；除本法第四十三条规定外，不退还保险费。

保险事故发生后，投保人、被保险人或者受益人以伪造、变造的有关证明、资料或者其他证据，编造虚假的事故原因或者夸大损失程度的，保险人对其虚报的部分不承担赔偿或者给付保险金的责任。

投保人、被保险人或者受益人有前三款规定行为之一，致使保险人支付保险金或者支出费用的，应当退回或者赔偿。

4.《中华人民共和国民事诉讼法》（2024 年 1 月 1 日施行）第一百一十五条第一款　当事人之间恶意串通，企图通过诉讼、调解等方式侵害他人合法权益的，人民法院应当驳回其请求，并根据情节轻重予以罚款、拘留；构成犯罪的，依法追究刑事责任。

第二百一十一条　当事人的申请符合下列情形之一的，人民法院应当再审：

（一）有新的证据，足以推翻原判决、裁定的；

（二）原判决、裁定认定的基本事实缺乏证据证明的；

（三）原判决、裁定认定事实的主要证据是伪造的；

（四）原判决、裁定认定事实的主要证据未经质证的；

（五）对审理案件需要的主要证据，当事人因客观原因不能自行收集，书面申请人民法院调查收集，人民法院未调查收集的；

（六）原判决、裁定适用法律确有错误的；

（七）审判组织的组成不合法或者依法应当回避的审判人员没有回避的；

（八）无诉讼行为能力人未经法定代理人代为诉讼或者应当参加诉讼的当事人，因不能归责于本人或者其诉讼代理人的事由，未参加诉讼的；

（九）违反法律规定，剥夺当事人辩论权利的；

（十）未经传票传唤，缺席判决的；

（十一）原判决、裁定遗漏或者超出诉讼请求的；

（十二）据以作出原判决、裁定的法律文书被撤销或者变更的；

（十三）审判人员审理该案件时有贪污受贿，徇私舞弊，枉法裁判行为的。

第二百一十九条　最高人民检察院对各级人民法院已经发生法律效力的判决、裁定，上级人民检察院对下级人民法院已经发生法律效力的判决、裁定，发现有本法第二百零七条规定情形之一的，或者发现调解书损害国家利益、社会公共利益的，应当提出抗诉。

地方各级人民检察院对同级人民法院已经发生法律效力的判决、裁定，发现有本法第二百零七条规定情形之一的，或者发现调解书损害国家利益、社会公共利益的，可以向同级人民法院提出检察建议，并报上级人民检察院备案；也可以提请上级人民检察院向同级人民法院提出抗诉。

各级人民检察院对审判监督程序以外的其他审判程序中审判人员的违法行为，有权向同级人民法院提出检察建议。

第二百二十一条　人民检察院因履行法律监督职责提出检察建议或者抗诉的需要，可以向当事人或者案外人调查核实有关情况。

十五、涉道路交通安全案件类案监督

◇ 清新区人民检察院

📖 关键词

侦查监督　审判监督　行刑衔接　交通肇事　危险驾驶

📖 要旨

检察机关在开展涉道路交通安全案件监督工作时，可以从危险驾驶罪和交通肇事罪等切入点入手，通过调取交警部门公安交通管理综合应用平台、全国检察业务应用系统等相关档案材料，获取案件信息等数据，建立大数据监督模型群。通过批量发现公安机关立案监督和侦查活动违法监督、法院审判监督和行刑衔接等相关线索，以及探索对醉酒型危险驾驶罪行为人从事社会服务后依法决定不起诉，平衡刑罚教育与惩治作用，积极探索新型社会治理模式。

📖 基本情况

清新区检察院在办理辖区内交通肇事案件中发现，交警部门在办理交通肇事案件过程中，存在未及时立案、未及时将涉交通肇事、危险驾驶类案件移送起诉等情形。此外，清新区检察院还发现部分危险驾驶刑事案件适用速裁程序未当庭宣判、不起诉案件应当作出行政处罚而未作出等情形，有必要通过大数据分析研判开展专项治理，有效填补类案诉讼全流程监督存在的漏洞。

📖 线索发现

清新区检察院以办理的一起危险驾驶罪作为切入点，发现检察机关对该案决定不起诉后，公安机关未及时对行为人作出行政处罚等情形，遂制发检察意见书。经综合研判，该类案件还存在刑事判决未并处罚金、行政罚款未折抵罚金、行政拘留未折抵拘役等情形，有必要通过大数据分析开展专项治理。

📖 数据分析方法

监督点一：立案监督

数据来源

1.公安机关交警部门交通事故案件信息数据、交通事故责任认定书数据、交通肇事刑事案件立案数据（源于交警部门公安交通管理综合应用平台）；

2.交通肇事刑事案件数据（源于全国检察业务应用系统）。

数据分析关键词

以"交通肇事"为关键词，通过公安交通管理综合应用平台，对肇事致人死亡事故中肇事者负事故全部责任或者主要责任，以及肇事致人重伤事故中肇事者负全部责任或者主要责任且有酒驾或毒驾情节的案件进行批量检索，并进一步筛查肇事者存活案件信息。依托上述平台，对交通肇事刑事案件立案数据进行提取；依托全国检察业务应用系统，对交通肇事案件数据进行提取。对提取的数据，围绕身份证号码与肇事者存活案件中肇事者身份证号码进行比对，排查出监督线索。

数据分析步骤

第一步：从交警部门公安交通管理综合应用平台导出交通事故案

件信息，提取肇事致人死亡事故中肇事者负事故全部责任或者主要责任案件信息清单；肇事致人重伤事故中肇事者负全部责任或者主要责任，且有酒驾或毒驾情节的案件信息清单。

第二步：从第一步筛选出的案件信息中，进一步筛查肇事者存活案件信息，形成数据比对库一。

第三步：调取交警部门交通肇事刑事案件立案数据，围绕肇事者身份证号码，和数据比对库一进行碰撞，排查出交警部门应当立案而未立案案件线索。

第四步：从全国检察业务应用系统导出交通肇事刑事案件数据，围绕肇事者身份证号码，与交通肇事刑事立案数据进行碰撞，排查出公安机关未及时向检察机关移送起诉案件线索。

思维导图

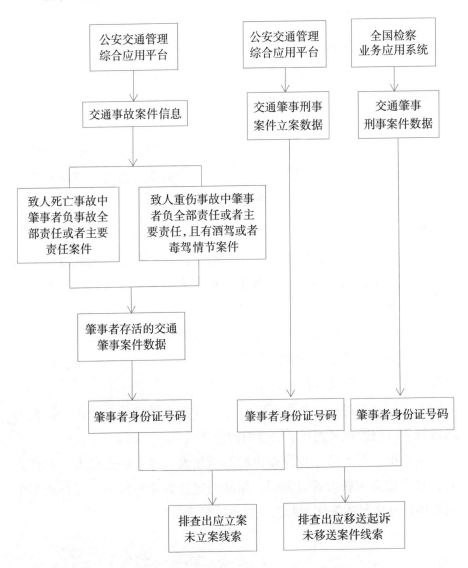

监督点二：行政罚款未折抵罚金

数据来源

1.危险驾驶行政处罚数据（源于交警部门公安交通管理综合应用

平台）；

2. 危险驾驶罪案件数据（源于全国检察业务应用系统）。

数据分析关键词

以"危险驾驶罪"为关键词，通过全国检察业务应用系统导出危险驾驶罪案件信息，通过数据返还，导出涉案人员姓名、身份证号码、判处罚金数据。依托公安交通管理综合应用平台，围绕"危险驾驶"关键词，导出危险驾驶人员被行政处罚数据，再围绕"罚项""身份证号码"关键词进行数据提取。对于两个平台提取的数据，围绕身份证号码进行比对分析，排查出可能开展监督的线索。

数据分析步骤

第一步：从全国检察业务应用系统导出判处罚金刑的危险驾驶罪案件信息，通过数据返还导出涉案人员姓名、身份证号码以及判处罚金金额数据，形成数据比对库一。

第二步：从交警部门公安交通管理综合应用平台导出危险驾驶人员被行政处罚数据，罚项包括罚款，导出涉案人员姓名、身份证号码以及罚款金额，形成数据比对库二。

第三步：通过比对数据库一、二的涉案人员身份证号码，排查出既进行了行政罚款又判处了罚金刑的涉案线索。

第四步：对于第三步排查出的问题线索，进一步通过人工审核方式，核实罚款未折抵罚金原因，精准锁定罚款应折抵罚金而判决书中未写明折抵情况的案件，向法院提出监督意见。

思维导图

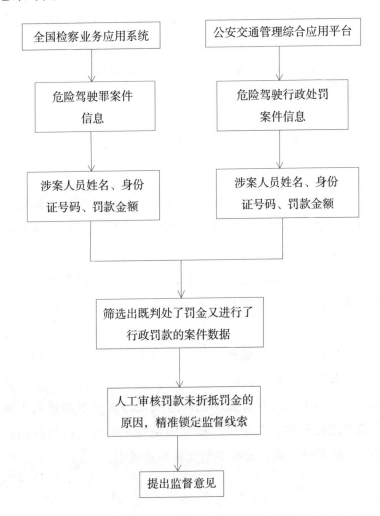

监督点三：行刑反向衔接

数据来源

1.酒驾型危险驾驶案件行政处罚数据信息（源于交警部门公安交通管理综合应用平台）；

2.醉酒型危险驾驶罪案件数据（源于全国检察业务应用系统）。

数据分析关键词

以"危险驾驶罪"为关键词，通过全国检察业务应用系统检索出醉酒型危险驾驶罪不诉案件数据信息，通过数据返还，导出被不起诉人姓名、身份证号码。依托公安交通管理综合应用平台，围绕"饮酒""酒驾""行政处罚"关键词，导出酒驾型危险驾驶类行政处罚数据。对于提取的两组数据，围绕身份证号码进行比对分析，排查出被不起诉人未作行政处罚线索。

数据分析步骤

第一步：从全国检察业务应用系统中获取醉酒型危险驾驶罪不起诉案件数据，通过数据返还，导出被不起诉人姓名、身份证号码，形成数据比对库一。

第二步：从交警部门公安交通管理综合应用平台获取酒驾型危险驾驶类行政处罚数据，导出行政相对人姓名、身份证号码，形成数据比对库二。

第三步：通过比对数据库一、二的涉案人员身份证号码，排查出被不起诉人未作行政处罚线索。

第四步：对于第三步排查出的问题线索，进一步通过人工审核方式，核实未进行行政处罚原因，精准锁定被不起诉人应当作出行政处罚而未作出的案件，向公安机关制发检察意见书。

思维导图

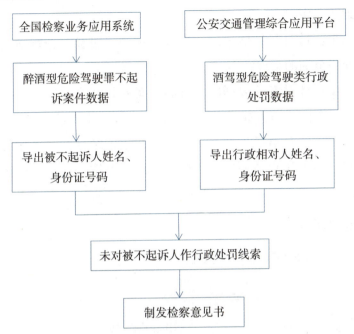

监督点四：适用速裁程序案件未当庭宣判、危险驾驶案未并处罚金

数据来源

1.危险驾驶刑事案件判决书信息数据（源于全国检察业务应用系统）；

2.开庭笔录（源于检察机关危险驾驶类案件速裁程序开庭笔录）。

数据分析关键词

以"危险驾驶罪"为关键词，通过全国检察业务应用系统检索出危险驾驶罪案件信息，围绕罚金、速裁程序、开庭时间、判决时间进一步分析、过滤、检索。

数据分析步骤

第一步：从全国检察业务应用系统筛选出危险驾驶罪判决结果数

据，通过数据返还，导出案件名称、开庭时间、判决时间、判决结果，形成基础数据库。

第二步：针对基础数据库，围绕关键词"罚金"进行筛查，排查出未并处罚金刑的案件线索。

第三步：针对基础数据库，将同一案件的开庭时间、判决时间进行比对，排查出适用速裁程序未当庭宣判案件初步线索。

第四步：针对第三步排查出的初步线索，结合开庭笔录等，通过人工审核，精准锁定适用速裁程序未当庭宣判案件线索，向法院制发纠正违法通知书。

思维导图

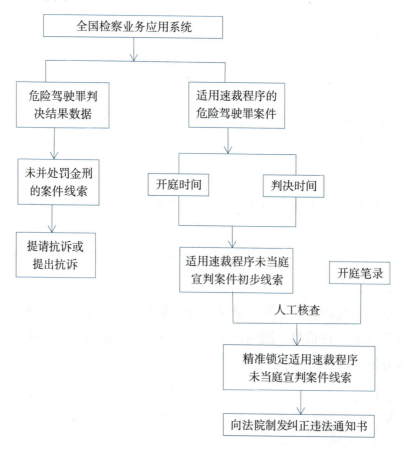

监督点五：醉酒型危险驾驶罪，行政拘留未折抵相应刑期

数据来源

1. 醉酒型危险驾驶罪刑事判决书数据（源于全国检察业务应用系统）；

2. 再次饮酒后驾驶机动车被行政处罚数据信息（源于交警部门公安交通管理综合应用平台）。

数据分析关键词

以"再次饮酒"为关键词，通过公安交通管理综合应用平台，导出因再次饮酒驾驶机动车被行政处罚数据，罚项为罚款、行政拘留，并导出涉案人员身份证号码；依托全国检察业务应用系统，筛选出醉酒型危险驾驶罪刑事判决，导出涉案人员身份证号码。对于两组数据，围绕关键词身份证号码进行比对分析，进行线索初筛。

数据分析步骤

第一步：将从公安交通管理综合应用平台筛选出的因再次饮酒驾驶机动车被行政拘留并处罚款的行政处罚数据，通过数据返还，导出涉案人员姓名、身份证号码，形成数据比对库一。

第二步：将从全国检察业务应用系统筛选出的醉酒型危险驾驶罪刑事判决书数据，通过数据返还，导出涉案人员姓名、身份证号码，形成数据比对库二。

第三步：将数据比对库一、二，围绕涉案人员身份证号码进行碰撞，排查出既作出了行政拘留又判处了拘役的涉案线索。

第四步：对于第三步排查出的问题线索，通过人工反查刑事判决书，精准锁定行政拘留应折抵相应刑期而未折抵的审判监督案件线索，对法院提出监督意见。

思维导图

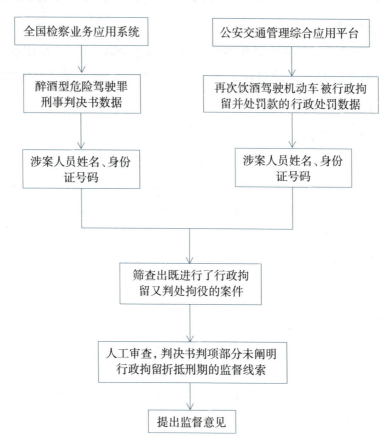

📖 检察履职情况

针对交通肇事、危险驾驶类案件办理过程中发现的问题，清新区检察院搭建大数据法律监督模型，对建模后通过数据清洗、碰撞发现的公安机关、法院在办理上述案件时存在的问题依法履行监督职责。

1.监督公安机关规范办理涉交通违法犯罪案件。清新区检察院通过深入分析大数据，对涉交通违法犯罪办案过程中常见的问题进行了总结和梳理；为推动涉交通类违法犯罪办案的规范化，指派资深检察官前往公安机关进行专题授课，协助规范办案流程。同时，借助侦查监督与协作配合办公室以及大监督平台，协助公安机关规范危险驾驶类案办案流程。为将规范流程更好地推广至基层办案民警，清新区检察院采取了"片区巡回＋派驻检察员"相结合的方式，深入交警大队和基层交警中队进行交流和授课 26 次。交流和授课过程中，针对交通违法犯罪类案办理中常见的疑难问题以及规范流程进行了详细的分析和解答，引导公安机关转变办案理念，提高执法水平，进一步提升办案质量和效率。

2. 探索建立从事社会服务后不起诉机制。清新区检察院深入贯彻落实宽严相济刑事政策，积极运用大数据分析，与清远市公安局清新分局、清新区太和镇人民政府共同签署相关试行文件，探索建立醉驾型危险驾驶刑事案件犯罪嫌疑人从事社会服务后不起诉机制。该机制旨在通过让犯罪嫌疑人参与社会服务以示真诚悔改，并以此作为不起诉的依据之一。

📖 办案成效

清新区检察院通过提取办理交通肇事和危险驾驶类案件全流程中常见的违法监督要素进行大数据分析，发掘监督线索，推动涉交通肇事领域案件全流程监督，同时统计分析近年来酒驾、醉驾违法犯罪情况，畅通危险驾驶罪前端过滤通道，探索中端分流以及从事社会服务后不起诉机制，助力社会治理。截至目前，排查出应立案未立案或未及时向检察机关移送起诉交通肇事案件线索 20 条、危险驾驶案件线索 60 条，向公安机关制发说明不立案理由通知书，监督公安机关立案 29 件、移送起诉案件 4 件，发出纠正违法通知书 23 份、制发检察建议书 1 份；排查出适用速裁程序未当庭宣判案件线索一批，发出纠正违法通知书 16 份、制发检察建议书 1 份；排查出涉交通肇事、危险驾驶类刑事案件被不起诉人未被行政处罚线索 10 条，制发检察意见书 10 份，实现刑事处罚与行政处罚的无缝衔接，织密法网，弥补处罚漏洞；排查出涉危险驾驶罪案件罚款未折抵罚金线索3件，制发纠正违法通知书1份。相关的监督意见均获采纳。

模型创建过程中，清新区检察院通过对全国检察业务应用系统涉交通犯罪以及公安机关近年来交通违法数据进行碰撞分析，通过提取数据要素，对交通事故易发地点、人群进行智能画像，结合走访相关部门的情况，分析出未成年人上学、放学时间段非法驾驶机动车或电动车现象较为普遍，且事故多发生在校园周边，秉承以治罪到治理的法治理念，清新区检察院在第28个全国中小学生安全教育日前，向公安交警等部门发出公益诉讼诉前检察建议，督促相关部门采取措施整治校园周边道路交通环境。相关单位采纳了检察建议，联合制定校园周边未成年人（学生）交通安全集中整治行动方案，对校园周边道路交通进行专项整治，有效减少了校园周边交通违法犯罪现象的发生，解决了城市交通治理的一大堵点难点，取得了很好的社会效果。

📖 法律法规依据

1.《中华人民共和国刑法》第一百三十三条　违反交通运输管理法规，因而发生重大事故，致人重伤、死亡或者使公私财产遭受重大损失的，处三年以下有期徒刑或者拘役；交通运输肇事后逃逸或者有其他特别恶劣情节的，处三年以上七年以下有期徒刑；因逃逸致人死亡的，处七年以上有期徒刑。

第一百三十三条之一　在道路上驾驶机动车，有下列情形之一的，处拘役，并处罚金：

（一）追逐竞驶，情节恶劣的；

（二）醉酒驾驶机动车的；

（三）从事校车业务或者旅客运输，严重超过额定乘员载客，或者严重超过规定时速行驶的；

（四）违反危险化学品安全管理规定运输危险化学品，危及公共安全的。

机动车所有人、管理人对前款第三项、第四项行为负有直接责任的，依照前款的规定处罚。

有前两款行为，同时构成其他犯罪的，依照处罚较重的规定定罪处罚。

2.《中华人民共和国刑事诉讼法》第八条 人民检察院依法对刑事诉讼实行法律监督。

第一百一十三条 人民检察院认为公安机关对应当立案侦查的案件而不立案侦查的，或者被害人认为公安机关对应当立案侦查的案件而不立案侦查，向人民检察院提出的，人民检察院应当要求公安机关说明不立案的理由。人民检察院认为公安机关不立案理由不能成立的，应当通知公安机关立案，公安机关接到通知后应当立案。

第一百七十七条第三款 人民检察院决定不起诉的案件，应当同时对侦查中查封、扣押、冻结的财物解除查封、扣押、冻结。对被不起诉人需要给予行政处罚、处分或者需要没收其违法所得的，人民检察院应当提出检察意见，移送有关主管机关处理。有关主管机关应当将处理结果及时通知人民检察院。

第二百二十四条 适用速裁程序审理案件，不受本章第一节规定的送达期限的限制，一般不进行法庭调查、法庭辩论，但在判决宣告前应当听取辩护人的意见和被告人的最后陈述意见。

适用速裁程序审理案件，应当当庭宣判。

3.《中华人民共和国行政处罚法》第三十五条 违法行为构成犯罪，人民法院判处拘役或者有期徒刑时，行政机关已经给予当事人行政拘留的，应当依法折抵相应刑期。

违法行为构成犯罪，人民法院判处罚金时，行政机关已经给予当事人罚款的，应当折抵相应罚金；行政机关尚未给予当事人罚款的，不再给予罚款。

4.《中华人民共和国道路交通安全法实施条例》第九十三条　公安机关交通管理部门对经过勘验、检查现场的交通事故应当在勘查现场之日起 10 日内制作交通事故认定书。对需要进行检验、鉴定的，应当在检验、鉴定结果确定之日起 5 日内制作交通事故认定书。

5.《道路交通事故处理程序规定》第六十二条　公安机关交通管理部门应当自现场调查之日起十日内制作道路交通事故认定书。交通肇事逃逸案件在查获交通肇事车辆和驾驶人后十日内制作道路交通事故认定书。对需要进行检验、鉴定的，应当在检验报告、鉴定意见确定之日起五日内制作道路交通事故认定书。

有条件的地方公安机关交通管理部门可以试行在互联网公布道路交通事故认定书，但对涉及的国家秘密、商业秘密或者个人隐私，应当保密。

第六十八条　由于事故当事人、关键证人处于抢救状态或者因其他客观原因导致无法及时取证，现有证据不足以认定案件基本事实的，经上一级公安机关交通管理部门批准，道路交通事故认定的时限可中止计算，并书面告知各方当事人或者其代理人，但中止的时间最长不得超过六十日。

当中止认定的原因消失，或者中止期满受伤人员仍然无法接受调查的，公安机关交通管理部门应当在五日内，根据已经调查取得的证据制作道路交通事故认定书或者出具道路交通事故证明。

6.《最高人民法院、最高人民检察院、公安部关于办理醉酒驾驶机动车刑事案件适用法律若干问题的意见》　一、在道路上驾驶机动车，血液酒精含量达到 80 毫克 /100 毫升以上的，属于醉酒驾驶机动车，依照刑法第一百三十三条之一第一款的规定，以危险驾驶罪定罪处罚。

前款规定的"道路""机动车"，适用道路交通安全法的有关规定。

二、醉酒驾驶机动车，具有下列情形之一的，依照刑法第一百三十三条之一第一款的规定，从重处罚：

（一）造成交通事故且负事故全部或者主要责任，或者造成交通事故后逃逸，尚未构成其他犯罪的；

（二）血液酒精含量达到 200 毫克 /100 毫升以上的；

（三）在高速公路、城市快速路上驾驶的；

（四）驾驶载有乘客的营运机动车的；

（五）有严重超员、超载或者超速驾驶，无驾驶资格驾驶机动车，使用伪造或者变造的机动车牌证等严重违反道路交通安全法的行为的；

（六）逃避公安机关依法检查，或者拒绝、阻碍公安机关依法检查尚未构成其他犯罪的；

（七）曾因酒后驾驶机动车受过行政处罚或者刑事追究的；

（八）其他可以从重处罚的情形。

十六、督促监护大数据监督

◇ 英德市人民检察院

📖 关键词

未成年人保护　事实无人抚养儿童　数字化应用　督促监护

📖 要旨

英德市检察院在办理案件中发现涉案未成年人缺乏家庭教育指导、脱离学校师长监管，甚至在家庭中遭受侵害等突出问题。通过研发数字化应用场景，协同民政、公安、司法、妇联等部门加强工作衔接和信息共享，调取了数据 20 万余条。通过大数据分析，及时发现了缺乏监护保障、事实无人抚养、受近亲属侵害等类案问题。英德市检察院以检察建议、支持起诉、制发督促监护令、监督立案等方式督促监护人"依法带娃"，促推相关行政部门依法履行职责，切实保障事实无人抚养儿童基本生活和未成年人合法权益。

📖 基本情况

自 2020 年以来，英德市检察院在涉未成年人案件中发现，部分涉案未成年人因家庭变故、意外事件、监护不当等导致监护缺失，生活保障不足，甚至引发被侵害事件，或者因此走上犯罪道路。经大数据分析研判，上述反映的问题根源高度一致，均系父母一方死亡或被判刑，另一方拒不履行监护职责、失去联系。同时，因民政部门出台新的救助政策，部分此前符合事实无人抚养儿童认定条件的未成年人难以继续享受保障补贴，生活陷入困顿。12309 检察服务中心也常接到有关该类问题的咨询。为依法保障未成年人的权益，英德市检察院建立督促监护大数据监督模型，进行类案监督。

📖 线索发现

犯罪嫌疑人余某甲系未成年被害人余某乙的父亲。在一年内，余某甲多次对余某乙实施侵害。余某乙离家出走欲前往广州寻求亲友帮助，被公安机关劝返后，陈述了父亲对其实施侵害的事实。余某乙的母亲因重度残疾无力履行监护职责，使得余某甲的侵害行为长期不能被制止。余某甲到案被采取羁押措施后，余某乙事实上处于无人抚养状态。英德市检察院提前介入时迅速将情况反馈至民政部门。

英德市检察院经过对 2020 年至 2023 年 4 月办理的侵害未成年人案件进行分析研判，发现有多名未成年被害人因缺少父母关爱，或与父母发生矛盾等，外出寻找慰藉而被侵害，部分长期夜不归宿、饮酒、早恋等无人监管。通过大数据发现，上述问题有进行类案监督的必要。

📖 数据分析方法

数据来源

1. 事实无人抚养儿童数据底册（源于民政部门）；

2. 旅馆业入住登记信息（源于公安机关）；

3. 妇联维权岗咨询服务记录表（源于妇联）；

4. 父母教养方式调查问卷、事实无人抚养儿童信息情况表、儿童环境安全情况问询登记表（源于社工和本单位）；

5. 民政、妇联、村居的事实无人抚养儿童自行摸底数据（源于民政、妇联、村居等）。

数据分析关键词

经过数据研判，一是对于旅馆业入住登记信息中的姓名、身份证号、入住时间等关键信息进行梳理，锁定"未成年人""入住时间为深夜或凌晨""三次以上入住""单独入住""异性同时入住"等作为关键词进行分析；二是其他数据信息中锁定父母"是否属于死亡、失联、失踪、服刑、精神残障以及相关问卷数据反馈的其他危机因素"，以及父母一栏"为空"的作为数据分析关键点或关键词。

数据分析步骤

第一部分：

第一步：对调取的旅馆业入住登记信息转化为电子表格，筛查出近半年的本地旅馆业入住登记数据，根据身份证号码反馈的出生日期筛查出未满18周岁未成年人入住信息数据，形成数据比对库一。

第二步：根据数据比对库一进一步筛选入住次数超过3次的数据信息，形成未成年人多次入住的数据比对库二。

第三步：根据数据比对库一，通过排序筛选入住时间为深夜或凌晨时段的数据信息，形成未成年人夜不归宿的数据比对库三。

第四步：根据数据比对库一，围绕关键点"同住人性别、姓氏"核查同住人为异性并排除与监护人共同入住的信息，形成未成年人可能被侵害的数据比对库四。

第五步：根据数据比对库二，围绕关键点"未满16周岁多次单独入住"的数据信息，进一步筛出未满16周岁的未成年人脱离监护单独生活的数据比对库五。

第六步：根据数据比对库一筛选出"常住地址"为本地的名单数据，与数据比对库二、三、四、五的名单进一步对比，形成本地常住未成年人异常数据比对库六。

第七步：对数据比对库六形成的名单信息与民政、妇联、村居的未成年人数据进行比对，辅以走访调查核实是否存在监护人监护不到位，以及是否属于应当纳入事实无人抚养儿童而未纳入的情况。如属实，依法开展督促监护关爱活动，并联合妇联、公安、村居等单位开展家庭教育指导，对相关未成年人开展关爱活动，并建议民政部门将其纳入事实无人抚养儿童名册。发现需要依法支持起诉情形的，或存在违法犯罪行为的，指派具体办案组跟进。

第二部分：

第一步：对调取的《涉案未成年人的父母教养方式调查问卷》（附件1），通过 OCR 技术将非结构化数据转化为结构化数据，进而转化为电子表格，利用表格函数统计功能，对问卷总分低于20分的涉案未成年人列入监护不当的线索名单，形成数据对比库七。

第二步：将办案过程中接触的非涉罪未成年人，以涉案当事人为对象，形成的《儿童环境安全情况问询登记表》（附件2），通过 OCR 技术将非结构化数据转化为结构化数据，进而转化为电子表格。利用表格函数统计功能，对问卷中家庭监督环境不当情形1—4勾选超过3个选项为"是"，或者心理健康异常状况9—13、15—17勾选为"是"超过5个的进行统计，列入存在监护不当的线索名单，形成数据对比库八。

第三步：将本院各部门依照规定填写的《事实无人抚养儿童信息情况表》进行汇总，通过文本搜索工具筛选出事实无人抚养儿童监护情况为父母死亡、失联、失踪、服刑等数据信息，转化为电子表格，形成数据对比库九。

第四步：与妇联、村居联系，对数据对比库七、八、九形成的名单信息，与源自民政、妇联、村居的事实无人抚养儿童自行摸底的数据进行比对，辅以走访调查核实是否存在监护人监护不到位，以及是否属于应当纳入事实无人抚养儿童而未纳入的情况。如属实，依法开展督促监护工作，并联合民政、妇联、公安、村居等单位开展家庭教育指导，对相关未成年人开展关爱活动，并建议民政部门将其纳入事实无人抚养儿童名册。发现需要依法支持起诉情形的，或存在违法犯罪行为的，指派具体办案组跟进。

第三部分：

第一步：对调取的《妇联维权岗咨询服务记录表》（附件3），通过文本搜索工具进行检索，筛查出与未满18周岁未成年人相关的记录表，通过OCR技术进行结构化处理，进而转为含有"姓名""年龄""身份证证号码""精神残障、危机因素、紧急服务"信息的电子表格，形成数据对比库十。

第二步：根据数据对比库十，筛查出《妇联维权岗咨询服务记录表》中"精神残障"勾选为"疑似"或"是"，或者对危机因素勾选为"高"或"中"的名单进行汇总，形成数据对比库十一。

第三步：根据数据对比库十一，由检察官对妇联维权岗咨询服务记录表中"案主反映的问题"进行复核，并与民政、妇联、村居的未成年人数据进行比对，辅以走访调查核实是否存在监护人监护不到位，以及是否属于应当纳入事实无人抚养儿童而未纳入的情况。如属实，依法开展督促监护工作，并联合妇联、公安、村委等单位开展家庭教育指导，对相关未成年人开展关爱活动，并建议民政部门将其纳入事实无人抚养儿童名册。发现需要依法支持起诉情形的，或存在违法犯罪行为的，指派具体办案组跟进。

思维导图

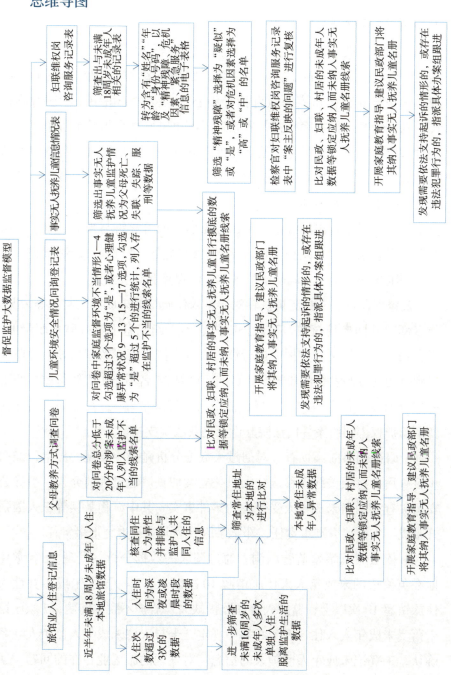

📖 检察履职情况

1. 共同开展家庭教育指导。在初步分析研判大数据反馈的情况后，英德市检察院走访民政、公安、法院、妇联等多部门，协商探讨解决办法。一是建立英德市家庭教育指导中心，共同对全市中小学德育副校长、班主任等进行家庭教育师资培训，解决家庭教育指导师资难题；二是对基层妇女干部进行专场培训，促使基层妇女干部对帮助群众解决婚姻、家庭矛盾采取更好的措施和方法。至今，已开展家庭教育指导培训线上、线下超460余场次。结合英德市检察院正在开展的派出所巡回监督工作，针对排查出的线索，由派驻派出所的检察官与当地妇联、派出所等取得联系，展开调查工作，逐一对相关家庭进行入户走访调查，对于经济困难的，给予不同层次的基本生活保障和社会救助。

2. 督促监护、支持起诉。针对异常入住旅馆的未成年人监护等情况，与多部门共同走访核实，对监护缺失、不正确或怠于履行监护职责的，联合相关部门依法对监护人进行训诫、责令接受家庭教育指导，对监护不到位的父母制发督促监护令。目前，已对84名不能正确履行监护职责的父母制发了督促监护令，督促监护人"依法带娃"；督促和支持4起变更监护权等纠纷案件向法院起诉，均获法院支持。

3. 督促刑事立案侦查。对通过大数据分析碰撞中发现的异常，经初步核查后，将相关线索移送公安机关立案侦查。通过提前介入，引导公安机关查实两名未成年人受侵害的案件事实。其中，程某某等三人因强奸未成年人被追究刑事责任，邓某某因猥亵儿童被追究刑事责任。

4. 依法履职堵塞监管漏洞。通过调取的数据分析，发现27名常住地在英德市的未成年人入住旅馆超10次以上，其中9名未成年女性入住旅馆超10次以上，监护人存在监护缺失、监护不到位问题；7家旅馆未落实未成年人入住"五个必须"规定，未与入住未成年人监护人联系确认，未登记未成年人监护人的信息。对发现的旅馆业存在的问题，通过检察建议督促公安机关对 30 余间旅馆进行行政处罚，联合职能部门开展专项督查 3 次，促使 75 家住宿经营者签署承诺书和经营管理责任书；开展住宿经营者培训 37 场次；发放宣传资料 982 份。

📖 办案成效

常态追踪回访，构建长效体系。一是对监护不到位的父母，要求其定期接受家庭教育指导，由家庭教育指导专家跟踪家庭教育改善情况，杜绝未成年人因监护缺位等被侵害权益。二是落实基本生活保障，对法院判决后变更、撤销监护权的案件，及时联系民政部门，跟进涉案事实无人抚养儿童是否得到民政部门关于事实无人抚养儿童的政策保障，督促完善相关手续，尽快获得保障资金。三是构建多维保护体系。除督促监护、变更监护权、申领事实无人抚养儿童保障之外，主动与教育局沟通，结合全市正在开展的关爱未成年人"春风行动"，了解对事实无人抚养儿童的心理疏导、辍学儿童返学等情况，对事实无人抚养儿童开展司法救助、协助申领贫困生助学补贴等，构建事实无人抚养儿童心理健康、生活资金、教育保障"三合一"的多维度保护体系。四是对住宿经营者违规接纳未成年人问题进行监督，并从中发现刑事案件基础线索，督促公安机关立案侦查。

📖 法律法规依据

1.《中华人民共和国刑法》第二百三十六条第一款、第二款　以暴力、胁迫或者其他手段强奸妇女的，处三年以上十年以下有期徒刑。

奸淫不满十四周岁的幼女的，以强奸论，从重处罚。

第二百三十六条之一　对已满十四周岁不满十六周岁的未成年女性负有监护、收养、看护、教育、医疗等特殊职责的人员，与该未成年女性发生性关系的，处三年以下有期徒刑；情节恶劣的，处三年以上十年以下有期徒刑。

有前款行为，同时又构成本法第二百三十六条规定之罪的，依照处罚较重的规定定罪处罚。

第二百三十七条第一款 以暴力、胁迫或者其他方法强制猥亵他人或者侮辱妇女的，处五年以下有期徒刑或者拘役。

2.《中华人民共和国家庭教育促进法》第四十九条 公安机关、人民检察院、人民法院在办理案件过程中，发现未成年人存在严重不良行为或者实施犯罪行为，或者未成年人的父母或者其他监护人不正确实施家庭教育侵害未成年人合法权益的，根据情况对父母或者其他监护人予以训诫，并可以责令其接受家庭教育指导。

3.《中华人民共和国未成年人保护法》第二十条 未成年人的父母或者其他监护人发现未成年人身心健康受到侵害、疑似受到侵害或者其他合法权益受到侵犯的，应当及时了解情况并采取保护措施；情况严重的，应当立即向公安、民政、教育等部门报告。

第二十一条 未成年人的父母或者其他监护人不得使未满八周岁或者由于身体、心理原因需要特别照顾的未成年人处于无人看护状态，或者将其交由无民事行为能力、限制民事行为能力、患有严重传染性疾病或者其他不适宜的人员临时照护。

未成年人的父母或者其他监护人不得使未满十六周岁的未成年人脱离监护单独生活。

第五十七条 旅馆、宾馆、酒店等住宿经营者接待未成年人入住，或者接待未成年人和成年人共同入住时，应当询问父母或者其他监护人的联系方式、入住人员的身份关系等有关情况；发现有违法犯罪嫌疑的，应当立即向公安机关报告，并及时联系未成年人的父母或者其他监护人。

第一百零五条 人民检察院通过行使检察权，对涉及未成年人的诉讼活动等依法进行监督。

第一百零六条 未成年人合法权益受到侵犯，相关组织和个人未代为提起诉讼的，人民检察院可以督促、支持其提起诉讼；涉及公共利益的，人民检察院有权提起公益诉讼。

4.民政部、最高人民法院、最高人民检察院等 12 部门《关于进一步加强事实无人抚养儿童保障工作的意见》 三、突出保障重点。（四）督促落实监护责任。人民法院、人民检察院和公安机关等部门应当依法打击故意或者恶意不履行监护职责等各类侵害儿童权益的违法犯罪行为，根据情节轻重依法追究其法律责任。对符合《最高人民法院 最高人民检察院 公安部 民政部关于依法处理监护人侵害未成年人权益行为若干问题的意见》（法发〔2014〕24 号）规定情形的，应当依法撤销监护人监护资格。对有能力履行抚养义务而拒不抚养的父母，民政部门可依法追索抚养费，因此起诉到人民法院的，人民法院应当支持。民政部门应当加强送养工作指导，创建信息对接渠道，在充分尊重被送养儿童和送养人意愿的前提下，鼓励支持有收养意愿的国内家庭依法收养。加大流浪儿童救助保护力度，及时帮助儿童寻亲返家，教育、督促其父母及其他监护人履行抚养义务，并将其纳入重点关爱对象，当地未成年人救助保护机构每季度应当至少组织一次回访，防止其再次外出流浪。

5.《民政部、公安部、财政部关于进一步做好事实无人抚养儿童保障有关工作的通知》 一、扩大保障对象范围……事实无人抚养儿童是指父母双方均符合重残、重病、服刑在押、强制隔离戒毒、被执行其他人身自由的措施、失联、被撤销监护资格、被遣送（驱逐）出境情形之一的儿童；或者因父母一方死亡或者失踪，另一方符合重残、服刑在押、强制隔离戒毒、被执行其他限制人身自由的措施、失联、被撤销监护资格、被遣送（驱逐）出境情形之一的儿童。

被撤销监护资格情况是指人民法院依法判决撤销监护人资格……

📖 **附件1**

父母教养方式调查问卷（FBI）（母亲版）

指导语：以下列出了父母可能存在的各种态度和行为，请回忆你16岁之前母亲或者父亲的表现。在每一栏目最符合的数字上打"√"。

0分：非常不符合；1分：比较不符合；2分：比较符合；3分：非常符合。

在我16岁之前，我的母亲	非常 不符合	比较 不符合	比较 符合	非常 符合
1. 用温和友好的语气与我说话	0	1	2	3
2. 没有给我足够的帮助	0	1	2	3
3. 允许我做自己喜欢做的事情	0	1	2	3
4. 情感上显得对我冷淡	0	1	2	3
5. 了解我的问题与担忧	0	1	2	3
6. 对我很疼爱	0	1	2	3
7. 喜欢让我自己拿主意	0	1	2	3
8. 不想我长大	0	1	2	3
9. 试图控制我做的每一件事情	0	1	2	3
10. 侵犯我的隐私	0	1	2	3
11. 经常对我微笑	0	1	2	3
12. 似乎不明白我需要什么和想要什么	0	1	2	3

在我 16 岁之前，我的母亲	非常 不符合	比较 不符合	比较 符合	非常 符合
13. 让我决定自己的事情	0	1	2	3
14. 让我觉得自己是可有可无的	0	1	2	3
15. 在我心烦意乱的时候可以让我心情好起来	0	1	2	3
16. 不经常与我交谈	0	1	2	3
17. 试图让我觉得我离不开她	0	1	2	3
18. 觉得没有她在身边我就不能照顾好自己	0	1	2	3
19. 给我足够自由	0	1	2	3
20. 允许我自由外出	0	1	2	3
21. 对我保护过度	0	1	2	3
22. 从不夸奖我	0	1	2	3
23. 允许我随心所欲的选择穿着	0	1	2	3

📖 **附件 2**

儿童环境安全情况问询登记表

姓名		出生年月		性别		学校班级	
重点关注原因							
家庭监督环境	1. 是否单亲或重组家庭?				是☐		否☐
	具体情况:＿＿＿＿＿＿＿＿＿＿＿＿＿＿＿＿＿＿						
	2. 是否留守儿童?				是☐		否☐
	具体情况:＿＿＿＿＿＿＿＿＿＿＿＿＿＿＿＿＿＿						
	3. 是否遭受家庭暴力、虐待、性侵?				是☐		否☐
	具体情况:＿＿＿＿＿＿＿＿＿＿＿＿＿＿＿＿＿＿						
	4. 是否被遗弃或处于无人照料状态?				是☐		否☐
	具体情况:＿＿＿＿＿＿＿＿＿＿＿＿＿＿＿＿＿＿						
学校教育环境	5. 是否遭受排挤、孤立、侮辱?				是☐		否☐
	具体情况:＿＿＿＿＿＿＿＿＿＿＿＿＿＿＿＿＿＿						
	6. 是否遭受殴打、抢夺财物?				是☐		否☐
	具体情况:＿＿＿＿＿＿＿＿＿＿＿＿＿＿＿＿＿＿						
	7. 是否遭受校园性侵?				是☐		否☐
	具体情况:＿＿＿＿＿＿＿＿＿＿＿＿＿＿＿＿＿＿						
	8. 是否遭受体罚?				是☐		否☐
	具体情况:＿＿＿＿＿＿＿＿＿＿＿＿＿＿＿＿＿＿						

心理健康状况	9. 是否持续出现焦虑、恐慌、抑郁等不良情绪？	是□	否□
	具体情况：_____		
	10. 是否注意力、社交能力下降、影响正常学习生活？	是□	否□
	具体情况：_____		
	11. 是否出现失眠、暴躁、无法控制情绪？	是□	否□
	具体情况：_____		
	12. 是否具有自残、自杀倾向？	是□	否□
	具体情况：_____		
课后生活情况	13. 是否出入娱乐场所、网吧？	是□	否□（跳至第15题）
	具体情况：_____		
	14. 是否夜不归宿或未经监护人同意自行入住宾馆？	是□	否□
	具体情况：_____		
	15. 是否吸烟、饮酒、文身？	是□	否□（跳至第18题）
	具体情况：_____		
	16. 是否结交社会闲散人员？	是□	否□
	具体情况：_____		
	17. 是否不当使用网络（包括沉迷网络、不当网络交友、加入负面网络群聊等）？	是□	否□
	具体情况：_____		
综合评定意见	环境安全□　　　存在潜在风险、持续关注□ 环境危险、立即介入或进行报告□		
	处理情况：_____		

📖 **附件 3**

咨询服务记录表

登记时间：___年___月___日 形式：□来电 □来访 □来信/邮件 □其他	
服务时长：_____（分钟） 是否重复访：□否 □是，第_____次	
经办人员：□工作人员 □志愿者 是否集体访：□否 □是，_____人	

本表格所收集的资料只用作本站提供有关服务之用，资料保密处理。

第一部分　服务对象基本资料

姓名：_____性别：_____年龄：_____电话：_____
户籍地：_____省____市____镇/村_____
现住址：_____
工作状况：_____身份证号码：_____
婚姻状况：_____子女状况：_____
备注：_____

第二部分　服务对象反映问题和服务需求

案主反映的问题：

服务对象签名：

第三部分　处理结果

1.处理结果

□自办（□解答咨询　　□个案辅导　　□法律援助　　□调解服务
　　　　□小组活动　　□心理服务　　□法律咨询　　□讲座课程
　　　　□其他）

_____

_____

_____

_____

_____

_____

_____

_____

□交办或转办_____
□转介_____
□其他_____

2.特别情况处理

精神残障：□疑似　　　□是　　　□否
危机因素：□无　　　　□有（□高　　　□中　　　□低）请注明_____
紧急服务：□不需要　□需要（请注明所需服务）_____

3.回访

□不需要
□需要（请注明回访情况）_____

经办人签名：　　　　　　　　日期：

十七、社区矫正对象脱管漏管类案监督

◇ 清城区人民检察院

📖 关键词

社区矫正　交付执行　脱管　漏管

📖 要旨

解析社区矫正超期报到及违规外出的个案，提取社区矫正对象未按规定时限到社区矫正中心报到、未经批准违规外出等要素特征，批量发现人民法院、社区矫正机构在社区矫正对象交付接收及执行过程中工作衔接脱节，监督管理存在漏洞，导致社区矫正对象脱管漏管情形，监督社区矫正机构、人民法院履行职责。

📖 基本情况

清城区检察院在开展社区矫正检察监督时发现，社区矫正对象存在脱管漏管的情形。如罪犯被判处缓刑，但司法行政机关的在矫及解矫名单中无该罪犯；又如社区矫正定位应用系统存在监管漏洞，社区矫正对象将定位手机放至家中，导致人机分离定位不准。为保证国家法律正确实施，维护司法权威，保障社区矫正工作的有序开展，清城区检察院根据线索涉及的情况进行分析归纳，通过数据碰撞比对开展案件核查，推动开展社区矫正执行监督活动。

📖 线索发现

　　清城区检察院刑事执行检察部门在开展社区矫正检察监督时，发现服刑人员郑某某本应已入矫，但社区矫正中心提供的入矫对象名单中没有郑某某。为进一步核实，清城区检察院分别向社区矫正中心、人民法院了解相关情况，确定法院未依法将被判处缓刑罪犯郑某某交付社区矫正中心执行，也未履行法定告知义务，导致郑某某长期处于漏管状态。后经综合研判，清城区检察院决定建立大数据法律监督模型，对社区矫正对象的脱管漏管情况进行专项检察监督。

📖 数据分析方法

　　监督点一：法院未依法向社区矫正机构送达生效裁判文书

数据来源

1.刑事案件受理信息（源于全国检察业务应用系统）；
2.社区矫正对象名单（源于社区矫正中心）。

数据分析关键词

社区矫正对象名单。

数据分析步骤

　　第一步：从全国检察业务应用系统导出刑事案件受理案件信息，筛选出判处缓刑案件。

　　第二步：通过DATEDIF函数筛选出判决生效日期与核查当日日期差值大于10日的案件信息。

　　第三步：将上述案件信息中的罪犯姓名与社区矫正中心提供的社区矫正对象姓名进行碰撞，筛选出被判处缓刑可能未交付执行人员信息。

第四步：对上述被判处缓刑可能未交付执行人员信息，使用电子表格中"筛选"功能，筛选出住址为清城区的人员信息，排除交付异地执行的情况。

第五步：向法院调取第三步筛选出的人员档案，人工核查排除登记错误等情况，确认法院未向社区矫正中心送达生效裁判文书的漏管人员名单，发出监督意见。

思维导图

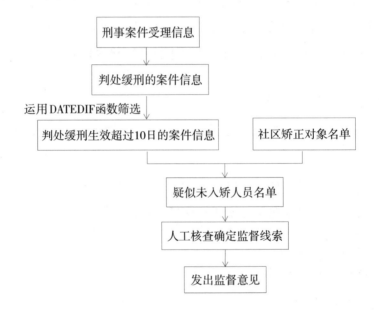

监督点二：社区矫正对象未经批准离开执行地

数据来源

1.社区矫正对象名单（源于社区矫正中心）；

2.通话记录（源于电信、移动、联通三大运营商）；

3.社区矫正对象请销假记录（源于社区矫正中心）；

4.社区矫正中心奖惩记录（源于社区矫正中心）。

数据分析关键词

社区矫正对象名单、通话记录、请销假记录。

数据分析步骤

第一步：从社区矫正中心调取社区矫正对象名单及社区矫正对象请销假记录。

第二步：从三大运营商调取社区矫正对象名下其他手机的通话记录，有条件的还可调取同住人员名下所有手机的通话记录。

第三步：筛选出社区矫正对象在外地通话记录。

第四步：将有外地通话记录社区矫正对象与社区矫正对象请销假记录进行比对，将无请假记录的社区矫正对象纳入疑似脱管对象名单。

第五步：有请销假记录的，人工核查请销假时间是否与外地通话时段吻合，如果有不吻合的，纳入疑似脱管对象名单。

第六步：将疑似脱管对象名单与社区矫正中心奖惩记录进行碰撞，并进行人工核查，对于确属脱管且未进行处理情况的，向社区矫正中心发出监督意见。

思维导图

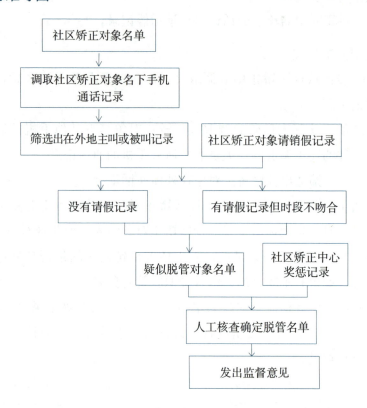

📖 检察履职情况

一是加强沟通协调。与法院、司法行政机关等相关部门形成每月数据通报机制，全面掌握辖区社区矫正交付执行情况。二是定期检察，把好日常管理监督关。除了每年做好社区矫正巡回检察外，定期到辖区司法所检察，抽查司法所对社区矫正对象日常管理情况，对可能造成脱管、漏管的情形，进行座谈分析。三是利用大数据法律监督模型全面排查脱管漏管线索。通过对社区矫正相关法规研究分析，以及对脱管漏管可能存在的原因进行研判，建立脱管漏管大数据法律监督模型，全面排查辖区脱管漏管线索，并与司法行政机关共同健全和完善社区矫正工作机制，不断提升检察法律监督的质效。

📖 办案成效

通过调取数据，利用脱管漏管大数据法律监督模型进行分析，筛选出社区矫正对象外地主叫或被叫记录 26 条，与请假记录数据碰撞，发现社区矫正对象未经社区矫正机构批准外出的脱管线索 3 条，成案 3 件；发现法院未依法向社区矫正机构送达生效裁判文书的漏管线索 3 条，成案 3 件。清城区检察院以"检察大数据战略"为指引，破解刑事执行检察监督线索发现难、工作碎片化、质效不突出等问题。

📖 法律法规依据

1.《中华人民共和国刑事诉讼法》第二百七十六条　人民检察院对执行机关执行刑罚的活动是否合法实行监督。如果发现有违法的情况，应当通知执行机关纠正。

2.《中华人民共和国社区矫正法》第二十条　社区矫正决定机关应当自判决、裁定或者决定生效之日起五日内通知执行地社区矫正机构，并在十日内送达有关法律文书，同时抄送人民检察院和执行地公安机关。社区矫正决定地与执行地不在同一地方的，由执行地社区矫正机构将法律文书转送所在地的人民检察院、公安机关。

第二十七条第一款　社区矫正对象离开所居住的市、县或者迁居，应当报经社区矫正机构批准。社区矫正机构对于有正当理由的，应当批准；对于因经常工作和生活需要经常跨市、县活动的，可以根据情况，简化批准程序和方式。

十八、保障律师执业权利类案监督

◇ 阳山县人民检察院

📖 关键词

律师执业权利保障　法律援助　违法送达文书　违法指定辩护律师

📖 要旨

保障律师执业权利是司法公正的重要体现，充分尊重和切实保障律师依法履职，事关公平正义与社会和谐稳定。但碍于情面或出于工作效率的考虑，部分律师特别是本地律师，即使遇到妨碍其履职的情形，一般也不会提出控告，导致律师群体维护执业权利线索匮乏。为打破线索来源困境，清远检察机关发挥数字思维，通过构建保障律师执业权利类案监督模型，采取数据收集、筛查分析、调查核实、提出意见"四步走"方式，依法监督阻碍律师行使诉讼权利案件情形，规范司法办案，切实强化检律合作。同时，通过向公安机关、审判机关提出检察建议，规范司法办案，实现双赢多赢共赢的良好效果。

📖 基本情况

阳山县检察院在日常办案及与律师座谈交流、听取意见过程中发现，公安机关在办理未成年人犯罪案件时，存在未按法律规定通知法律援助处为当事人指派法律援助律师的情形。该行为不仅侵犯了未成年犯罪嫌疑人的诉讼权利，同时阻碍了法律援助律师正常行使诉讼权利。经分析研判，共发现公安机关未按照规定通知法律援助处为7名未成年犯罪嫌疑人指派法律援助律师。阳山县检察院依职权启动监督程序，向公安机关发出纠正妨碍辩护人行使诉讼权利通知书。清远市检察院在此案的基础上，组织开展律师执业权利保障大数据专项监督工作，梳理分析阻碍律师行使执业权利的监督点，归集司法行政机关相关数据，通过对数据进行综合分析研判，发现人民法院未依法送达文书、未按规定通知指派法律援助律师等阻碍诉讼权利行使情形。

📖 线索发现

阳山县检察院发现未成年人犯罪案件中，存在未按法律规定通知法律援助处为当事人指派法律援助律师的情形后，向法律援助处收集了法律援助数据，与该院未成年人犯罪案件数据进行比对，发现公安机关在办理3件未成年人涉嫌犯罪案件中，未按照规定通知法律援助处为7名未成年犯罪嫌疑人指派法律援助律师的情形。经研判，其他司法机关也可能存在类似阻碍律师诉讼权利行使的情形，可以通过数据分析比对开展专项监督工作。

📖 数据分析方法

监督点一：未按规定为特殊人群指派辩护律师

数据来源

1. 法律援助处指派法律援助律师的数据（源于法律援助处）；

2. 四类特殊人员（盲、聋、哑犯罪嫌疑人，尚未完全丧失辨认或者控制自己行为能力的精神病人，可能被判处无期徒刑、死刑的犯罪嫌疑人，未成年犯罪嫌疑人）信息（源于全国检察业务应用系统）；

3. 公安机关刑事拘留人员信息（源于公安机关）。

数据分析关键词

1. 以四类特殊人员信息为基础数据，通过对比刑事拘留日期、通知指派法律援助律师日期、受理日期，筛选出公安机关疑似超期指派法律援助律师、未按规定通知法律援助处指派律师的案件清单。

2. 从法律援助处指派法律援助律师数据中以受援人姓名、案由为要素，对比同一受援人受理日期和指派律师日期，碰撞出法律援助处疑似超期指派律师的案件清单。

数据分析步骤

第一步：从全国检察业务应用系统获取四类特殊人员身份信息。

第二步：从法律援助处指派法律援助律师案件信息中筛选出根据公安机关通知指派法律援助律师的案件信息。

第三步：对第一步、第二步提取的信息围绕身份信息进行比对，筛选出没有匹配成功的人员名单，列为疑似公安机关未通知法律援助处指派律师线索。

第四步：将第二步提取的信息与公安机关刑事拘留人员信息进行比对，筛选出已指派法律援助律师的刑事拘留人员信息。

第五步：在第四步筛选出的信息中，通过 DATEDIF 函数对公安机关通知指派法律援助的日期与执行刑事拘留日期进行差值计算，差值大于 3 日的，列为疑似公安机关超期通知法律援助处指派律师线索。

第六步：在法律援助处指派法律援助律师信息中，通过 DATEDIF 函数对受理日期和指派日期进行差值计算，差值大于 3 日的，列为疑似法律援助处超期指派律师线索。

第六步：调阅卷宗进行人工核实调查，若线索查证属实依法向司法局、公安机关提出监督。

思维导图

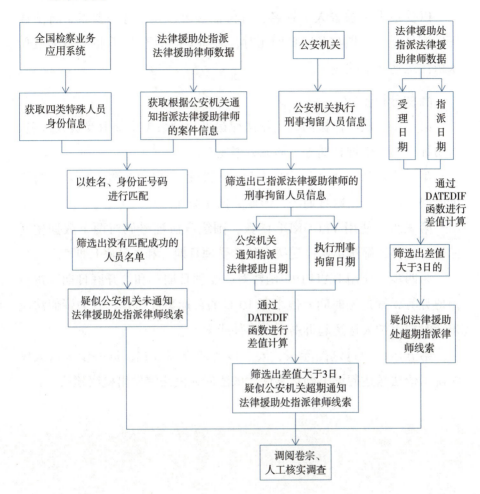

监督点二：法院未依法向辩护人送达起诉书副本

数据来源

1.法律援助处指派法律援助律师的数据（源于法律援助处）；

2.适用普通程序开庭信息数据（源于全国检察业务应用系统）。

数据分析关键词

以受援人（被告人）姓名、身份证号码、案由等为要素，将法律援助案件受理日期与开庭日期比对，时间差值小于 10 日的案件为疑似未依法送达文书的线索。

数据分析步骤

第一步：从法律援助处指派法律援助律师数据中提取受援人姓名、身份证号码、受理日期等，形成数据比对库一。

第二步：从适用普通程序开庭信息数据中提取被告人姓名、身份证号码、案由、出庭日期等，形成数据比对库二。

第三步：使用 VLOOKUP 函数，围绕身份证号码对两个数据比对库进行碰撞，筛选出同一受援人的"受理日期"和"开庭日期"。

第四步：使用 DATEDIF 函数对"受理日期"和"开庭日期"进行差值计算，筛选出时间差值小于 10 日的目标案件清单，则为疑似法院未及时向辩护人送达起诉书副本案件线索。

第五步：通过调阅卷宗、人工核实调查等方式，进一步确认人民法院未依法送达起诉书副本案件，依法向人民法院发出检察建议。

思维导图

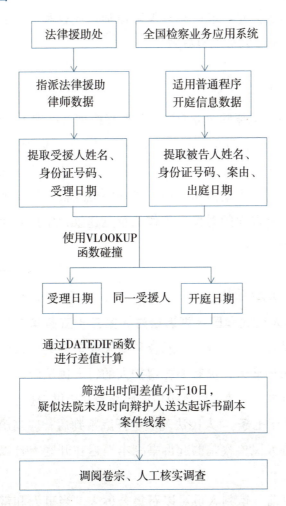

📖 检察履职情况

1. 小细节发现个案线索。阳山县检察院在检律座谈交流中，高度重视和关注律师反映的每个问题，发现公安机关未依法履职影响辩护律师诉讼权利行使，以个案为切入点开展调查核实。

2. 类案监督促进多方共赢。清远市检察院组织开展保障律师执业权利大数据专项监督活动，活用"大数据"，将阻碍律师行使诉讼权利案件线索受理方式由"律师控告"转变为"依职权发现"，对查实的违法情形提出监督意见，既能充分保障律师执业权利，又能规范司法办案，实现双赢多赢共赢的良好效果。

📖 办案成效

通过构建保障律师执业权利类案监督模型，办理了 28 件阻碍律师行使诉讼权利案件，发出检察建议 6 件、纠正阻碍辩护人/诉讼代理人依法行使诉讼权利通知书 4 份，成功打破案件"壁垒"。进一步完善检律工作会商机制，主动向司法局、律师协会通报保障律师执业权利工作情况，深入听取律师对检察工作的意见建议，定期对照整改，打造"亲清"型检律关系。

📖 法律法规依据

1.《中华人民共和国刑事诉讼法》第三十五条第二款　犯罪嫌疑人、被告人是盲、聋、哑人，或者是尚未完全丧失辨认或者控制自己行为能力的精神病人，没有委托辩护人的，人民法院、人民检察院和公安机关应当通知法律援助机构指派律师为其提供辩护。

第一百八十七条　人民法院决定开庭审判后，应当确定合议庭的组成人员，将人民检察院的起诉书副本至迟在开庭十日以前送达被告人及其辩护人。

在开庭以前，审判人员可以召集公诉人、当事人和辩护人、诉讼代理人，对回避、出庭证人名单、非法证据排除等与审判相关的问题，了解情况，听取意见。

人民法院确定开庭日期后，应当将开庭的日期、地点通知人民检察院，传唤当事人，通知辩护人、诉讼代理人、证人、鉴定人和翻译人员，传票和通知书至迟在开庭三日以前送达。公开审判的案件，应当在开庭三日以前先期公布案由、被告人姓名、开庭日期和地点。

上述活动情形应当写入笔录，由审判人员和书记员签名。

第二百零二条　宣告判决，一律公开进行。

当庭宣告判决的，应当在五日以内将判决书送达当事人和提起公诉的人民检察院；定期宣告判决的，应当在宣告后立即将判决书送达当事人和提起公诉的人民检察院。判决书应当同时送达辩护人、诉讼代理人。

第二百七十八条　未成年犯罪嫌疑人、被告人没有委托辩护人的，人民法院、人民检察院、公安机关应当通知法律援助机构指派律师为其提供辩护。

2.《**最高人民法院、最高人民检察院、公安部、司法部关于刑事诉讼法律援助工作的规定**》第九条　犯罪嫌疑人、被告人具有下列情形之一没有委托辩护人的，公安机关、人民检察院、人民法院应当自发现该情形之日起 3 日内，通知所在地同级司法行政机关所属法律援助机构指派律师为其提供辩护：

（一）未成年人；

（二）盲、聋、哑人；

（三）尚未完全丧失辨认或者控制自己行为能力的精神病人；

（四）可能被判处无期徒刑、死刑的人。

第十二条　法律援助机构应当自作出给予法律援助决定或者自收到通知辩护公函、通知代理公函之日起 3 日内，确定承办律师并函告公安机关、人民检察院、人民法院。

法律援助机构出具的法律援助公函应当载明承办律师的姓名、所属单位及联系方式。

第十六条　人民检察院审查批准逮捕时，认为犯罪嫌疑人具有应当通知辩护的情形，公安机关未通知法律援助机构指派律师的，应当通知公安机关予以纠正，公安机关应当将纠正情况通知人民检察院。

3.《**公安机关办理刑事案件程序规定**》第四十三条第一款　公安

机关在第一次讯问犯罪嫌疑人或者对犯罪嫌疑人采取强制措施的时候，应当告知犯罪嫌疑人有权委托律师作为辩护人……

第四十六条　符合下列情形之一，犯罪嫌疑人没有委托辩护人的，公安机关应当自发现该情形之日起三日以内通知法律援助机构为犯罪嫌疑人指派辩护律师：

（一）犯罪嫌疑人是盲、聋、哑人，或者是尚未完全丧失辨认或者控制自己行为能力的精神病人；

（二）犯罪嫌疑人可能被判处无期徒刑、死刑。

第四十八条　辩护律师接受犯罪嫌疑人委托或者法律援助机构的指派后，应当及时告知公安机关并出示律师执业证书、律师事务所证明和委托书或者法律援助公函。

第三百二十条　未成年犯罪嫌疑人没有委托辩护人的，公安机关应当通知法律援助机构指派律师为其提供辩护。

十九、取保候审案件办案时长监督

◇ 清远市人民检察院

📖 关键词

取保候审　办案时长　分级预警　定向分析

📖 要旨

为进一步做深做实案件流程监控工作，加强审查起诉阶段案件办理时长的监督提醒，促进规范、公正、高效办案，清远市检察院采取大数据手段开展案件管理，实现常态化办案时长监督工作，构建取保候审案件办案时长预警模型，定期推送预警提示，有效防范超期办案情况的发生。

📖 基本情况

为落实好"高质效办好每一个案件"的工作要求，广东省检察院提出要充分利用全国检察业务应用系统，定期检查通报本地区系统中未结案件和超期在办案件数据情况，会同业务部门研究解决下级院办案超期处理中的难点问题。目前，对于一审公诉案件到期日在全国检察业务应用系统中主要分为两类：一类是犯罪嫌疑人在押和无刑事强制措施的，一审公诉案件审查限期按照《刑事诉讼法》第172条的规定，以"二退三延"为限；另一类是犯罪嫌疑人被采取取保候审、监视居住措施的，全国检察业务应用系统内设置的一审公诉案件审查期限以强制措施到期日为限。[1] 对于后一类案件，全国检察业务应用系统虽然能够自动排查出超期在办案件，但是对于尚未超期的案件，无法实现全面自动监控提示，不利于对久拖未结案件动态管理。对此，清远市检察院积极探索数字管理模型，以强制措施为取保候审的一审公诉在办案件信息为数据源，运用电子表格分析技术，创建取保候审案件办案时长预警模型，根据办理天数设定预警等级，并能实现按地区、按案由、按承办检察官进行筛查和提示，并列出警示案件清单，以便及时督促办结，推动解决办案时长监控难点问题。

📖 数据分析方法

数据来源

强制措施为取保候审的一审公诉案件信息（源于全国检察业务应用系统）。

数据分析关键词

1. 取保候审在办案件，该类案件为办案时长超期或异常的高发领域，设置为模型重点监管对象。

2. 办案时长，根据取保候审在办案件的实际办理天数，设置不同等级预警值。

3. 承办单位、案由、承办检察官，根据不同关键词进行筛选，提供多视角的预警分析提示。

---

[1] 对于犯罪嫌疑人未被羁押的案件，采取取保候审或者监视居住强制措施的，一般应当在强制措施期限内审结，对未采取强制措施的案件没有审查起诉期限的限制，但不能因为法律没有明确规定审查起诉的期限，就对案件久拖不决，应提高工作质效，切实保障犯罪嫌疑人人身权利，尽量缩短办案期限。参见孙谦、陈国庆、万春、张建伟：《刑事检察业务总论》，中国检察出版社 2021 年版，第 196—197 页。

数据分析步骤

第一步：从全国检察业务应用系统中导出强制措施为取保候审的一审公诉案件清单，通过电子表格筛选出未办结案件，形成在办取保候审案件库。

第二步：通过运用 DATEDIF 函数计算案件受理日期与核查当天日期的差值，计算出取保候审案件的实际办案天数。

第三步：参考全省平均办案时长，通过 IF 函数，分别筛选出案件办理天数 ≥ 50 天且 <120 天、≥ 120 天且 <180 天、≥ 180 天的案件清单，形成分级预警数据库，按照时长等级分别赋予黄色、橙色、红色预警。同时，还可通过电子表格的"内容筛查"功能对预警案件按承办单位、案由、承办检察官等内容进行筛查，再通过"计数"进行排序后导出，推送形成三个分析方向的预警数据，辅助开展办案时长过长的重点地区、重点条线、重点人员分析。

思维导图

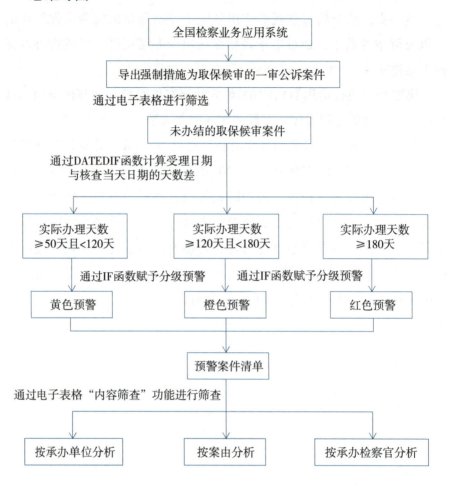

📖 检察履职情况

针对取保候审案件办案时长过长问题，全国检察业务应用系统虽然提供了基本的超期案件预警、查询功能，但尚无法满足提前预警、分级预警、辅助研判的需求。清远市检察院通过构建数字管理模型，快捷、科学、有效地运用全国检察业务应用系统内生资源，对案件管理数字化开展有益探索。

1.在数字管理的基础上，加强办案时长提醒通报。形成办案时长定期通报机制，建立案件期限监控台账，有针对性地向承办单位、部门发送提示信息，并共同开展办案进度跟踪督促。

2. 借助数字手段，做好办案期限监控专题分析。定期总结本院和所辖基层院办案期限监控问题，分析重点区域、重点领域、重点人员，协助研判问题根源。

3. 形成监管合力，协同解决难点问题。案件管理部门发现办案时长过长问题，视情节轻重及时提出纠正意见，并会同业务部门研究解决难点问题。对于多次监控预警提示，仍未能按期办结案件的，依据《人民检察院案件管理与检务督察工作衔接规定》，将有关情况移送检务督查部门。

📖 办案成效

进行数字案件管理建设，就要优化对检察业务数据的汇集、整理、运用，努力构建数字化分析研判体系、数字化指标评价体系、数字化数据核查体系、数字化流程监控体系、数字化质量评查体系。案件办案时长预警模型正是实践数字化数据核查和数字化流程监控的成果，并且可以扩展适用于强制措施为监视居住的一审公诉案件办案时长预警。清远市检察院积极适应新时代检察工作发展新要求，牢牢把握"数字革命"驱动检察工作高质量发展这一关键变量，找准突破口，创建取保候审案件办案时长预警模型，进一步提升案件管理部门的管理监督能力。

📖 法律法规依据

《中华人民共和国刑事诉讼法》第七十九条　人民法院、人民检察院和公安机关对犯罪嫌疑人、被告人取保候审最长不得超过十二个月，监视居住最长不得超过六个月。

在取保候审、监视居住期间，不得中断对案件的侦查、起诉和审理。对于发现不应当追究刑事责任或者取保候审、监视居住期限届满的，应当及时解除取保候审、监视居住。解除取保候审、监视居住，应当及时通知被取保候审、监视居住人和有关单位。

第一百七十二条　人民检察院对于监察机关、公安机关移送起诉的案件，应当在一个月以内作出决定，重大、复杂的案件，可以延长十五日；犯罪嫌疑人认罪认罚，符合速裁程序适用条件的，应当在十日以内作出决定，对可能判处的有期徒刑超过一年的，可以延长至十五日。

人民检察院审查起诉的案件，改变管辖的，从改变后的人民检察院收到案件之日起计算审查起诉期限。

二十、数字服务在矛盾化解领域的应用

◇ 清远市人民检察院

📖 关键词

类案说理　量刑演示　智慧接访　矛盾纠纷化解

📖 要旨

控告申诉检察工作是检察机关观察社情民意的窗口，也是检察机关发挥监督职能作用的案源渠道之一。对于群众反映的信访诉求、提出的申诉理由，清远检察机关将传统接访与数字化手段相融合，通过分析研判、类案检索、量刑演示、领导接访等"接地气"方式，面对面与群众开展释法说理，协调解决合理诉求，既有利于增加当事人对检察工作的信任，也有利于提升沟通协调的成功率，有力推进了检察信访矛盾实质性化解。

📖 基本情况

申诉人邓某某与朋友合伙经营鹅场，原本收入较为稳定。后因使用水源问题，邓某某与相邻鹅场的何氏父子发生争吵继而打斗，被何氏父子殴打致轻伤一级。邓某某受伤后一直未能痊愈，无法再经营鹅场。何氏父子因犯故意伤害罪，被判处有期徒刑一年八个月。邓某某不服人民法院生效刑事判决，以何氏父子未赔偿损失，未取得被害人谅解，原审判决量刑过轻为由，向检察机关提出申诉。为让邓某某彻底解开"法结""心结"，接访期间，检察官运用智能量刑辅助平台，对该案量刑过程进行说理，并提供类案分析，有效化解矛盾，促使邓某某息诉罢访。

📖 数据分析方法

数据来源

1. 刑事申诉书等材料（源于全国检察机关网上信访信息系统）；

2. 刑事裁判文书（源于中国裁判文书网）；

3. 起诉书（源于全国检察业务应用系统）。

数据分析关键词

针对申诉人提出的"原审判决量刑过轻"的申诉理由，从刑事申诉书中提炼出与量刑有关的"故意伤害罪""轻伤一级""未赔偿""未取得谅解""邻里纠纷"等关键词，通过专业平台开展量刑分析。

数据分析步骤

第一步：分析刑事申诉书中申诉人认为"原审判决量刑过轻"的理由和信息，提炼关键词要素。

第二步：以关键词为标签，通过"小包公·法律 AI"实证分析平台对类案判决进行检索和清洗，获得该类案件判决刑期数据。

第三步：对刑期数据进行分析研判，得出相同罪名、同等情节案件量刑情况。

第四步：在"小包公·法律 AI"量刑辅助平台中，导入原审起诉书，获得量刑演算过程和建议刑期。

📖 检察履职情况

1. 研判评估。精准分析评估申诉人的核心诉求，是实质性化解信访矛盾的前提。认真分析并准确获取申诉人在刑事申诉书中提出的主要申诉理由后，有针对性地推进化解。

2. 类案分析。接访前，在"小包公·法律 AI"实证分析平台，检索案由为故意伤害罪的刑事案件判决书，通过设置轻伤一级、未赔偿、未取得谅解、邻里纠纷等标签词，筛选出类案 117 件，其中，中级人民法院 10 件、基层人民法院 107 件。类案中，80.4% 的案件量刑等于或低于本案。

3. 刑期演算。围绕申诉人提出的"原审判决量刑过轻"的主要申诉理由，通过"小包公·法律 AI"量刑辅助平台，对本案应当判处的刑期进行推算，从而评析原案量刑是否适当。

第一步：上传起诉书至"小包公·法律 AI"量刑辅助平台。

第二步：故意伤害致一人轻伤一级，基准刑期范围为一年三个月至一年六个月。

第三步：因被告人没有赔偿，没有取得谅解，但系邻里纠纷引发，最终演算的平均刑期约为一年三个月，判处数量最多的刑期为一年六个月。

考虑到被害人因伤势难愈，生活确实受到一定影响，原审判决量刑比平均刑期重，量刑适当，不存在量刑过轻的情形。

4. 量刑演示。接访中，利用"小包公·法律 AI"量刑辅助平台向申诉人邓某某演示了检察机关具体的量刑推算过程，并展示类案判决书，进一步释明原审判决量刑适当，增强释法说理的说服力和权威性。

📖 办案成效

通过数字服务说理，申诉人邓某某当场表示认可和接受检察机关的处理意见，不再就刑事判决继续上访，并自愿撤回申诉。目前，清远检察机关在信访处置、办理案件中，坚持使用"小包公·法律 AI"量刑辅助、类案检索、实证分析三大平台，做到每案必查、逐案分析，使论证更具合理性、释法更具权威性、说理更具针对性，真正达到案件案结事了、息诉罢访的效果，真正实现把矛盾纠纷化解在基层、化解在萌芽状态。自 2022 年以来，使用三大平台辅助信访处置、申诉案件办理 121 件次，再申诉（信访）率明显下降。

此外，清远市检察院开发了智慧接访系统，应用人脸识别和数据库技术，来访群众一经人脸识别，将智能调取该群众在全市检察系统的历次信访资料，促使接访应对更清晰。将"小包公·法律 AI"三大平台、清远市检察院数据应用平台嵌入该系统使用，方便向信访人推送展示相关法规、案例，促使释法说理更权威；同时，系统配置了全程接访双向同步录音录像设备，既能引导上访人文明上访，又能规范接访人员文明接访，促使上访秩序更和谐。

清远检察机关持续坚持和发展新时代"枫桥经验"，灵活运用各种智能化、科技化手段和工具辅助控告申诉检察办案，提升涉检信访处置能力，增强释法说理的权威性、可信性和有效性，促进化解社会矛盾。